A pessoa de Cristo

ROBERT STEIN

A pessoa de Cristo

Um panorama da vida e dos ensinos de Jesus

Tradução
Emirson Justino

Vida
ACADÊMICA

Vida
Editora do grupo
ZONDERVAN
HARPERCOLLINS

Filiada à
CÂMARA BRASILEIRA DO LIVRO

ASSOCIAÇÃO BRASILEIRA
DE EDITORES CRISTÃOS

ASSOCIAÇÃO NACIONAL
DE LIVRARIAS

ASSOCIAÇÃO NACIONAL
DE LIVRARIAS EVANGÉLICAS

Título do original
Jesus the Messiah: a survey of the life of Christ,
edição publicada por
InterVarsity Press
(Downers Grove, Illinois, EUA)

■

EDITORA VIDA
Rua Júlio de Castilhos, 280 Belenzinho
CEP 03059-000 São Paulo SP
Tel.: 0 xx 11 6618 7000
Fax: 0 xx 11 6618 7050
www.editoravida.com.br
www.vidaacademica.net

■

Todas as citações bíblicas foram extraídas da
Nova Versão Internacional (NVI),
©2001, publicada por Editora Vida,
salvo indicação em contrário.

■

Coordenação editorial: Rosa Ferreira
Edição: Íris Gardino e Marcello Tolentino
Revisão: Judson Canto e Nilda Nunes
Consultoria e revisão técnica: Luiz Sayão
Projeto gráfico e diagramação: Set-up Time
Capa: Marcelo Moscheta

Dados Internacionais de Catalogação na Publicação (CIP)
(Câmara Brasileira do Livro, SP, Brasil)

Stein, Robert H., 1935- .
A pessoa de Cristo : um panorama da vida e dos ensinos de Jesus / Robert H. Stein ; tradução Emirson Justino. — São Paulo : Editora Vida, 2006.

Título original: *Jesus the Messiah : a survey of the life of Christ.*
Bibliografia.
ISBN 85-7367-919-0

1. Jesus Cristo 2. Jesus Cristo - Biografia 3. Jesus Cristo - Pessoa e missão I. Título.

CDD-232.901

[illegible] catálogo sistemático

1. Jesus Cristo : Vida : Cristologia 232.901

Aos meus netos —

Timothy, Benjamin, Elianna, Taylor, Christopher, Lydia —

com minha oração para que eles venham a amar e a servir ao Jesus deste livro.

Sumário

Abreviaturas

C.Marc.	*Contra Marcião*, de Tertuliano
Ant.	*Antigüidades judaicas*, de Flávio Josefo
ANT	*The Apocryphal New Testament* [O Novo Testamento apócrifo], editado por J. K. Elliott
ARA	*Almeida Revista e Atualizada*
ARC	*Almeida Revista e Corrigida*
b.	Tratados do *Talmude* babilônico
CD	*Damascus Documento* [Preceito de Damasco]
CIL	*Corpus Inscriptionum Latinarum*
Ecl.	Eclesiástico (nos apócrifos)
ET	*Evangelho de Tomé*
GJ	*Guerra dos judeus* de Flávio Josefo
HE	Eusébio, *História eclesiástica*
IDB	*Interpreter's Dictionary of the Bible* [Dicionário do intérprete bíblico]
j.	Tratados do *Talmude* de Jerusalém
L	Material exclusivo do evangelho de Lucas
Loeb	Biblioteca Clássica Loeb
M	Material exclusivo do evangelho de Mateus
m.	Tratados da *Mishná*
NVI	*Nova Versão Internacional*

TP	*Talmude* palestino
Q	Material encontrado em Mateus e Lucas, mas não em Marcos
TB	*Talmude* babilônico
1QH	Hinos de ação de graças dos manuscritos do mar Morto encontrados na caverna 1
1QM	Manuscritos de Guerra dos manuscritos do mar Morto encontrados na caverna 1
1QS	Manual de Disciplina (ou Regra da Comunidade) dos manuscritos do mar Morto encontrados na caverna 1
4Q372	Fragmento 372 da caverna 4 dos manuscritos do mar Morto
Sabedoria	Sabedoria de Salomão (nos Apócrifos)

Prefácio à edição brasileira

Em boa hora chega às nossas mãos uma obra que trata de modo simples e direto da pessoa de Jesus Cristo.

Sem pretensões de ser um tratado acadêmico de caráter exegético, histórico ou mesmo teológico (no sentido mais técnico do termo), essa obra introduz ainda assim noções fundamentais dessas áreas.

O autor foi bem-sucedido ao concentrar sua atenção nos tópicos a respeito da vida de Jesus, desde seu nascimento e pelo decorrer de seu ministério, abordando apenas alguns temas específicos da mensagem de Cristo. Assim, ainda que de forma não linear, consegue apresentar, em linhas gerais, uma espécie de "teologia bíblica".

É importante verificar que as pressuposições do autor sobre Jesus são aquelas encontradas nas Escrituras, não nas tentativas ebionitas dos últimos dois séculos nem nas tentativas docéticas, ainda presentes nos dias atuais. O autor rejeita todas as buscas do Jesus histórico feitas no passado, sem todavia abrir mão da historicidade de Jesus.

O Jesus Cristo apresentado neste livro é o que Deus apresenta em sua Palavra. Um Cristo vivo e sobrenatural que opera neste mundo como o Redentor de seu povo. Um Jesus Cristo divino além de humano, um Jesus que, além de carpinteiro, é o Filho de Deus encarnado. Um Cristo envolto em elementos sobrenaturais e divinos.

Robert Stein considera as palavras de Jesus narradas nos Evangelhos a incontestável verdade de Deus e utiliza-se de critérios suficientemente sólidos para mostrar a autenticidade e a confiabilidade de tais registros.

Certamente você, leitor, tirará grande proveito desta obra que, de modo simples e sem lançar mão de termos muito técnicos, constitui uma importante ferramenta para os crentes que dão os primeiros passos no estudo da pessoa de Cristo.

Minha expectativa é que este livro o encoraje a conhecer seu Redentor mais do que a qualquer outra pessoa neste mundo. Que ao desvendar a natureza divina e a natureza humana de Jesus, você encontre a verdadeira *Pessoa de Cristo*.

Heber Campos

Prefácio

A presente obra procura apresentar aos leitores a vida de Cristo. No final de cada capítulo, existe uma lista de referências bibliográficas que podem ser consultadas livremente. Levando-se em consideração o público originalmente previsto para esta obra, incluíram-se apenas publicações na língua inglesa.

Este livro foi escrito sem notas de rodapé, pois o problema de fazer referências de forma adequada a uma obra sobre a vida de Cristo e ao mesmo tempo realizar um trabalho na literatura secundária é tão grande que é questionável até mesmo se tal obra poderia ser escrita. Os dois grandes volumes da obra *The Death of the Messiah* [A morte do Messias], de Raymond E. Brown, ilustram como seria impossível escrever sobre toda a vida de Jesus e ainda acrescentar notas de rodapé.

As traduções de materiais básicos, exceto quando se especificar, foram extraídas das seguintes obras: citações bíblicas (*Nova Versão Internacional*), citações rabínicas (*Talmude* babilônico [soncino] e *Mishná* [Herbert Danby]), Josefo (Biblioteca Clássica Loeb), autores pagãos do século II e pais da igreja primitiva (Biblioteca Clássica Loeb), Tosefta (Joseph Neusner), *Evangelho de Tomé (Synopsis Quattuor Evangeliorum)*, *Evangelho da Infância de Jesus,* de Tomé, e *Evangelho dos Nazarenos (O Novo Testamento Apócrifo*, organizado por J. K. Elliott [1993]).

Gostaria de expressar meu agradecimento a pessoas que foram importantíssimas na produção deste livro: aos meus assistentes, Scott W. Johnson e Timothy J. Johnson, pela profunda verificação de todas as referências e informações bibliográficas, assim como por suas sugestões estilísticas; ao meu colega, dr. Thomas Schreiner, suficientemente bondoso para ler uma edição prévia do manuscrito e tecer valiosas sugestões; a Gloria Metz, secretária do corpo docente, que mais uma vez emprestou sua experiência a um dos meus projetos de produção literária; e a minha esposa, Joan, que, do mesmo modo, leu meus manuscritos, fez muitas sugestões úteis e encorajou-me durante todo o projeto.

Introdução

O ato de escrever livros como este tem uma história curiosa. No século XIX, escrever sobre a vida de Cristo era praticamente um exercício obrigatório a todos os estudiosos do Novo Testamento. Infelizmente, o resultado era freqüentemente autobiográfico em natureza, pois o Jesus resultante do trabalho do pesquisador parecia-se com o autor, agia com os mesmos valores dele e compartilhava-os. Na segunda década do século XX, porém, houve um decréscimo na busca pela produção de biografias de Cristo. Vários fatores levaram ao fim dessa empreitada.

Dúvidas profundas levantaram-se sobre a questão de o pesquisador histórico ser realmente capaz de alcançar o Jesus da história. Pessoas como William Wrede, o historiador Wilhelm Dilthey e os críticos da forma levantaram sérios questionamentos quanto à possibilidade de se escrever sobre a vida de Jesus. Eles demonstraram que nossos Evangelhos, longe de serem obras objetivas e desapaixonadas, foram escritos pela perspectiva da comunidade dos cristãos. Isso sempre foi reconhecido, mas agora surgiram dúvidas quanto à possibilidade de o historiador até mesmo ter conseguido olhar por trás da fé da comunidade dos cristãos e chegar ao Jesus "real" da história. Além disso, chegou-se a questionar se a pesquisa histórica poderia de fato ser objetiva e neutra.

Por outro lado, com a dúvida quanto à possibilidade de se chegar ao Jesus histórico, também se levantaram dúvidas sobre o valor de tal tarefa. Martin Kähler, Albert Schweitzer e Rudolf Bultmann questionaram se o resultado de tal investigação "histórica" poderia mesmo ser um benefício para a fé. Era evidente que o Jesus liberal e não sobrenatural dos historiadores poderia dar pouca ajuda ao crente em Cristo. O que a fé buscava e de que necessitava não era um Jesus similar a nós. O Jesus da pesquisa histórica, entretanto, por definição, só poderia ser igual a nós. Ele deveria ser um Jesus destituído do sobrenatural e do milagroso. Na melhor das hipóteses, tal Jesus serviria apenas como exemplo.

É verdade que a humanidade de Jesus (o fato de ele ser como nós) é importante e é enfatizada nas Escrituras (v. p. ex. Hb 2.14-18; 4.14-16). Contudo, sempre que se enfatiza a humanidade de Jesus nas Escrituras, isso nunca acontece sem que se enfatize, ao mesmo tempo, que ele é ainda mais significativamente diferente de nós. Ele não tem pecado, veio do Pai e é o "Unigênito" (Jo 3.16). É por isso que pode trazer ao cristão a vitória sobre o pecado, sobre a morte e sobre o Diabo.

A busca que dominou os estudos do NT no século XIX diminuiu e permaneceu dormente, de modo geral, até 1953. Em outubro desse ano, Ernst Käsemann leu um trabalho no qual destacava que fazer-se uma distinção absoluta entre o Jesus "histórico" e o Cristo da fé era definitivamente uma forma de docetismo (antiga heresia cristã que negava a verdadeira humanidade de Jesus Cristo). Além disso, com base numa perspectiva puramente histórica, ninguém poderia negar que havia informação disponível sobre Jesus de Nazaré para o historiador. Desse modo, teve início uma "nova busca" pelo Jesus histórico. A busca original enfatizava uma descontinuidade entre o Jesus da "história" e o Cristo dos Evangelhos, e buscava libertar o "Jesus real" do Cristo da Igreja e dos credos. A nova busca, contudo, procurava encontrar a unidade entre os dois.

Infelizmente, essa nova busca continuou a usar o método histórico-crítico, excluindo a possibilidade do sobrenatural (v. cap. 1). Como resultado, estava condenada desde seu início. A continuidade que o novo estudo desejava não se baseava na essência e no ser de Jesus (que o Jesus histórico e o Cristo da fé fossem um só). Em vez disso, a continuidade estava sendo buscada na similaridade da mensagem do Jesus da história e do Cristo da fé. Percebeu-se uma continuidade no fato de que tanto o Jesus histórico quanto o Cristo da fé proclamaram e revelaram o mesmo encontro existencial com Deus.

A popularidade da nova busca acabou rapidamente, pois não era capaz de fazer a ligação entre o Jesus puramente humano e o Filho de Deus preexistente e sobrenatural da fé cristã. Além do mais, não parecia haver diferença real alguma entre o encontro existencial proclamado pelo Jesus da história e o Cristo da fé e aquele proclamado pela igreja primitiva e pelos profetas do Antigo Testamento.

Desse modo, a continuidade entre o Jesus da história e o Cristo da fé não era maior que a existente entre os profetas do AT e o Cristo da fé.

Experimentamos hoje um interesse renovado pelo Jesus da história. Isso tem sido chamado "terceira busca" por alguns. Nessa terceira busca, a judeidade de Jesus está sendo enfatizada e novos modelos sociológicos estão sendo usados para ajudar a compreensão da situação social e política do primeiro século. Até aqui, entretanto, os resultados têm sido decepcionantes. O mesmo método histórico-crítico permanece como fundamento para muitos pesquisadores. Qualquer pesquisa sobre a vida de Cristo que elimine logo de início a possibilidade do sobrenatural sempre produzirá um "Jesus histórico", o que é por definição, radicalmente diferente do Cristo dos Evangelhos. Sem uma abertura ao sobrenatural, o resultado de qualquer investigação da vida de Cristo predetermina que o Jesus resultante será radicalmente diferente do Jesus que nasceu de uma virgem, foi ungido pelo Espírito, curou os doentes, ressuscitou os mortos, morreu pelos pecados do mundo, ressuscitou dos mortos e ascendeu ao céu. Contudo, é desse Jesus sobrenatural que a humanidade tão desesperadamente carece, pois somente ele pode fazer a ligação entre o pecado humano e a santidade de Deus. Aquilo de que o mundo tanto precisa é um Salvador, mas somente um Jesus sobrenatural pode ser esse Salvador.

Ao escrever esta obra, considerei a presença do sobrenatural na vida de Jesus. Em outras palavras, esta biografia de Cristo foi escrita do ponto de vista de um cristão. Ela pressupõe que os relatos dos Evangelhos são confiáveis e que o ônus da prova do investigador não está com aqueles que afirmam a historicidade dos eventos e das falas encontrados nos Evangelhos. Em vez disso, a negação da historicidade deles é que deve ser demonstrada. As histórias nelas contidas são consideradas verdadeiras até que se prove o contrário.

A pessoa de Cristo consiste em duas partes. A primeira, chamada "Questões-chave no estudo da vida de Cristo", contém três capítulos que abordam questões introdutórias. O capítulo inicial trata das pressuposições envolvidas em tal estudo. Ali discuto minha concepção do sobrenatural e do milagroso na vida de Jesus. Não é possível investigar a vida de Jesus de Nazaré sem certas pressuposições. É muito comum que as discussões e os debates sobre a historicidade de um milagre relatado na vida de Jesus envolvam não apenas uma discussão dos relatos do evento, mas também as pressuposições relativas ao sobrenatural. No passado, muitas pesquisas sobre a "vida de Cristo" presumiram, logo de início, que nenhum milagre pudesse ter ocorrido. Tal pressuposição deveria ter sido declarada de maneira aberta e direta ao leitor.

Depois de discutir as pressuposições ou regras básicas para a investigação da vida de Jesus, examino as fontes disponíveis para tal investigação. No capítulo 2, analiso as fontes judaica, grega e cristã (tanto bíblicas quanto não bíblicas) disponíveis para o estudo da vida de Jesus e avalio quais delas serão mais úteis. No capítulo 3, trato daquilo que podemos saber com relação às fronteiras cronológicas da vida de Jesus e investigo a evidência disponível para a datação de vários eventos nela ocorridos.

Na segunda parte, "A vida de Cristo" temos: a concepção virginal (cap. 4), a infância de Jesus (cap. 5), o batismo (cap. 6), a tentação (cap. 7), o chamado dos discípulos (cap. 8), a mensagem de Jesus (cap. 9), Cristologia (cap. 10), a confissão de Pedro (cap. 11), a transfiguração (cap. 12), os eventos do Domingo de Ramos (cap. 13), a purificação do templo (cap. 14), a última ceia (cap. 15), o Getsêmani, a traição e a prisão (cap. 16), o julgamento (cap. 17), a crucificação (cap. 18) e a ressurreição e, finalmente, a ascensão de Jesus (cap. 19).

Para alguns leitores, a primeira parte desta obra pode apresentar-se mais técnica do que gostariam. Se esse for o caso, podem pular a parte 1 (caps. 1—3) e começar diretamente sua leitura na parte 2 (caps. 4—19).

PARTE 1

Questões-chave no estudo da vida de Cristo

1

O ponto de partida determina o ponto de chegada

O papel das pressuposições ao se estudar a vida de Jesus

Lembro-me muito bem de quando, no meu primeiro ano do seminário, ouvi um dos principais acadêmicos dizer o seguinte durante um pronunciamento: "Todos gostaríamos de acreditar que, independentemente do ponto por onde alguém comece ou como aborde as evidências, chegaremos aos mesmos resultados quando investigarmos um texto histórico, contanto que sejamos honestos e objetivos". Como recém-formado em biologia e com a segunda especialização em química, prontamente concordei. Afinal, essa é a base da boa ciência. Não importa como alguém aborde as evidências: se ele for objetivo e honesto, os resultados serão idênticos aos de qualquer outra pessoa que trate as evidências de maneira honesta e objetiva. Fiquei chocado, portanto, quando o professor continuou: "Todos nós gostaríamos de acreditar nisso, mas isso simplesmente não é verdade. O lugar por onde você começa sua investigação determina os resultados que irá obter". Jamais esquecerei meu desapontamento. Num primeiro momento, simplesmente me recusei a acreditar no professor, mas, com o passar dos anos, aquela verdade tem sido confirmada repetidas vezes em minha experiência. O ponto por onde uma pessoa começa é grandemente responsável por definir aonde essa pessoa vai chegar.

ENVOLVENDO-SE COM O MILAGROSO

Uma questão básica presente no estudo da vida de Jesus é o problema dos milagres. Ninguém pode investigar sua vida sem primeiramente lidar com a questão do milagroso. Os Evangelhos contêm mais de trinta milagres associados à vida e ao ministério de Jesus. Podemos ver, somente no evangelho de Marcos, que 209 dos 661 versículos tratam do milagroso. Encontramos nos Evangelhos várias curas que envolvem febre (Mc 1.29-31), lepra (Mc 1.40-45), paralisia (Mc 2.1-12), mão atrofiada (Mc 3.1-6), hemorragia (Mc 5.25-34), mudez (Mt 9.32-34), cegueira (Mc 8.22-26), epilepsia (Mc 9.14-29), membros deformados (Lc 13.10-17), hidropisia (Lc 14.1-6), possessão demoníaca (Mc 1.21-28) e até um ferimento causado por uma espada (Lc 22.49-51). Há ressurreições (Mc 5.35-43; Lc 7.11-15; Jo 11.1-44) e milagres de várias naturezas, tais como: alimentar uma multidão de 5 mil (Mc 6.30-44) e outra de 4 mil pessoas (Mc 8.1-10), acalmar uma tempestade (Mc 4.35-41), amaldiçoar uma figueira (Mc 11.12-14,20-25), caminhar sobre as águas (Mc 6.45-52), pescar um peixe que tinha uma moeda na barriga (Mt 17.24-27), realizar uma pesca milagrosa (Lc 5.1-11; Jo 21.1-14), transformar água em vinho (Jo 2.1-11), a concepção virginal (Mt 1.18-25; Lc 1.26-38) e a ascensão ao céu (Lc 24.50-53; At 1.9). É evidente que ninguém pode chegar a uma conclusão sobre a vida de Jesus sem antes chegar a uma conclusão sobre a questão dos milagres.

Além do mais, existe um milagre no próprio centro da fé e da mensagem cristãs: a ressurreição de Jesus. Sobre esse fato, Paulo afirma que "Se Cristo não ressuscitou, inútil é a fé que vocês têm, e ainda estão em seus pecados" (1Co 15.17; cf. v. 14). Negar o milagroso é negar o cristianismo histórico.

Seria bom dizer que, independentemente da maneira como se aborda a vida de Jesus e os muitos milagres associados a ela, todos chegaremos às mesmas conclusões contanto que lidemos de maneira honesta com as evidências. Seria bom que fosse assim, mas não é. O fato é que, antes de se investigarem os relatos milagrosos associados à vida de Jesus, certos resultados estão predeterminados pelo pesquisador. O que é mais comum: abordar os relatos dos Evangelhos com abertura ao sobrenatural e, assim, aceitar a possibilidade dos milagres ou abordar os relatos com a perspectiva de que vivemos num contínuo tempo-espaço fechado no qual não existe a possibilidade da ocorrência de milagres? É desnecessário dizer que a segunda atitude predeterminou os possíveis resultados de qualquer investigação da vida de Jesus. Cada perspectiva está baseada num compromisso de fé anterior à investigação da evidência. Aceitar o sobrenatural permite certas conclusões impossíveis caso a pessoa se feche à possibilidade do sobrenatural.

A ABORDAGEM NÃO-SOBRENATURAL

Ao analisar a vida de Jesus, muitos estudiosos têm assumido a abordagem não-sobrenatural. O mais famoso liberal do NT, Adolf von Harnack, escreveu o seguinte no início do século XIX: "Estamos firmemente convencidos de que aquilo que aconteceu no espaço e no tempo está sujeito às leis gerais do movimento e que, nesse sentido, significando uma interrupção da ordem da natureza, não pode haver tais coisas chamadas 'milagres'" (*What is Christianity?*, Nova York, Putnam, 1901, p. 28-9).Também podemos comparar a perspectiva de Rudolf Bultmann, principal estudioso alemão do NT do século XX:

> O método histórico inclui a pressuposição de que história é uma unidade, no sentido de ser um *continuum* fechado de efeitos no qual eventos individuais estão interligados pela sucessão de causa e efeito [...] Esse fechamento significa que o *continuum* dos acontecimentos históricos não pode ser rompido pela interferência do sobrenatural e de poderes transcendentes e que, portanto, não existe "milagre" nesse sentido da palavra. O milagre seria um evento cuja causa não estivesse no cerne da história [...] É de acordo com um método como esse que a ciência da história vai trabalhar sobre todos os documentos históricos. E não pode haver exceção com relação aos textos bíblicos se se deseja entendê-los historicamente (*Existence and Faith*, Londres, Hodder & Stoughton, 1961, p. 291-2).

Antes dessas declarações, o filósofo inglês David Hume havia eliminado os milagres por meio do seguinte argumento filosófico: "1) O milagre é uma violação das leis da natureza, 2) e como foi uma experiência firme e inalterável que estabeleceu essas leis, 3) a prova contra o milagre, com base na própria natureza do fato, é tão perfeita quanto qualquer argumento da experiência que possa ser idealizado" (*An Enquiry Concerning Human Understanding: Of Miracles*, 10.1)[1]. Em outras palavras, de acordo com Hume, temos o seguinte silogismo:

> Um milagre é uma violação das "leis da natureza".
> As "leis da natureza" são invioláveis.

[1]Publicado em português com o título *Investigações sobre o entendimento humano e sobre os princípios da moral*, UNESP.

Portanto, uma pessoa racional não encontra justificativa para acreditar que um milagre tenha realmente acontecido.

Provavelmente, ninguém apresentou melhor essa abordagem do estudo da história que o teólogo alemão Ernst Troeltsch. De acordo com ele, três princípios devem caracterizar toda investigação histórica. O primeiro é o princípio do *criticismo*: todos os julgamentos históricos são e sempre serão provisórios. Na melhor das hipóteses, eles são aproximados e podem lidar apenas com probabilidades. Desse modo, qualquer conclusão histórica sobre Jesus pode apenas ser mais ou menos provável, além de estar sempre aberta à revisão. Se isso for verdade, então é impossível — ou arriscado, para dizer o mínimo — basear nossa esperança eterna em qualquer evento do passado. O segundo princípio é o da *analogia*, que defende a uniformidade da natureza (as experiências passadas são similares às nossas experiências presentes). Como nossa experiência presente não é milagrosa, nossa interpretação do passado não deve ser milagrosa. Com respeito à vida de Jesus, isso significa que sua vida deve ser interpretada como não milagrosa. Esse princípio é fundamental. Aqueles que o aceitam sem restrição devem concluir que os milagres não podem acontecer e que todos os milagres bíblicos são míticos ou declarações distorcidas daquilo que realmente aconteceu. O terceiro princípio é o da *correlação,* que determina que a explicação histórica deve sempre levar em consideração os eventos anteriores e posteriores, além de ser interpretada à luz deles.

Um exemplo de como funciona o método histórico-crítico pode ajudar muito. Uma pessoa que esteja investigando a narrativa da ressurreição de Jesus, conforme registrada em Mateus 28.1-10, procederia da seguinte maneira: investigaria a narrativa para descobrir coisas como a contribuição editorial e teológica de Mateus à narrativa; como ela se encaixa na ênfase de Mateus encontrada em outros pontos do evangelho, e assim por diante.

A expressão *crítica da redação* é freqüentemente usada para descrever tal investigação. Então, um historiador procuraria ir mais para trás, na direção do evento descrito no evangelho e olharia para as fontes escritas presumidamente usadas por Mateus, tais como a narrativa de Marcos. (Isso pressupõe que o evangelho de Marcos tenha sido o primeiro a ser escrito e que Mateus se tenha utilizado de Marcos. Se o oposto fosse verdade, investigaríamos a narrativa de Mateus como a mais antiga e, então, prosseguiríamos para a investigação dos relatos orais.)

A seguir, o investigador procuraria compreender de que maneira Marcos interpretou os relatos orais da ressurreição e removeria qualquer contribuição literária ou teológica que ele tenha feito. Isso, mais uma vez, envolve a crítica da redação, mas aqui o propósito não é compreender o que Marcos buscava ensinar por meio de suas contribuições à narrativa, mas eliminar o material que adicionara.

Tendo feito isso, a pessoa seria capaz de investigar essa narrativa da maneira como circulou durante o período no qual os materiais do evangelho estavam sendo passados adiante pela oralidade. Isso envolve o período entre a morte de Jesus e a transcrição do primeiro evangelho. Qual era a "forma" dessa narrativa? Por que ela foi preservada na vida da igreja primitiva? Quais necessidades ela satisfez? Qual era a forma mais antiga dessa narrativa? Esse tipo de estudo é chamado *crítica da forma*. A pergunta seguinte, que o historiador poderia levantar nesse ponto, envolve a maneira pela qual surgiram as tradições orais. A resposta é que essa narrativa oral da ressurreição surgiu da fé dos primeiros discípulos.

Até esse ponto, o método histórico-crítico não apresenta dificuldade teórica. A questão do sobrenatural ainda não surgiu. Na prática, haverá todos os tipos de problemas (tais como o papel da testemunha ocular em tudo isso). Em teoria, porém, a investigação histórica sistematizada aqui não encontra obstáculo filosófico. Muitas das melhores investigações sobre os relatos da ressurreição têm sido feitas por pessoas que adotam essa metodologia. Tanto aqueles que apóiam a pressuposição de uma abertura ao sobrenatural quanto os que negam a possibilidade do sobrenatural podem investigar e debater um com o outro sobre as áreas descritas até aqui. Neste momento, porém, as pressuposições que o pesquisador traz consigo para o estudo determinam a conclusão à pergunta: "Como surgiu a fé dos discípulos na ressurreição?".

Se uma versão inadequada do princípio da analogia é aceita, conforme Troeltsch a ensina e o método histórico-crítico a incorpora, deve-se concluir que, seja o que for que tenha feito surgir a fé dos discípulos, tal coisa não pode ser o milagre da ressurreição. Embora nunca faça isso de maneira totalmente aberta, o investigador da narrativa da ressurreição, conforme registrada em Mateus, que faça uso do método histórico-crítico está essencialmente dizendo: "Vamos investigar aquilo que podemos aprender sobre a história desta narrativa, mas naturalmente devemos concordar logo de início que Jesus não ressuscitou dos mortos!".

Diante do reconhecimento da inabilidade do método histórico-crítico de lidar com a dimensão histórica dos milagres, um vocabulário distintivo foi forjado. Esse vocabulário originou-se na Alemanha, onde várias palavras foram apresentadas para descrever a investigação histórica. A narrativa é chamada *historisch* quando envolve eventos históricos que podem ser investigados pelo método histórico-crítico. Isso implica relatos tais como a crucificação, o batismo de Jesus e sua associação com os discriminados de Israel, o que não envolve o sobrenatural. Em alguns momentos, a palavra "histórico" é usada como um equivalente. Porém, a narrativa é chamada *geschichtlich* quando o método histórico-crítico não é adequado — ou seja, quando a narrativa envolve o milagroso. Eventos como a concepção virginal, a ressurreição e os milagres de Jesus são *geschichtlich* porque envolvem o sobrenatural. Às vezes, os adjetivos "querigmático" e "histórico" são utilizados para traduzir esse segundo termo alemão.

Contudo surgiu alguma confusão sobre o uso dos vocábulos *geschichtlich*, "querigmático" e "histórico". Às vezes, esses vocábulos são usados como referência a um evento que não pode ser tratado pelo método histórico-crítico. Uma vez que, pelo princípio da analogia, o método histórico-crítico não pode lidar com milagres, eles são *geschichtlich*. Por meio desse raciocínio, chamar alguma coisa de *geschichtlich* ou "histórica" é simplesmente uma questão de definição. Em outras palavras, o material lida com o milagroso.

Alguns estudiosos, porém, usam esses vocábulos com sentidos diferentes. Eles não admitem que o método histórico-crítico seja limitado em abrangência e que não possa lidar com eventos declarados sobrenaturais. Não usam essa expressão como uma descrição do tipo de evento discutido, mas como um julgamento histórico. Nesse sentido, um evento que é *geschichtlich* não aconteceu porque não poderia acontecer. Aqui, sem qualquer investigação da evidência, o julgamento histórico foi feito com base na crença de que os milagres não podem acontecer. Em tais exemplos, o uso que se faz da linguagem e das categorias da investigação histórica resulta na conclusão de que a incapacidade de a disciplina lidar com eventos fora da própria experiência uniforme da realidade determinou o que poderia ou não ter acontecido na vida real.

Fez-se várias tentativas para cunhar outro nome que descreva um método de pesquisa histórica igualmente preocupado com a interpretação dos eventos em seu contexto histórico, mas também aberto ao sobrenatural. Um dos nomes sugeridos é o *método gramático-histórico*. Outras sugestões são o *método histórico-teológico* e o *método bíblico-histórico*. Essas sugestões vêem o vocábulo "crítico" como o vilão que nega o sobrenatural. O vocábulo "crítico", porém, não está muito preocupado com o julgamento sobre a possibilidade da ocorrência do sobrenatural na história, mas com o cuidado, a exatidão e a natureza analítica de tal investigação. É o termo "histórico" e toda a bagagem associada a ele que causam o problema. Para muitos estudiosos, esse termo implica que a história está fechada ao sobrenatural e que o método histórico-crítico deve presumir isso.

Desse modo, o termo "ofensivo" que precisa ser removido é "histórico". Porém, como os estudiosos que apóiam a abertura ao sobrenatural também usam o *método histórico-crítico* para descrever sua metodologia, devemos reconhecer que essa expressão significa coisas diferentes para pessoas diferentes. Conseqüentemente, é melhor evitar a expressão e definir exatamente o que se quer dizer com seu uso.

À luz da importância das pressuposições sobre o sobrenatural e o resultado da obra de alguém, os autores deveriam deixar claro desde o início qual é a perspectiva que têm do assunto. É errado dizer que "devido à investigação dos relatos" os autores concluem que Jesus não nasceu de uma virgem, que os milagres são mitos criados posteriormente pela Igreja, que a fé na igreja primitiva gerou os relatos da ressurreição, e não o contrário, e assim por diante. Na verdade, todas essas conclusões foram determinadas antes de qualquer investigação ter começado. Não é de se surpreender que, quando alguém começa a estudar com a pressuposição de que os milagres não podem acontecer, a conclusão é que os milagres investigados não aconteceram.

CONCLUSÃO

A discussão sobre a realidade ou não dos milagres associados à vida de Jesus não deve ser resolvida com base numa decisão arbitrária que impede a ação de Deus na história. Em vez disso, deve-se decidir se Jesus realizou milagres ou não com base na evidência. Uma abordagem mais "liberal" da vida de Jesus, que não predetermine os resultados, deve estar aberta à possibilidade de que os milagres atribuídos a Jesus nos Evangelhos realmente tenham acontecido. Se aconteceram ou não é uma decisão a ser tomada pela evidência.

Para o cristão evangélico, as evidências são fortes: a natureza dos relatos escritos desses milagres (com o passar dos séculos, a igreja cristã tem visto os Evangelhos de maneira diferente de outros livros, como Escritura inspirada); o fato de os milagres terem acontecido em público, serem reconhecidos pelos oponentes de Jesus e realizados durante um período de tempo e diante de uma diversidade de circunstâncias; o caráter das testemunhas oculares, cuja veracidade é raramente negada. As tradições de milagres são encontradas em todo o extrato dos Evangelhos (Marcos, Q, M, L e João) e em muitas das várias formas literárias (ditados, histórias de milagres, sumários, histórias de controvérsias, histórias sobre Jesus e a narrativa da paixão). Como resultado, a evidência favorável a certos milagres — tais como a ressurreição — é convincente e significativa.

Um estudo da vida de Jesus que exclua o milagroso está destinado, desde o início, a produzir um Jesus que é uma aberração. Ele será um estranho tanto para seus oponentes — os quais reconheceram seus milagres (cp. Mc 3.22 com *b. Sanhedrin* 43a) — quanto para seus seguidores — que não serão mais capazes de identificá-lo como o objeto de sua fé. Existe certa concordância sobre o Jesus que pregou a chegada do Reino de Deus, que comeu com coletores de impostos e pecadores, que curou o doente e ressuscitou o morto, que morreu sacrificialmente na cruz e que ressuscitou triunfantemente da morte. Essa concordância produz um retrato de Jesus de Nazaré completo e convincente para o leitor simpático aos Evangelhos. Tentativas de eliminar o sobrenatural da vida de Jesus podem simplesmente produzir um Jesus tão radicalmente diferente que o torne irreconhecível, e seu impacto na história, inexplicável.

REFERÊNCIAS BIBLIOGRÁFICAS

BLACKBURN, Barry L. Miracles and Miracle Stories. In: *Dictionary of Jesus and the Gospels.* GREEN, Joel B.; MCKNIGHT, Scot; MARSHALL, I. Howard, orgs. Downers Grove: InterVarsity Press, 1992, p. 549-60.

BROWN, Colin. *Miracles and the Critical Mind.* Grand Rapids: Eerdmans, 1984.

DAVIS, Stephen T. *Risen Indeed: Making Sense of the Resurrection.* Grand Rapids: Eerdmans, 1993.

EVANS, C. Stephen. *The Historical Christ and the Jesus of Faith:* The Incarnational Narrative as History. Oxford: Clarendon, 1996.

FITZMYER, Joseph A. Historical Criticism: Its Role in Biblical Interpretation and Church Life. *Theological Studies*, n. 50, p. 244-59, 1989.

KEE, Howard Clark. *Miracle in the Early Christian World*: A Study in Sociohistorical Method. New Haven: Yale University Press, 1983.

LATOURELLE, René. *The Miracles of Jesus and the Theology of Miracles.* New York: Paulist, 1988.

MEIER, John P. *A Marginal Jew*: Rethinking the Historical Jesus, New York: Doubleday, 1994. (*Um judeu marginal*: repensando o Jesus histórico. Imago Editora, 1996.)

HOFIUS, Otfried. Milagre, Maravilha, Sinal. In: *Dicionário Internacional de Teologia do Novo Testamento.* BROWN, Colin, org. Trad. Gordon Chown. São Paulo: Vida Nova, 1985, v. 3, p. 164-74.

SANDERS, E. P. *The Historical Figure of Jesus.* New York: Penguin, 1993, p. 132-68.

THEISSEN, Gerd. *The Miracles Stories of the Early Christian Tradition.* Philadelphia: Fortress, 1983.

WENHAM, David; BLOMBERG, Craig, orgs. *The Miracles of Jesus.* Sheffield: JSOT, 1986, v. 6.

2

Aonde podemos ir?

Fontes de estudo da vida de Jesus

Estabelecida a metodologia para estudar a vida de Jesus (a possibilidade do sobrenatural), devemos agora delimitar as fontes disponíveis para tal estudo. As fontes básicas podem ser divididas nas seguintes categorias: fontes não cristãs — que se dividem em pagãs e judaicas — e fontes cristãs — divididas em extrabíblicas e bíblicas.

FONTES NÃO CRISTÃS

Fontes pagãs. O vocábulo "pagão" é tradicionalmente usado para definir fontes cuja origem não seja nem judaica nem cristã. O termo não traz em si nenhuma conotação moral, mas simplesmente designa aqueles autores gregos e romanos primitivos que se referem a Jesus e não fazem parte da tradição judaico-cristã. O número de tais autores é pequeno e, em sua maioria, são posteriores ao século I. Isso não é nenhuma surpresa, pois ninguém poderia esperar que tais escritores se referissem a uma seita pequena, que aos seus olhos era insignificante, ou a seu fundador. Com o passar do tempo, porém, e devido ao crescimento no número de membros e da influência do movimento cristão, foi dada maior atenção a eles. Assim, no início do século II, escritores pagãos começaram a fazer referências aos cristãos e ao seu fundador, Jesus de Nazaré. As principais fontes pagãs disponíveis para o estudo da vida de Jesus são Plínio, o Moço, Tácito e Suetônio. Fontes de menor importância são Mara Bar-Serapião e Júlio Africano.

1. *Epístolas* 10.96, de Plínio, o Moço. O nome Plínio, o Moço (c. 62-113 d.C.) faz a distinção entre esse escritor e seu tio mais famoso, Plínio, o Velho, que escrevera a grande obra intitulada *História natural*. Como governador da província romana da Bitínia, Plínio, o Moço, escreveu uma carta (c.112) ao imperador Trajano em que relatava o julgamento de cristãos sob sua jurisdição. Ele menciona que deu oportunidade àqueles cristãos para abandonarem sua fé se clamassem a deuses pagãos, mostrando reverência à imagem do imperador e amaldiçoando a Cristo. E todos que assim procederam foram libertos. Explica sua atitude pelo fato de ter recebido informação que revelava que os cristãos verdadeiros não fariam qualquer um desses atos. Aqueles, porém, que eram obstinados e teimosos ele matou, com exceção dos cidadãos romanos. Estes foram enviados a Roma (v. At 25—28). Do interrogatório que fez aos cristãos, Plínio aprendeu que

> eles tinham o hábito de encontrar-se num certo dia fixo antes do amanhecer [domingo], quando cantavam em versos alternados um hino a Cristo, como a um deus, e comprometiam-se por meio de um voto solene a não cometer nenhum ato ímpio, qualquer fraude, roubo ou adultério, a nunca dar um testemunho falso, nem trair a confiança quando lhes fosse pedido para abandoná-la; depois disso, era seu costume se separarem e então se reunirem novamente para se alimentarem juntos — de um tipo de alimento comum e simples.

2. *Anais* 15.44, de Tácito. Tácito foi historiador romano (c. 60-120 d.C.). Escreveu um relato histórico do Império Romano que cobriu os anos de 14 a 68 d.C. Alguns dos livros que formam os *Anais* foram perdidos e, infelizmente, uma das lacunas ocorre entre os anos 29 e 32. Assim, os anos mais importantes com respeito à vida de Jesus estão ausentes. Contudo, Jesus é mencionado por Tácito em sua referência ao incêndio de Roma (64 d.C.), durante o reinado de Nero. Ele escreve que, com o objetivo de silenciar o rumor de que o próprio Nero ordenara atear fogo em Roma, o imperador colocou a culpa nos cristãos e os perseguiu. No meio da descrição da tortura e do assassinato que Nero perpetrou sobre os cristãos, Tácito afirma (c. 115):

> Cristus, o fundador do nome, foi condenado à pena de morte no reinado de Tibério, por sentença do procurador Pôncio Pilatos. A terrível crença ficou oculta por um pouco, apenas para renascer mais uma vez, não meramente na

Judéia, a terra do falecido, mas na própria capital, onde todas as coisas horríveis e vergonhosas do mundo reúnem-se e viram moda.

3. *A Vida de Cláudio* 25.4, de Suetônio. Em cerca de 120 d.C. , o historiador romano Suetônio (c. 75-160 d.C.) compilou uma série de biografias dos primeiros imperadores, começando com Júlio César. Na seção intitulada *Vidas dos doze césares*, na qual discorre sobre o imperador Cláudio, ele afirma: "Como os judeus constantemente promoviam perturbação instigados por Chrestus, ele os expulsou de Roma". A maioria dos historiadores acredita que Suetônio tanto escreveu errado o nome "Chrestus" quanto entendeu errado o evento. O homem envolvido não era "Chrestus" (um erro comum de grafia), mas "Christus" e a perturbação não era causada diretamente *pelo* próprio "Christus", mas *com relação* a "Jesus Christus". Aparentemente, durante o reinado de Cláudio, judeus cristãos e não cristãos estavam envolvidos na peleja quanto à pregação do evangelho (v. At 13.49-51; 14.19,20). Se é assim que a narrativa de Suetônio deve ser entendida, está de acordo com o que Lucas registra em Atos 18.2: "Ali, [Paulo] encontrou um judeu chamado Áqüila, natural do Ponto, que havia chegado recentemente da Itália com Priscila, sua mulher, pois Cláudio havia ordenado que todos os judeus saíssem de Roma".

4. *Mara Bar-Serapião*. Num manuscrito siríaco do século VII, que está no Museu Britânico, preservou-se uma carta datada do século II ou III, escrita por um homem chamado Mara Bar-Serapião e endereçada a seu filho. Ele se refere ao martírio de Sócrates, Pitágoras e Cristo. Os atenienses enfrentaram grande fome e julgamento por matar Sócrates. O povo de Samos foi jogado ao mar por queimar Pitágoras. Ao "executarem seu sábio Rei", os judeus foram "arruinados e expulsos de sua própria terra [e, agora], vivem em completa dispersão... O rei sábio não morreu para sempre; continuou a viver nos ensinamentos que proferiu" (Bruce, *Jesus and Christian Origins Outside the New Testament* [Jesus e as origens dos cristãos em fontes não neotestamentárias], p. 31).

5. *Cronologia* 18, de Júlio Africano. Nessa obra, escrita na primeira parte do século III, o autor refere-se à época da crucificação de Jesus:

> Thallus chama essa escuridão de eclipse do sol no terceiro livro de sua *História*, o que para mim parece sem razão. Isso porque os hebreus celebram a Páscoa no 14.º dia de acordo com a lua, e a paixão do nosso Salvador recai no dia anterior à Páscoa. Contudo, um eclipse do sol só acontece quando a lua se coloca abaixo do sol (*Os pais antenicenos*).

As fontes pagãs que fazem referência à vida de Jesus são poucas e de natureza secundária. Em vez de fornecer uma narrativa testemunhal ou ocular, essas fontes dão a informação de que foi conseguida no contato com cristãos de pelo menos duas ou três gerações distantes dos fatos. Assim, são mais valiosos para o estudo da história da igreja primitiva que para a vida de Jesus.

Dois outros relatos pagãos dignos de nota nesse aspecto são *Contra Celso*, de Orígenes, e *A passagem de Peregrinus*, de Luciano de Samosata. Orígenes defende o cristianismo contra os ataques de Celso, e Luciano ridiculariza o cristianismo contando a história de um mascate chamado Peregrinus, que simulou sua conversão com o objetivo de colher benefícios dos cristãos inocentes e simpáticos. Nas duas obras, é feita uma menção à vida de Jesus, mas, como no caso de Plínio e Suetônio, essa informação é obtida de segunda mão provinda de cristãos distantes algum tempo dos fatos.

No caso de Tácito, porém, sua informação sobre Jesus ter sido sentenciado e morto por Pôncio Pilatos durante o reinado de Tibério pode ter sido baseada nos registros oficiais de Roma. Despachos regulares eram enviados das províncias a Roma com o relato dos principais eventos. É possível que um relatório sobre o julgamento e a crucificação de Jesus tenha sido enviado a Roma. (Justino Mártir, em sua *Primeira apologia* 35.7-9 e 48.3, afirma que a crucificação de Jesus está relatada nos registros oficiais de Roma intitulados "Atos de Pilatos". A natureza apócrifa dos Atos de Pilatos, porém, não permite que levemos essa afirmação muito a sério.)

Fontes judaicas. Entre os escritores judeus, as duas principais fontes de informação com relação à vida de Jesus são Josefo e os escritos rabínicos.

1. *Antigüidades do povo judeu* (18.3.3 [18.63-4] e 20.9.1 [20.200-3]). Josefo, filho de Matias, nasceu numa família sacerdotal em 37 d.C. Ainda criança, estudou as crenças das principais seitas judaicas e, mais tarde, tornou-se fariseu. Durante a revolta judaica contra Roma, foi encarregado da defesa da Galiléia, apesar de estar com apenas 29 anos de idade. Na Galiléia, preparou as defesas e arregimentou tropas para o inevitável ataque romano. Por volta de 67, a única fortaleza judaica que ainda restava na Galiléia era Jotapata. Depois de um cerco de 47 dias, essa fortaleza também caiu, e Josefo fugiu para a cidade. Foi descoberto escondido numa caverna com cerca de outros quarenta judeus. Embora o grupo tivesse decidido suicidar-se, considerando honroso tal ato, Josefo escapou do suicídio em massa por meio de uma artimanha. Então ele e outro sobrevivente renderam-se aos romanos (*GJ* 3.8-9 [3.392-403]).

Levado a Vespasiano, general romano, Josefo saudou-o como "César" e predisse que tanto este quanto seu filho, Tito, seriam imperadores de Roma. Nero foi sucedido no ano 68 d.C. por Galba, Otão e Vitélio, cujos reinados somados duraram pouco mais de um ano. Por causa do caos em Roma, as legiões de Vespasiano proclamaram-no o novo imperador. Ele e seu filho foram, na seqüência, imperadores de Roma. Desse modo, Josefo experimentou uma mudança radical em sua sorte. Foi libertado, tornou-se guarda da corte e seu nome foi mudado para Flávio Josefo (Flávio era o sobrenome da família de Vespasiano e Tito). Durante o cerco de Jerusalém, Josefo trabalhou para Tito como tradutor e intérprete e tornou-se um apologista de Roma.

Depois da guerra, Josefo foi para Roma com Tito e ali escreveu várias obras. As duas obras mais famosas são *História da guerra judaica* (c. 77 d.C.) e, ainda mais importante, *Antigüidades judaicas* (c. 93 d.C.). Também escreveu *A vida de Josefo*, uma defesa de seu comportamento durante a revolta judaica, e *Contra Apião*, uma defesa da religião judaica. Na obra *Antigüidades*, existem duas referências importantes a Jesus. A mais famosa é chamada *Testimonium Flavianum*:

> Por volta dessa época, ali viveu Jesus, um homem sábio, se verdadeiramente alguém deve chamá-lo de homem, pois era alguém que realizava feitos surpreendentes e era o mestre de pessoas que aceitavam a verdade com alegria. Foi vitorioso sobre muitos judeus e muitos gregos. Era o Messias. Quando Pilatos, ouvindo-o ser acusado por homens dos mais elevados graus entre nós, condenou-o a ser crucificado, aqueles que desde o início o amavam não perderam sua afeição por ele. No terceiro dia, apareceu-lhes restaurado à vida, o que os profetas de Deus haviam profetizado, além de muito mais coisas maravilhosas a seu respeito. E a tribo dos cristãos, que recebeu esse nome por causa dele, até hoje não desapareceu (18.3.3 [18.63-4]).

À primeira vista, esse testemunho favorável a Jesus é bastante impressionante. Refletindo-se, porém, surgem inúmeras questões. Uma delas está em que, em toda essa grande obra, aparece apenas mais uma referência a Jesus, no momento em que Josefo apresenta Tiago, pouco antes do martírio deste último, em 62 d.C.:

> Possuidor de tal caráter, Ananus [o sumo sacerdote] achou que ele tivera uma oportunidade favorável porque Festo estava morto e Albino ainda a caminho [Festo e Albino foram governadores romanos]. Assim, ele se reuniu com os juízes do Sinédrio e trouxe diante deles um homem chamado Tiago, o irmão de Jesus, que era chamado Cristo, e alguns outros (20.9.1 [20.200-3]).

Essa referência posterior feita a Jesus levanta a seguinte pergunta: como é possível um autor, que afirmou Jesus ser o Messias e alguém que ressuscitara dos mortos, agora simplesmente referir-se a ele como "Jesus, que era chamado Cristo"?

Também surgiram outros problemas. Sabemos por Orígenes (*Contra Celso* 1.47) que Josefo não era cristão. Se isso for verdade, por que encontramos aqui um testemunho tão forte a respeito de Jesus ser o Messias e ter ressuscitado dos mortos? Também é interessante notar que os pais da Igreja não citam o *Testimonium Flavianum* em suas obras apologéticas. É algo estranho, caso soubessem que o famoso historiador Josefo tivesse registrado um endosso tão poderoso a respeito de Jesus e tivesse declarado a ressurreição deste. O primeiro escritor cristão a referir-se ao *Testimonium* é Eusébio, no século IV.

Outro problema quanto à autenticidade dessa passagem é o de que ela interrompe a continuidade da argumentação de Josefo. A narrativa anterior termina com as palavras "assim terminou o levante". A passagem seguinte começa assim: "Nessa mesma época, outro insulto provocou grande tumulto entre os judeus". Desse modo, considerando que a omissão do *Testimonium* permite que a passagem seja lida sem atropelos, sua presença interrompe a continuidade e faz com que alguém fique pensando que o testemunho é uma inserção estranha. A despeito do fato de os manuscritos gregos mais antigos (séc. XI) de *Antiguidades* conterem esse testemunho sobre Jesus, sua autenticidade é muito discutida.

Existem três pontos de vista possíveis com relação ao *Testimonium Flavianum*. Um deles consiste em aceitá-lo como é apresentado, ou seja, que é de autoria de Josefo. Se esse texto for verdadeiro, temos a mais importante referência histórica a Jesus feita por um historiador judeu do primeiro século. Contudo, poucos estudiosos sustentam essa opinião. Uma segunda perspectiva consiste em vê-lo como uma inserção exterior feita por um escriba cristão que colocou esse testemunho sobre Jesus sob a pena de Josefo. O terceiro ponto de vista consiste em ver a forma atual e positiva do testemunho como uma versão aproveitada de uma declaração anterior e negativa feita por Josefo.

O fato de as obras de Josefo terem sido preservadas e copiadas basicamente por cristãos dá apoio às duas últimas teorias, mas os estudiosos estão divididos entre si. A maioria dos especialistas une-se em torno do ponto de vista de que, em sua forma atual, o *Testimonium Flavianum* não é autêntico. Aqueles que se apegam ao segundo ponto de vista rejeitam inteiramente a idéia de vê-lo como uma fonte legítima para o estudo da vida de Jesus.

2. *Os escritos rabínicos*. O mais importante texto rabínico é o *Talmude*. Ele contém duas partes: a *Mishná* e a *Guemará*. A *Mishná* consiste nas tradições orais que circulavam pelo judaísmo de 200 a.C. a 200 d.C. (v. Mc 7.1-13). De acordo com a tradição, eles foram escritos em hebraico pelo rabi Judá (tradições adicionais que não foram incorporadas à *Mishná* mais tarde foram reunidas numa obra chamada *Tosefta*). Paralelamente a essas tradições, surgiram vários comentários, chamada *Guemará*, escritos em aramaico. Juntos, a *Mishná* e a *Guemará* formam o *Talmude*.

A *Guemará*, surgida na Palestina, foi combinada com a *Mishná* em algum período entre 350 e 400 d.C. e ambas compõem o que é conhecido como *Talmude* palestino (ou de Jerusalém), ao qual vamos referir-nos por meio da forma abreviada "TP". Na Babilônia, a *Guemará* foi adicionada à *Mishná* em aproximadamente 500 d.C. Juntos, formam o volume mais conhecido e de maior tamanho chamado *Talmude* babilônico (TB). O *Talmude* consiste em 63 "tratados", arranjados em seis "categorias". O principal problema na avaliação dos materiais talmúdicos está em se separarem os acréscimos posteriores dos materiais mais antigos. É muito comum ter-se a impressão de que o material talmúdico não comprova aquilo que realmente aconteceu num período anterior, antes é apenas uma versão idealizada de como as coisas deveriam ter acontecido se a posterior compreensão rabínica da Lei estivesse em ação.

O *Talmude* possui várias referências a Jesus. A mais famosa é encontrada em *b. Sanhedrin* 43a (TB):

> Yeshu foi pendurado na véspera da Páscoa. Por 40 dias antes da execução acontecer, um arauto proclamou: "Ele será apedrejado porque praticou feitiçaria e levou Israel à apostasia. Qualquer um que possa dizer algo em seu favor que venha à frente e apresente-se em sua defesa". Mas como nada se levantou em seu favor, foi pendurado na véspera da Páscoa! — Ulla replicou: "Você acha que ele é uma pessoa a quem se pode defender? Não era ele um *mesith* [instigador], com relação a quem as Escrituras dizem 'Não tenha piedade nem compaixão dele e não o proteja?' Com Yeshu, porém, foi diferente, pois estava ligado ao governo [ou realeza, i.e., era influente]. Nossos rabinos ensinaram: Yeshu teve cinco discípulos: Matthai, Nakai, Nezer, Buni e Todah".

Encontramos um grande número de paralelos entre esse ensinamento e os relatos dos Evangelhos. A morte de Jesus está associada com a Páscoa, aconteceu na véspera da Páscoa (comp. com Jo 19.31). De maneira indireta, sua atividade de realização de milagres é atestada pela afirmação de que praticava feitiçaria (comp. com Mc 3.22, em que os milagres de Jesus são atribuídos a uma fonte demoníaca). Ele foi acusado de apostasia e, embora a penalidade para isso fosse o "apedrejamento", Jesus não foi apedrejado, mas "pendurado", ou seja, crucificado. Nenhuma menção é feita com relação à parte romana no julgamento de Jesus, o que não é surpresa, pois a preocupação da *Mishná* é explicar a Lei e, com relação a isso, o papel de Roma era irrelevante. Contudo, percebe-se o reconhecimento do envolvimento da liderança de Israel na morte de Jesus. Há uma menção quanto a Jesus ter tido discípulos, mas somente cinco são apresentados, e seus nomes não fazem muito sentido (Matthai = Mateus; Nakai = Nicodemos? Nezer = Nazareno? Buni = Boanerges, os filhos do trovão? Todah = Tadeu?).

Deve-se questionar se esse material advém de tradições orais daqueles que foram testemunhas oculares do julgamento ou daqueles que tiveram acesso aos relatos de pessoas que testemunharam o que aconteceu. De qualquer maneira, essas tradições seriam extremamente valiosas. No entanto a maior parte do material surgiu nos debates judaico-cristãos posteriores e parece ser apologético em sua natureza. Por exemplo: a afirmação de que por 40 dias se buscaram testemunhas favoráveis a Jesus parece apologética, por parte do judaísmo rabínico, contra a afirmação cristã de que Jesus não recebeu um julgamento justo. Desse modo, consideramos que esse material, embora muito útil na investigação do judaísmo e da igreja primitiva referente aos séculos de II a V, é menos valioso para o estudo da vida de Jesus.

É possível encontrar várias outras referências a Jesus no *Talmude*. Contudo, em sua maioria, são problemáticas por não fazerem menção direta a Jesus. O costume judaico de se evitar o uso do nome dos hereges pode explicar isso. As passagens a seguir podem ser contra-apologéticas à afirmação cristã da concepção virginal: "Os israelitas mataram à espada Balaão, filho de Beor, que praticava adivinhação". Um adivinho? Mas ele era um profeta! — R. Johanan declara: "No começo ele era profeta, mas depois virou adivinho". R. Papa observa: "Isso é o que os homens dizem: 'Aquela que era descendente de príncipes e governadores fez-se prostituta com carpinteiros' (*b. Sanhedrin* 106a; comp. também com 106b).

R. Simeon B. 'Azzai diz: "Encontrei um rolo de registros genealógicos em Jerusalém no qual estava escrito: 'Fulano é um bastardo [tendo nascido] de [uma união proibida com] uma mulher casada', o que confirma a perspectiva de R. Joshua" (*b. Yebamot* 49a).

Isso também traz à mente a afirmação de um homem chamado Celso, conforme registrada por Orígenes (c. 248): "Voltemos, porém, às palavras colocadas na boca do judeu, pelas quais a mãe de Jesus é descrita como tendo sido desprezada pelo carpinteiro de quem era noiva quando foi condenada por adultério e teve um filho de um certo soldado chamado Panthera" (*Contra Celso* 1.32). É evidente que essa referência é apologética, proferida pelo neoplatônico Celso contra a afirmação cristã de que Maria, a mãe de Jesus, era virgem quando o concebeu. É possível que haja um trocadilho aqui. Enquanto os cristãos afirmavam que Jesus fora concebido e nascido de uma virgem (gr. *parthenos*, "virgem"), os oponentes diziam: "Não, não de uma *parthenos*, mas de Panthera". Por meio da simples inversão de um *r* e de um *n* eles "descobriram" o verdadeiro pai de Jesus e argumentavam que este era filho ilegítimo.

As referências apontadas acima, retiradas dos tratados *Sanhedrin* e *Yebamot*, podem muito bem representar um ataque similar à afirmação cristã sobre a concepção virginal. Vários argumentos são favoráveis a essa interpretação. Para alguns, embora o nome da mulher e o da criança sejam omitidos, presume-se que as pessoas saberiam a quem essas palavras se referiam. Jesus certamente seria o candidato principal na mente das pessoas. Além do mais, a referência a um carpinteiro encaixa-se muito bem no fato de José e Jesus serem carpinteiros, embora a pessoa descrita não seja o marido de Maria, mas o adúltero. Também pode ser o caso de que a referência ao fato de Maria ser descendente de príncipes e governadores seja uma alusão às genealogias dos Evangelhos, nas quais encontramos figuras reais como Davi, Salomão e Zorobabel (Mt 1.1-17; Lc 3.23-38). Outra argumentação é que o nome Balaão era visto pelos judeus como um tipo de Jesus. Se for o caso, é bem provável que as passagens anteriores sejam referências a Jesus, criadas como propaganda contrária às afirmações cristãs. Contudo, são secundárias em natureza, por serem o resultado do debate posterior entre judeus e cristãos, em vez de serem relatos contemporâneos de testemunhas oculares.

Várias passagens que fazem menção do tratamento dado à heresia também são sugeridas como possíveis alusões a Jesus, embora seu nome não esteja presente.

b. Berakot 17b: "Que a nossa companhia não seja como a de Eliseu, da qual saiu Geazi. *Em nossos lugares amplos:* que não produzamos nenhum filho ou pupilo que caia em desgraça pública". Um manuscrito (M) adiciona ao final dessa frase a expressão "como o nazareno".

b. Sanhedrin 103a: "Outra interpretação: '*Nenhum mal o atingirá*' — você não será afligido por pesadelos nem por pensamentos horríveis; '*Desgraça alguma chegará à sua tenda*' — você não terá um filho ou um discípulo que queime sua comida em público". A expressão "queimar comida" refere-se a aceitar ou propor uma heresia.

Outras possíveis alusões a Jesus ou a seus ensinamentos podem ser encontradas em *b. Shabbath* 116b (talvez uma referência a Mt 5.17) e em *b. Sanhedrin* 107b, em que o ensinamento de um manuscrito faz referência a "Jesus nazareno [que] praticou magia e fez Israel desviar-se".

A questão-chave que surge aqui envolve a origem dessas referências rabínicas. O valor dessas passagens seria grandemente melhorado se surgissem de contemporâneos de Jesus que tivessem sido testemunhas oculares dos eventos que eles relatam. Isso seria verdadeiro ainda que apresentassem o lado dos oponentes de Jesus. Em várias ocasiões, porém, aspectos desses relatos parecem mais de acordo com a interação posterior de judeus com os ensinamentos e declarações da igreja primitiva e menos com relatos de testemunhas oculares. Isso é especialmente verdadeiro com respeito a assuntos como a afirmação sobre os 40 dias de busca por testemunhas favoráveis a Jesus que antecederam seu julgamento e, no caso de as narrativas se referirem a Jesus, a seu nascimento não ter acontecido por meio de uma concepção virginal mas como fruto de adultério por parte de sua mãe. Por conseguinte, os materiais rabínicos são basicamente valiosos por fornecerem informação sobre o judaísmo dos séculos II, III e IV e, mesmo assim, devem ser lidos de maneira crítica. Tais como as fontes pagãs, porém, fornecem pouca informação para os historiadores que buscam construir uma biografia de Jesus.

FONTES CRISTÃS

Fontes extrabíblicas. É evidente que nem tudo o que Jesus disse ou fez está registrado nos quatro evangelhos canônicos. Isso é explicitamente afirmado em João 21.25: "Jesus fez também muitas outras coisas. Se cada uma delas fosse escrita, penso que nem mesmo no mundo inteiro haveria espaço suficiente para os livros que seriam escritos". É provável que tradições sobre Jesus tenham sido relembradas e passadas adiante pela oralidade mesmo depois de os Evangelhos terem sido escritos. É possível que algumas dessas tradições tenham sido registradas mais tarde. Papias, um dos pais da Igreja, afirmou (c. 130) que preferia investigar algumas dessas tradições orais.

> Ao contrário da maioria, não me regozijei naquelas que dizem muito, mas nas que ensinam a verdade; não naquelas que enumeram os mandamentos de

> outros, mas naquelas que repetem o que foi dado à fé pelo Senhor e que derivam da própria verdade. Mas se surgisse alguém que seguiu os presbíteros, eu perguntaria sobre as palavras dos presbíteros, aquilo que André, Pedro, Filipe, Tomé, Tiago, João, Mateus ou qualquer outro dos discípulos de Jesus tenha dito e aquilo que Aristion e o presbítero João, os discípulos do Senhor, estavam dizendo. Suponho que a informação dos livros não me seria de tanta ajuda quanto uma palavra vinda de uma voz viva e sobrevivente (cit. em *HE* 3.39.4).

Onde é possível encontrar tais tradições? As principais possibilidades são: 1) os evangelhos apócrifos, especialmente o *Evangelho de Tomé*; 2) vários manuscritos hipotéticos, como Q, o *Evangelho secreto de Marcos* e o "Evangelho da cruz"; 3) citações encontradas nos textos dos pais da Igreja; 4) variantes textuais encontradas em vários manuscritos dos Evangelhos.

Durante o século II, começou a surgir um grande número de obras, chamadas evangelhos apócrifos. Muitos deles clamam — falsamente — uma autoria apostólica e usam nomes como *Evangelho da infância de Jesus*, de Tomé, *Evangelho de Pedro*, *Evangelho de Nicodemos*, *Evangelho de Filipe*, *Evangelho de Barnabé*, *Evangelho de Maria*, *Evangelho de Tomé* e *Evangelho dos doze apóstolos*. Alguns adotam nomes como *Evangelho da verdade*, *Evangelho dos ebionitas*, *Evangelho dos egípcios*, *Evangelho dos hebreus*, *Evangelho dos nazarenos*, *Proto-evangelho de Tiago* e *Evangelho secreto de Marcos*. Outros assumem até mesmo nome de hereges: *Evangelho de Cerinto*, *Evangelho de Basilides*, *Evangelho de Marcião*, *Evangelho de Apeles*, *Evangelho de Mani*, e assim por diante. Também existem fragmentos em papiro de outros evangelhos semelhantes aos apócrifos.

Na questão do caráter, essas obras variam do ortodoxo ao semi-ortodoxo, do heterodoxo ao herético por natureza. Algumas chegaram completas até nós; outras são incompletas em sua natureza; outras ainda são conhecidas apenas porque são mencionadas em outras obras. O valor dessas obras para o estudo da igreja primitiva no período que vai do século II ao século IV é evidente, mas seu valor para o estudo da vida de Jesus é muito debatido. Algumas obras, como o *Evangelho da verdade* (que é pouco mais que um tratado teológico gnóstico do século II), não possuem qualquer valor real:

> O evangelho da verdade é uma alegria para aqueles que receberam do Pai da verdade a graça de conhecê-lo por meio do poder da Palavra que surgiu do pleroma, aquele que está na mente e no pensamento do Pai, ou seja, aquele que é tratado como o Salvador, (que) o nome da obra que executaria para a

> redenção daqueles que eram ignorantes sobre o Pai, enquanto o nome [de] o evangelho é a proclamação de esperança, sendo descoberto para todos os que o buscam (1.3; *The Nag Hammadi Library in English*, San Francisco: Harper, 1988).

Algumas obras são histórias imaginárias de cristãos ortodoxos sobre períodos da vida de Jesus não abordados nos evangelhos canônicos. Um exemplo muito conhecido está no *Evangelho da infância de Jesus,* de Tomé:

> Quando o menino Jesus estava com cinco anos de idade, brincava na beira do rio e reunia as águas em pequenos poços, e instantaneamente os limpava, ordenando isso com uma única palavra. Pegando o barro molhado, moldou 12 pardais. E era sábado quando fez essas coisas. Também havia muitas outras crianças que brincavam com ele. Quando um certo judeu viu o que Jesus estava fazendo enquanto brincava, no sábado, imediatamente foi falar com o pai do menino, José: "Veja, seu filho está no rio, pegou barro e moldou 12 pássaros e, assim, profanou o sábado". Quando José foi ao lugar e viu, gritou com ele e perguntou: "Por que você faz no sábado coisas que a Lei não permite?". Mas Jesus bateu com as palmas das mãos, gritou para os pardais e disse: "Vão embora!". E os pardais voaram e foram embora gorjeando. Os judeus ficaram maravilhados quando viram isso, e saíram, e contaram a seus líderes o que tinham visto Jesus fazer (2.1-5; *ANT*, p. 75-6).

O *Evangelho da infância de Jesus,* de Tomé, prossegue, relatando a maneira pela qual um menino judeu morreu depois de ter quebrado o pequeno poço de água que Jesus fizera. Outro menino que corria e acidentalmente bateu em Jesus também caiu morto. É fácil ver que esses relatos carecem de qualquer base histórica sobre a vida de Jesus. A passagem de João 2.11 relata explicitamente que o milagre do casamento em Caná foi o primeiro sinal ou milagre de Jesus. Não há dúvida de que o que temos aqui é uma leitura da infância de Jesus segundo o ponto de vista de cristãos piedosos (ou ímpios) sobre como teriam sido os primeiros anos de vida do Filho de Deus.

Entre os evangelhos apócrifos, o *Evangelho de Tomé* coloca-se, em importância, acima de todos os outros. Essa obra cóptica foi descoberta em 1945 entre os diversos manuscritos encontrados em Nag Hammadi, no Egito. Alguns fragmentos gregos de papiro (*Oxyrhynchus Papyrus* 1, 654, 655), descobertos em 1897 e 1904, parecem agora fazer parte de três diferentes cópias dessa mesma obra. A data do *Evangelho de Tomé* é muito discutida. Alguns argumentam que sua forma original data de meados do século I e é mais antigo que os evangelhos canônicos. O atual manuscrito cóptico data de cerca de 400 d.C., enquanto os fragmentos dos papiros gregos datam de cerca de 200 d.C. A forma atual provavelmente deve ser datada de cerca de 150 d.C., embora contenha expressões que remontem ao primeiro século. Discute-se a existência de uma forma escrita anterior desse evangelho.

> O *Evangelho de Tomé* consiste em uma coleção de 114 ditados. Alguns deles repetem quase ao pé da letra o que encontramos em nossos evangelhos; alguns são similares aos discursos dos nossos evangelhos, mas apresentam uma interessante mudança ou acréscimo.

Outros são bastante estranhos e demonstram uma clara tendência gnóstica:

> Jesus disse: "Se eles perguntarem: 'De onde vocês vêm?', diga-lhes: 'Viemos da luz, do lugar onde a luz passou a existir por si própria; ela tem... e tem-se revelado a si mesma em sua imagem'" (50).
>
> Seus discípulos [*mathētēs*] lhe disseram: "Vinte e quatro profetas [*prophētēs*] falaram em Israel e todos eles falaram sobre [lit. "em"] você." Ele disse: "Vocês afastaram-se daquele que vive, que está em sua presença e que falou sobre os mortos" (52).
>
> Jesus disse: "Eu sou a luz que está acima de tudo. Eu sou o Tudo; o Tudo veio de mim e o Tudo volta para mim. Ache a madeira; eu estou ali. Levante a pedra e me encontrará ali" (77).
>
> Jesus disse: "As imagens [*eikōn*] são manifestas ao homem, e a luz que está dentro deles está oculta na imagem [*eikōn*] da luz do Pai. Ele será revelado, e a sua imagem [*eikōn*] está oculta por sua luz". Jesus disse: "Nos dias (em que) você vê sua semelhança, você se alegra. Mas quando [*hotan de*] você vê suas imagens [*eikōn*] que vieram a existir antes de você — que não [*oute*] morrem nem [*oute*] são manifestas — quanto você terá!" (83,84).

Outros ditados não são necessariamente gnósticos, mas são estranhos.

> Os discípulos [*mathētēs*] disseram a Jesus: "Sabemos que tu te afastarás de nós. Quem será aquele que (então) será maior sobre nós?". Jesus disse: "No lugar ao qual vieram, vocês irão a Tiago, o Justo [*dikaios*] por meio de quem os céus e a terra vieram a existir" (12).
>
> Jesus disse: "O reino é como um pastor que tinha cem ovelhas. Uma delas afastou-se; era a maior. Ele deixou as 99 e foi buscar a perdida até que a encontrou. Depois de se esforçar, disse à ovelha, eu a amo mais do que [*para*] as 99" (107).

O que torna o *Evangelho de Tomé* valioso, porém, são as frases similares ou quase idênticas às encontradas nos Evangelhos. A maioria dos estudiosos não acredita que essas frases tenham sido extraídas dos evangelhos canônicos, mas que vieram de tradições separadas, tanto orais quanto escritas. Se for assim, temos nesses lugares uma testemunha independente favorável às tradições dos Evangelhos. É nessas instâncias que as fontes externas dão apoio favorável à autenticidade dos Evangelhos, pois um está corroborando o outro.

Podemos ver um exemplo disso na parábola do grande banquete. Na forma da parábola apresentada por Lucas (Lc 14.15-24), os servos são enviados duas vezes para buscar convidados substitutos, e, ao fazer isso, o evangelista alude à missão aos gentios de seus dias. Contudo, tanto na forma de Mateus (Mt 22.1-14) quanto no *Evangelho de Tomé* (64) existe um único envio dos servos para buscar os convidados substitutos. Isso sugere que o segundo envio é um acréscimo de Lucas. Outras expressões do *Evangelho de Tomé* semelhantes às dos Evangelhos são as de números 26, 31 e 47:

> Jesus disse: "Você vê o cisco que está no olho do seu irmão, mas [*de*] não vê a tora que está em seu próprio olho. Quando [*hotan*] você tirar a tora de seu próprio olho, então [*tote*] conseguirá enxergar para poder tirar o cisco do olho de seu irmão" (26).
>
> Jesus disse: "Nenhum profeta [*prophētēs*] é aceito em sua própria cidade; nenhum médico faz curas [*therapeuein*] naqueles que o conhecem" (31).
>
> Jesus disse: "É impossível para um homem cavalgar dois cavalos [e] esticar dois arcos, e é impossível para um servo servir a dois senhores; [*ē*] ele vai honrar [*timan*] um e desprezar [*hybrizein*] o outro" (47).

Recentemente, têm-se feito declarações exageradas sobre o valor histórico dos três documentos hipotéticos: Q, um "Evangelho da cruz" e o *Evangelho secreto de Marcos.* Q é uma reconstrução hipotética de uma fonte usada por Mateus e Lucas (uma compilação do material comum encontrado em Mateus e Lucas, mas ausente em Marcos). A existência de Q baseia-se na idéia de que Marcos foi o primeiro evangelho a ser escrito e Mateus e Lucas fizeram uso de Marcos para escrever seus evangelhos (a designação "Q" advém da primeira letra da palavra alemã *Quelle,* que significa "fonte"). Essa é a pressuposição da maioria dos estudiosos do NT. Aceitando-se isso, a pergunta seguinte é: por que existe tanto material comum a esses dois evangelhos (cerca de 235 versículos) que não é encontrado em Marcos? De onde veio esse material, se não foi de Marcos? Outra questão bastante relacionada com essa é se Lucas e Mateus se conheciam — foi Lucas que fez uso de Mateus quando escreveu seu evangelho ou foi o contrário? Há diversas razões para se concluir que Mateus e Lucas não se conheciam. Mateus e Lucas devem ter usado uma fonte comum além de Marcos. Isso é aceito pela maioria dos estudiosos do NT.

Algumas reconstruções e conclusões notadamente imaginárias baseiam-se nessa teoria. Pelo menos três edições separadas da história de Q afloram. O tipo de comunidade que deu origem a essa fonte e as dificuldades que geraram as novas edições são descritas de maneira confiável. Tudo o que é preciso fazer, porém, é notar-se a probabilidade de tudo isso ser verdadeiro para perceber-se claramente a construção de uma fundação sobre a areia. Percebam-se as pressuposições:

1. Marcos foi o primeiro evangelho a ser escrito (muito provável, mas uma teoria, não um axioma ou uma prova).

2. Mateus e Lucas não se conheciam (provável, mas também uma teoria, não um axioma ou uma prova).

3. A fonte Q foi escrita (bastante questionável, dado que uma tradição oral comum poderia explicar muitas concordâncias entre Mateus e Lucas).

4. A fonte Q era um documento escrito e único (mais questionável ainda, dado que a ordem do material em Mateus e Lucas não demonstra que eles tenham feito uso de um documento escrito e único).

5. Q revela a teologia básica de uma comunidade em particular, que criou esse documento (altamente questionável). A maior parte da literatura é produto de indivíduos. Afinal, Lucas revela a teologia de uma comunidade "lucana" ou a teologia de Lucas, o autor? Marcos revela a teologia de uma comunidade ou a de Marcos, o autor? Gálatas revela a teologia da igreja gálata ou a de Paulo, que queria mudar a teologia da igreja gálata, impondo a sua própria? É possível presumir que os destinatários ou os criadores de uma obra do NT acreditavam somente naquilo que estava contido naquela obra? Se for assim, as igrejas paulinas acreditavam muito pouco no Jesus histórico, e o mesmo acontecia com as igrejas representadas em Hebreus, 1 e 2Pedro, Tiago e 1, 2 e 3João.

6. Mesmo se acreditarmos na possibilidade de determinar a forma final de Q, usada por Mateus e Lucas, presumindo que Q fosse um documento escrito e único, é improvável que cheguemos à forma da edição mais antiga.

7. É ainda mais improvável que consigamos reconstruir a forma da edição mais antiga dessa obra hipotética.

8. E, por último, presumir que poderíamos, então, determinar as dificuldades que supostamente levaram a essas novas edições é simplesmente impossível.

A probabilidade de a última pressuposição ser verdadeira é igual à probabilidade de todas as pressuposições multiplicadas umas pelas outras. Em outras palavras, se a probabilidade das primeiras cinco hipóteses fosse 1) 90%, 2) 80%,

3) 60%, 4) 50% e 5) 40%, então a possibilidade de a quinta hipótese ser verdadeira seria 0,90 x 0,80 x 0,60 x 0,50 x 0,40 — *pouco mais de 8%*! Algumas dessas porcentagens hipotéticas são generosas e nem mesmo levamos em consideração em nossa equação a pequena probabilidade da sexta, da sétima e da oitava pressuposições. Por meio de tal procedimento, fica evidente que a pesquisa histórica se transformou em ficção.

A existência do "Evangelho da cruz" e do *Evangelho secreto de Marcos* é ainda mais questionável. O "Evangelho da cruz" é uma obra hipotética reconstruída com base num evangelho apócrifo do século II chamado *Evangelho de Pedro*. O assim chamado *Evangelho secreto de Marcos* foi descoberto por Morton Smith em 1958, mas só foi publicado depois de 1973. O texto afirma ser uma carta de Clemente de Alexandria (c. 150-215 d.C.). Está contido numa nota escrita à mão, encontrada numa edição do século XVII das obras de Inácio de Antioquia, no mosteiro de Mar Saba, localizado entre Belém e o mar Morto. Esse acréscimo foi escrito à mão, no século XVIII, nas últimas três páginas desta obra impressa de Inácio. Ninguém viu o manuscrito original a não ser Morton Smith, que produziu fotografias do material. Discute-se se o material manuscrito é forjado ou se é realmente uma carta escrita por Clemente de Alexandria. De acordo com alguns estudiosos — que aceitam que esse material é um fragmento verdadeiro de uma carta autêntica de Clemente —, essa carta contém material de um *Evangelho secreto de Marcos* anterior ao Marcos de nossa Bíblia e que foi realmente a base para uma forma primitiva de um evangelho semelhante ao de Marcos. Esse evangelho semelhante ao de Marcos teria sido transformado numa versão carpocrática[1] de Marcos, que, então, foi retrabalhado e transformado no nosso Marcos. Construir um sistema tão complicado como esse com base num acréscimo do século XVIII feito a uma obra impressa que ninguém viu, a não ser seu descobridor, é construir muita coisa sobre um fundamento excepcionalmente fraco. Além do mais, vários estudiosos argumentam de maneira convincente que o material do *Evangelho secreto* não é a base do material do Marcos canônico. Pelo contrário, ele pressupõe Marcos.

[1]Depois da morte do evangelista Marcos, Carpócrates, o fundador do grupo carpocratiano, acrescentou material fictício próprio ao suposto *Evangelho secreto*, de onde surgiu o Marcos carpocrático. Então, distribuiu o "evangelho" forjado, afirmando ser o verdadeiro evangelho de Marcos. O grupo era de tendência gnóstica, atuante no séc. II [N. do E.].

O argumento a favor de um "Evangelho da cruz" é ainda menos convincente. Aqueles que se apegam a esse ponto de vista argumentam que, por trás do *Evangelho de Pedro*, do século II, coloca-se um "Evangelho da cruz", que é a única fonte da narrativa da paixão dos nossos evangelhos. Esse evangelho teria sido escrito em meados do século I e seria a única fonte de Marcos para a narrativa da paixão. A narrativa de Marcos teria sido, então, usada por Mateus, Lucas e João, que também conheceriam o "Evangelho da cruz". Contudo, como no caso do *Evangelho secreto de Marcos*, o "Evangelho da cruz" possui marcas indicativas de sua dependência dos evangelhos canônicos. Assim, não fornece nenhum acesso independente às tradições mais antigas sobre o Jesus da história.

Nossa pesquisa sobre as fontes cristãs não canônicas termina por mostrar-se bastante negativa. Isso é evidente a qualquer um que leia os evangelhos apócrifos. Não apenas foram escritos muito tempo depois, mas quase sempre são o testemunho de perspectivas e situações muito distantes do Israel do primeiro século, de Jesus de Nazaré. Somente no *Evangelho de Tomé* é que encontramos uma possível ajuda na compreensão do Jesus histórico. Até mesmo essa obra está permeada de idéias e ensinamentos gnósticos do século II. Todavia é testemunha, às vezes, de algumas tradições do século I relativas aos ensinamentos de Jesus.

Se essas tradições não eram dependentes dos evangelhos canônicos — e isso é bem provável — elas podem servir, em alguns momentos, para apoiar a autenticidade do material encontrado num evangelho canônico sobre o outro. Se tivermos, por exemplo, duas versões de um ditado ou de uma parábola em Mateus e Lucas, o testemunho do *Evangelho de Tomé* a favor de uma dessas versões apóia a autenticidade daquela versão. Contudo existem sérios problemas em argumentar que um ditado encontrado apenas no *Evangelho de Tomé* seja autêntico.

Fontes bíblicas: de Atos a Apocalipse. Excluindo os Evangelhos, encontramos no NT menos informações sobre Jesus de Nazaré do que poderíamos esperar. Na maior parte, conhecemos detalhes de seu nascimento, seu caráter, eventos de sua vida, sua crucificação e seus ensinamentos.

Com relação ao seu nascimento: era descendente de Davi (Rm 1.3); foi criado como judeu, debaixo da Lei (Gl 4.4); era verdadeiramente homem (ou seja, houve uma encarnação real; 1Jo 1.1-3; 4.1-3); era pobre (2Co 8.9). Embora esse último versículo refira-se basicamente à *kenosis* de Jesus (seu auto-esvaziamento para tornar-se homem), provavelmente também é uma referência à sua situação econômica quando criança.

Com relação ao seu caráter: ele era manso e bondoso (2Co 10.1); era justo (1Pe 3.18; cp. com At 7.52); não tinha pecado (2Co 5.21; Hb 4.15; 1Pe 2.22); era humilde (Fp 2.6-8); foi tentado (Hb 2.18; 4.15).

Com relação a certos eventos de sua vida: a ceia do Senhor (1Co 11.23-26), a transfiguração (2Pe 1.16-18), uma possível referência ao Getsêmani (Hb 5.7).

Sobre sua crucificação: enfrentou hostilidade (Hb 12.3; Rm 15.3); foi traído (1Co 11.23; cp. com At 1.15-20); os judeus presentes em seu julgamento preferiram a liberdade de Barrabás (At 3.14); a liderança judaica teve responsabilidade em sua crucificação (1Ts 2.14,15; At 2.23,36; 7.52); sofreu sem resistir (1Pe 2.21-23); foi crucificado (p ex., 1Co 1.23); ressuscitou dos mortos (p. ex., 1Co 15); subiu aos céus (At 1.9-11; Ef 4.8-10).

Sobre certos ensinamentos: compare Romanos 12.14 com Mateus 5.44; Romanos 12.17 com Mateus 5.39; Romanos 13.7 com Marcos 12.17; Romanos 13.8-10 com Marcos 12.31; Romanos 14.10 com Mateus 7.1.

Se não fossem os Evangelhos, seríamos totalmente ignorantes sobre muitas coisas: o nascimento de Jesus, seu batismo, seu ministério aos marginalizados, os eventos em Cesaréia de Filipos, os eventos em torno de seu julgamento e crucificação, seus milagres, ensinamentos como os das parábolas, as bem-aventuranças e a Oração do Senhor. Está claro que os escritores de Atos a Apocalipse não tinham a intenção de suprir seus leitores com informações sobre Jesus de Nazaré. Todos eles provavelmente presumiram — como foi o caso de Lucas com respeito aos leitores de Lucas e Atos — que os destinatários já possuíssem tais informações (cf. Lc 1.4).

Outra fonte de informações sobre a vida de Cristo são os ágrafos. O termo "ágrafo" combina a palavra *grapha*, que significa "escrita", e o prefixo "a", que é negação. O efeito de negação de *a* pode ser visto em palavras como "moral" (*amoral*) e "típico" (*atípico*). No estudo dos Evangelhos, essa expressão refere-se às palavras não escritas de Jesus — falas autênticas de Jesus que não são encontradas nos evangelhos canônicos. Frases do Cristo ressurreto (Ap 1.8,11,17—3.22; cf. At 9.4-6,11,12,15,16) foram excluídas. Esse material tem sido buscado em diversos lugares: no NT, fora dos Evangelhos (At 20.35; Rm 14.14; 1Co 7.10; 9.14; 11.23-26; 1Ts 4.15-17[?]), em variantes de manuscritos dos Evangelhos (Lc 6.5 no *Códice D*; Jo 7.53—8.11), nos evangelhos apócrifos, especialmente o *Evangelho de Tomé*, em escritos dos pais da Igreja (v., p. ex., a suposta carta de Jesus ao rei Abgar; *HE*, 1.13.4-10), em fontes diversas como o *Talmude* e até mesmo no *Alcorão*.

É difícil demonstrar que um suposto discurso ágrafo presente numa determinada obra como o *Evangelho de Tomé* tenha realmente sido proferido por Jesus. Por exemplo: o *Evangelho de Tomé* 19 ("Disse Jesus: 'Bendito é aquele que era antes de ele se formar...'") é um ágrafo? É altamente improvável, pois está muito diferente do que encontramos nos Evangelhos e muito parecido com o que vemos no gnosticismo do século II. E quanto ao *Evangelho de Tomé* 47: "Disse Jesus: 'É impossível para um homem cavalgar dois cavalos [e] esticar dois arcos, e é impossível para um servo servir a dois senhores; ele vai honrar um e desprezar o outro...'"? A última parte dessas falas concorda com aquilo que encontramos em Mateus 6.24 e em Lucas 16.13, e muitas pessoas poderiam, portanto, sentir-se bem confortáveis em aceitá-lo. Mas... e quanto à primeira parte? Ela não entra em conflito com aquilo que acreditamos que Jesus disse em outro lugar, contudo seria autêntica? Talvez. O que dizer sobre isto: "Disse Jesus: é impossível para um homem conduzir duas carruagens e é impossível para um homem dirigir duas motocicletas"? Está claro que a última parte não é autêntica, pois é um anacronismo — choca-se com aquilo que conhecemos sobre a era de Jesus. Mas... e quanto à primeira parte? Ela faria sentido, mas foi criada por este autor. Sem dúvida, o leitor poderia também criar falas similares que estariam de acordo com a época e os dias de Jesus e com a característica geral de seus ensinamentos.

O problema com os ágrafos é simplesmente este: considerando-se que podemos eliminar possíveis ágrafos que Jesus não teria proferido ("ninguém pode dirigir duas motocicletas"), é impossível provar quais deles ele deve ter dito. A evidência fundamental que pesa a favor da autenticidade de tais falas envolve o valor que damos ao seu testemunho. Se dermos pouca relevância aos evangelhos apócrifos, aos escribas posteriores que adicionaram tais falas a vários manuscritos e aos pais da Igreja distanciados temporalmente dos eventos reais, então é difícil dar valor aos supostos discursos de Jesus. Se conferirmos uma credibilidade maior ao NT, então é mais provável que aceitemos um provérbio como "Há maior felicidade em dar do que em receber" (At 20.35) devido à nossa perspectiva positiva sobre o testemunho do NT. Ao fazer isso, devemos reconhecer nosso preconceito. Damos ao NT credenciais superiores às de outros livros porque consideramos que ele seja único e esteja sob orientação divina de maneira tal que não pode ser vista naqueles outros materiais. À parte dessas credenciais, é difícil, senão impossível, aceitar como ágrafos verdadeiros as falas encontradas nos evangelhos apócrifos e em outras fontes não bíblicas.

Fontes bíblicas: os Evangelhos. Com relação aos evangelhos canônicos, três deles (Mateus, Marcos, Lucas) possuem grande semelhança entre si, enquanto um é bastante diferente (João). A similaridade nos três primeiros evangelhos no NT fez com que fossem chamados "evangelhos sinópticos" — evangelhos que precisam ser vistos em conjunto, lado a lado. Ao porquê de se parecerem tanto e de manterem o relacionamento que possuem entre si dá-se o nome de "problema sinóptico". Esse relacionamento foi discutido logo no início da Igreja. A solução geral e a situação anterior à escrita dos ensinamentos dos Evangelhos é descrita a seguir.

Antes de os ensinamentos de Jesus serem escritos sob a forma de nossos evangelhos, os cristãos passavam adiante oralmente esse material. Assim, nas primeiras décadas da igreja primitiva, as pessoas aprendiam sobre Jesus por meio da pregação e do ensino. Existe muita discussão sobre como exatamente esses ensinamentos de Jesus foram passados. Embora existam poucas dificuldades com a analogia, provavelmente o melhor padrão disponível para saber-se de que maneira esse processo era levado adiante é a memorização, método usado por rabinos com seus alunos, conforme descrito nos textos rabínicos.

Qualquer que tenha sido o método exato, Lucas argumenta que tudo isso aconteceu sob a supervisão e cuidado das testemunhas oculares apostólicas (Lc 1.1-4). O propósito de Lucas ao escrever seu evangelho era demonstrar a confiabilidade daquelas tradições orais aprendidas por Teófilo, seu leitor. Isso indica que deve haver uma continuidade próxima entre as tradições orais com as quais seu(s) leitor(es) estava(m) familiarizado(s) e os relatos do evangelho de Lucas e dos outros dois evangelhos (Mateus e Marcos), que se parecem com o seu. Uma descontinuidade radical entre as tradições orais conhecidas por Teófilo e os relatos do evangelho de Lucas levariam à dúvida, e não à certeza (Lc 1.4).

Com o passar do tempo, várias coleções de tradições orais começaram a ser escritas. Elas consistiam em materiais similares: coleções de parábolas, histórias de milagres, histórias de controvérsias, a narrativa da paixão, e assim por diante. A maioria dos estudiosos acredita que o primeiro evangelho a ser escrito foi aquele que chamamos evangelho de Marcos. A tradição afirma que ele foi escrito por João Marcos em associação com Pedro, em algum momento entre 65 e 70 d.C. Ao escrever seus evangelhos, Mateus e Lucas teriam usado Marcos, uma coleção de vários ensinamentos de Jesus não encontrados em Marcos (o material Q, com suas coleções separadas de tradições), M (as tradições de Jesus encontradas somente em Mateus) e L (as tradições de Jesus encontradas apenas em Lucas). M e L podem ter sido escritos ou apenas orais, podem ter sido duas fontes únicas ou diversas fontes. As datas gerais atribuídas para a composição desses materiais é de 75 a 90 d.C. De acordo com a tradição, o evangelho de João foi escrito mais tarde (c. 90-95) e, embora o apóstolo João seja tradicionalmente associado a esse evangelho, está claro que o último capítulo dele tenha sido escrito por seus discípulos (v. Jo 21.24 —"[Nós, os autores do cap. 21], sabemos que o seu testemunho [do discípulo amado] é verdadeiro").

A tradição não atribuiu autoria apostólica nem a Marcos nem a Lucas. O fato de isso ir em direção oposta à tendência de a Igreja dar o nome dos Evangelhos de acordo com seus apóstolos (Mateus, João e os evangelhos apócrifos de Pedro, Paulo, Tomé, e assim por diante) sugere que tal testemunho deve receber séria atenção. A atribuição do segundo evangelho a João Marcos, encontrada no *Prólogo Antimarcionita* (c.150-180), deve ser considerada com atenção por causa da descrição negativa que tal documento dá a ele como "dedos curtos", "referindo-se a uma anomalia nos dedos de suas mãos. As "seções-nós" (trechos em que a narrativa é feita ou faz referência à primeira pessoa do plural [N. do T.] de Atos (At 16.10-17; 20.5—21.18; 27.1—28.16) ajustam-se perfeitamente com a autoria de Lucas, e o fato de o autor não ser apóstolo é algo que deve ser levado a sério.

A tradição concorda em que o primeiro evangelho é da autoria de Mateus, mas a tradição também concorda em dizer que ele o escreveu em hebraico (provavelmente aramaico). Isso provoca uma grande dificuldade, porque o evangelho de Mateus não pode ser facilmente traduzido de seu grego atual para o aramaico, o que seria de se esperar se ele realmente fosse uma tradução do aramaico. A origem grega da forma atual de Mateus é também apoiada por sua dependência do evangelho grego de Marcos. Desse modo, a questão da autoria por parte de Mateus é bastante difícil. Uma das mais importantes considerações a esse respeito envolve a perspectiva que uma pessoa tem da tradição. Alguém que leve a tradição a sério provavelmente vai querer ver a mão do apóstolo em algum lugar da formação das fontes de Mateus ou de um proto-Mateus.

A tradição também é clara com respeito à autoria apostólica de João e, mais uma vez, deve-se levantar a questão sobre a maneira como a tradição é vista. Outro fator que desempenha um papel importante com respeito à afirmação da autoria apostólica (Mateus e João) ou de laços próximos com os apóstolos (Marcos com Pedro e Lucas com Paulo) envolve pressuposições das pessoas. Embora raramente se mencione, a visão que alguém tem do sobrenatural desempenha um papel extremamente importante com respeito à afirmação da autoria apostólica de Mateus e João e dos laços com os apóstolos por Marcos e Lucas. Se o sobrenatural e a possibilidade de milagres são negados e se os Evangelhos relatam numerosos milagres, as testemunhas oculares não poderiam tê-los escrito. (O mesmo aplica-se ao livro de Atos, cujo autor afirma ser testemunha ocular nas "seções-nós".) Como seria possível que os Evangelhos contivessem narrativas de milagres escritas por testemunhas oculares, que, apesar de íntegras, foram questionadas quanto à sua inteligência e competência histórica pelo fato de acreditarem no conteúdo de seus evangelhos? Assim, se os autores acreditavam naquilo que escreveram (e realmente acreditavam), devem ser descartados como autores. Fica evidente, portanto, o papel fundamental desempenhado pelas pressuposições de uma pessoa com relação ao método histórico-crítico e ao fato de os milagres serem, por definição, excluídos da história.

CRITÉRIOS DE AUTENTICIDADE DAS PALAVRAS DE JESUS

De que maneira se pode ter certeza de que uma suposta fala de Jesus presente nos Evangelhos é autêntica, ou seja, que Jesus realmente disse aquilo? Será que as falas presentes em nossos evangelhos gregos são traduções precisas daquilo que Jesus disse e ensinou durante seu ministério?

Várias tentativas foram feitas para estabelecer certos critérios para julgar a provável autenticidade de frases e ensinamentos particulares de Jesus. Alguns deles são mais valiosos que outros. Alguns são de valor duvidoso. Contudo, se o ensinamento de Jesus se encaixa nesse critério, a probabilidade de ele ser autêntico é maior e, quanto mais critérios ele satisfizer, mais provável será sua autenticidade. Existem seis critérios *positivos*: atestação múltipla, formas múltiplas, fenômeno lingüístico aramaico, fenômeno ambiental palestino, dissimilaridade e os padrões divergentes da tradição em desenvolvimento. São três os principais critérios *negativos*: as tendências da tradição em desenvolvimento, a contradição ambiental e a contradição entre falas autênticas.

1. O critério da atestação múltipla. É também chamado "abordagem da seção transversal". Nele se argumenta que, se as várias fontes encontradas em nossos evangelhos (Marcos, Q, M, L e João) atestam um ensinamento de Jesus, então é provável que ele seja autêntico. Podemos ver exemplos em Marcos (Mc 2.21,22), Q (Lc 11.20), M (Mt 5.17), L (Lc 17.20,21) e João (Jo 12.31), onde encontramos ensinamentos relativos ao Reino de Deus que se tornaram uma realidade presente no ministério de Jesus.

2. O critério das formas múltiplas. Tal como o anterior, esse critério busca diversas testemunhas, mas as encontra nas várias formas do material dos Evangelhos, em

vez de em várias fontes. Encontramos aqui, por exemplo, o ensinamento de Jesus de que o Reino de Deus já chegou em relatos de pronunciamentos (Mc 2.18-20), em histórias de milagres (Lc 7.11-17), em histórias sobre Jesus (Lc 4.16-30), em parábolas (Lc 14.15-24) e em discursos (Mt 5.17).

3. O critério do fenômeno lingüístico aramaico. Nesse critério, argumenta-se que, como a língua nativa de Jesus e a linguagem na qual ensinou era o aramaico, se pudermos encontrar características lingüísticas aramaicas nos Evangelhos, isso nos trará mais para perto da situação de Jesus e aumentará a probabilidade de que tais ensinamentos tenham vindo dele. Podemos encontrar um exemplo em Mateus 23.24, em que existe um trocadilho quando se traduz para o aramaico (mosquito = *galma*; camelo = *gamla*).

4. O critério do fenômeno ambiental palestino. Esse critério é muito semelhante ao anterior mas, em vez de procurar fenômenos lingüísticos que reflitam a situação de Jesus (aramaico), ele procura aspectos sociológicos, geográficos, religiosos ou culturais da tradição que denotem o ambiente palestino de Jesus. Mais uma vez, isso aumenta a probabilidade de que o ensinamento venha de Jesus. Podemos encontrar exemplos nas parábolas do semeador (Mc 4.2-20), do fariseu e do publicano (Lc 18.9-14), da rede (Mt 13.47-50), dos trabalhadores na vinha (Mt 20.1-16) e das dez virgens (Mt 25.1-13).

5. O critério da dissimilaridade. Esse critério tem recebido mais atenção e peso. Nele se argumenta que, se uma tradição não pudesse ter surgido no ambiente da igreja primitiva ou no judaísmo do primeiro século, então deveria ter vindo de Jesus. O título "Filho do homem" encaixa-se nesse critério. Esse critério foi recebido inicialmente com grande entusiasmo pelos estudiosos, mas é visto hoje como bastante limitado. Não se deve esperar que a grande maioria dos ensinamentos de Jesus fosse diferente dos do judaísmo do século I e daqueles procedentes da igreja primitiva mais do que alguém poderia esperar que a maioria dos ensinamentos de Martinho Lutero fosse diferente daqueles do catolicismo romano e do luteranismo do século XVI. Com esse critério, podemos chegar a fragmentos de uma tradição autêntica. Por definição, porém, pode-nos revelar apenas aquilo que é típico dos ensinamentos de Jesus, e não aquilo que é mais característico. Essa última visão teria muito em comum com os ensinamentos da igreja primitiva ou com o judaísmo do século I.

6. O critério dos padrões divergentes da tradição em desenvolvimento. Se alguém puder encontrar no evangelho uma fala de Jesus ou um incidente que não corrobore a ênfase do evangelista ou que seja até mesmo conflitante com esse

evangelista, isso atestará a antigüidade do material e, por fim, sua autenticidade. É por isso que a única razão de o evangelista ter incluído a tradição é por ela estar bem estabelecida e em voga há bastante tempo. Isso traz a tradição para mais perto da época de Jesus e trabalha a favor de sua autenticidade. Uma fala como a encontrada em Mateus 11.13 ("Todos os Profetas e a Lei profetizaram até João") encaixa-se nesse critério por não apoiar a ênfase de Mateus sobre a permanente importância da Lei.

7. O critério das tendências da tradição em desenvolvimento. Se formos capazes de estabelecer de que maneira as tradições orais se desenvolveram enquanto eram passadas adiante, poderemos trabalhar para trás e eliminar da tradição aquelas tendências. O problema com esse critério está em que as tradições orais não eram governadas por "leis". Descobrimos que, às vezes, as tradições se tornaram mais detalhadas ou, às vezes, menos detalhadas. Às vezes, elas tendiam a dar nomes a personagens anônimos; às vezes, elas os omitiam. Como resultado, há um grande debate sobre toda a questão de quais tendências existiram, se é que existiu alguma, na transmissão de tais tradições.

8. O critério da contradição ambiental. De acordo com esse critério, se uma fala ou uma atividade de Jesus pressupõe uma situação em sua vida que fosse impossível, essa fala ou a atividade não é autêntica. Sugere-se que o ensinamento sobre a esposa se divorciar do marido (Mc 10.12) não poderia ser autêntico porque as mulheres judias não podiam divorciar-se. Deve-se observar, porém, que o tetrarca da Galiléia foi criticado por João Batista por se casar com uma mulher que tinha acabado de fazer isso (Mc 6.17,18). Esse exemplo deve advertir-nos sobre o perigo de usar o critério de maneira indiscriminada. É difícil certificar-se sobre o que Jesus poderia ou não ter dito ou feito. O ensinamento relativo à esposa divorciar-se do marido, presente em Marcos 10.12, pode ou não ser autêntico, mas é errado afirmar-se que Jesus não poderia ter dito isso.

9. O critério da contradição de falas autênticas. Nesse critério, argumenta-se que, se alguém depara com uma fala nos evangelhos que contradiz o material autêntico conhecido, essa fala não deve ser autêntica. Contudo, existe um problema com esse ponto de vista, uma vez que devemos ter certeza de que tal material é verdadeiramente contraditório. A dificuldade em alguns momentos está em que Jesus faz um abundante uso de linguagem figurada e hipérboles (exageros).

Existe um perigo no uso desses critérios em presumir que o ônus da prova está sobre aqueles que acreditam que uma tradição dos Evangelhos seja autêntica. Tal ônus da prova é tanto injusto quanto preconceituoso. Do mesmo modo que uma pessoa é inocente até que se prove o contrário, as tradições dos evangelhos devem ser encaradas como autênticas até que se prove que são falsas. Os critérios listados anteriormente são de abrangência bastante limitada. Não podemos aplicar esses critérios em diversas falas de Jesus. Todavia, eles realmente servem a um propósito. Se demonstrarmos que a autenticidade de várias falas e ensinamentos de Jesus é apoiada por esses critérios (e podemos fazê-lo), isso dará certeza e autenticidade às outras falas e ensinamentos que não podem ser testados por esses critérios.

CONCLUSÃO

É evidente que não aprendemos muito sobre Jesus de Nazaré com base em fontes externas ao NT. As fontes não cristãs estabelecem, sem sombra de dúvida, o seguinte patamar: 1) Jesus foi realmente uma pessoa histórica. Pode ser tolice enfatizar isso mas, com o passar dos anos, alguns negaram que Jesus até mesmo tenha vivido. As fontes não bíblicas lançam por terra essa insensatez. 2) Jesus viveu na Palestina do século I de nossa era. 3) A liderança judaica estava envolvida na morte de Jesus. 4) Jesus foi crucificado pelos romanos sob o governo de Pôncio Pilatos. 5) O ministério de Jesus estava associado a maravilhas/ poderes sobrenaturais. Não é possível saber muito mais que isso.

Nas fontes cristãs não bíblicas, encontramos poucas coisas das quais podemos ter certeza. O *Evangelho de Tomé* pode conter vários ágrafos, mas isso não pode ser demonstrado. Seu principal valor reside em apoiar um evangelho canônico sobre outro com respeito à forma de uma fala em particular. Outros evangelhos apócrifos são virtualmente sem valor. Tirando-se os Evangelhos, podemos encontrar informações sobre Jesus no NT, o que já foi apresentado. A quantidade de material, porém, é pequena. Fica evidente, desde os primeiros dias da Igreja, que qualquer um que quisesse aprender sobre Jesus precisava ir aos evangelhos de Mateus, Marcos, Lucas e João.

REFERÊNCIAS BIBLIOGRÁFICAS

BIRDSALL, J. Neville. 'The Continuing Enigma of Josephus' Testimony about Jesus. *Bulletin of the John Rylands University Library of Manchester*, n. 67, 1984, p. 609-22.

BRUCE, F. F. *Jesus and Christian Origins Outside the New Testament.* Grand Rapids: Eerdmans, 1974.

CAMERON, Ron, org. *The Other Gospels*: Non-canonical Gospel Texts. Filadéfia: Westminster Press, 1982.

ELLIOTT, J. K. *The Apocryphal New Testament.* Oxford: Clarendon, 1993.

EVANS, Craig A. Jesus in Non-Christian Sources. In: *Dictionary of Jesus and the Gospels.* GREEN, Joel B.; MCKNIGHT, I.; MARSHALL, Howard. Downers Grove: InterVarsity Press, 1992, p. 364-8.

HOFIUS, Otfried. Unknown Sayings of Jesus. In: *The Gospel and the Gospels.* STUHLMACHER, Peter. Grand Rapids: Eerdmans, 1991, p. 336-60.

JEREMIAS, Joachim. *Unknown Sayings of Jesus.* London: SPCK, 1958.

MEIER, John P. *A Marginal Jew*: Rethinking the Historical Jesus. New York: Doubleday, 1991, v. 1. (*Um judeu marginal*: repensando o Jesus histórico. Imago Editora, 1996.)

SCHNEEMELCHER, Wilhelm, org. *New Testament Apocrypha.* Louisville: Westminster Press, 1991.

STEIN, Robert H. *The Synoptic Problem.* Grand Rapids: Baker Book House, 1987.

STROKER, William D. *Extracanonical Sayings of Jesus.* Atlanta: Scholars, 1989.

WENHAM, David; BLOMBERG, Craig, orgs. *The Jesus Tradition Outside the Gospels.* Sheffield: JSOT, 1985, v. 5.

3

Quando tudo isso aconteceu?

O problema da cronologia

De modo geral, os autores dos Evangelhos não estavam interessados no "quando" de vários eventos da vida de Jesus. Isso pode ser visto até mesmo numa pesquisa superficial. Marcos foi escrito sobre um arcabouço geográfico simples. A primeira parte trata de eventos que aconteceram na Galiléia e em seus arredores (1—9), seguidos de outros em lugares da Judéia (10—16). Pode-se ver de maneira consistente que qualquer evento na Galiléia aparece nos primeiros capítulos, enquanto qualquer evento passado na Judéia aparece nos últimos capítulos (já no evangelho de João, Jesus caminha para frente e para trás, entre a Galiléia e a Judéia). Mateus segue Marcos e mantém a estrutura Galiléia—Jerusalém, mas alterna sua narrativa entre séries de eventos (1—4, 8—9 e 11—12 e 14—17, 19—22, 26—28) e ensinamentos (Mt 5—7, 10, 13, 18, 23—25; cp. com 7.28,29; 11.1; 13.53; 19.1; 26.1). Lucas, por sua vez, coloca a maioria dos ensinamentos de Jesus em duas seções de seu evangelho (6.20—8.3 e 9.51—18.14). Tudo isso não significa que a tentativa de chegar a uma cronologia da vida de Jesus seja ilegítima ou que não tenha valor. De fato, isso nos adverte contra a tentativa de interpretar os Evangelhos como um diário moderno da vida de Jesus.

O NASCIMENTO DE JESUS

A morte de Herodes. Como Jesus nasceu "nos dias do rei Herodes" (Mt 2.1; cf. Lc 1.5) e já que sabemos com razoável certeza o ano da morte de Herodes, somos capazes de chegar à data possível mais à frente (a *terminus ad quem*) do nascimento de Jesus. Herodes foi proclamado rei da Judéia pelo senado de Roma no ano 40 a.C. Depois de três anos de luta, e com a ajuda de Roma, ele superou seus oponentes e começou a governar como rei, em 39 a.C. De acordo com Josefo, ele morreu no 34.º ano de seu reinado (*Ant.* 17.8.1 [17.191]; *GJ* 1.33.8 [1.665]). De acordo com o calendário romano, isso aconteceu em 750 A.U.C. (*ab urbe condita* — da fundação da cidade [de Roma]). Traduzido para o nosso calendário, isso equivale a 4 a.C. (nosso calendário é obra de Dionísio Exiguus, monge cita do século VI, que obviamente errou em cerca de 4 anos). Josefo afirma que um eclipse da lua aconteceu pouco antes da morte de Herodes, o Grande (*Ant.* 17.6.4 [17.167]). Esse eclipse aconteceu em 12 para13 de março de 4 a.C. Josefo também afirma que a Páscoa naquele ano (11 de abril) aconteceu depois da morte de Herodes (*Ant.* 17.9.3 [17.213]; *GJ* 2.1.3 [2.10]). A morte de Herodes, portanto, pode ser datada com bastante precisão em algum momento entre 12 de março e 11 de abril. Assim, Jesus deve ter nascido em algum momento entre 12 de março e 11 de abril de 4 a.C.

Mas Jesus nasceu quanto tempo antes da morte de Herodes? Herodes reinou 34 anos! Se tivéssemos apenas essa informação, Jesus poderia ter nascido em qualquer época entre 37 e 4 a.C. Felizmente, encontramos mais informações. De acordo com Lucas, sabemos que Jesus foi circuncidado no oitavo dia depois de seu nascimento (Lc 2.21; cp. com 1.59; Fp 3.5; Lv 12.3). No 41.º dia, Maria submeteu-se ao seu ritual de purificação, e Jesus foi "apresentado" ao Senhor. Esse ritual era uma recordação da Páscoa do Êxodo, quando os primogênitos de Israel foram protegidos pelo sangue do sacrifício pascal e não foram mortos pelo anjo destruidor (Êx 12.1-30). Houve um pagamento obrigatório para Jesus passar por esse ritual, que envolveu uma pequena soma em dinheiro (cinco siclos, de acordo com Nm 3.47,48). A purificação de Maria envolveu a entrega de duas rolinhas ou dois pombinhos (Lc 2.24).

Esse sacrifício tem claras implicações com respeito à situação econômica dos pais de Jesus. De acordo com Levítico 12.6, o sacrifício normal pela purificação de uma mulher era um cordeiro e um pombinho ou uma rolinha. Contudo, se o casal fosse pobre, poderia entregar duas rolinhas ou dois pombos (Lv 12.8). Assim, 41 dias depois do nascimento de Jesus, seus pais, por serem pobres, não puderam realizar o sacrifício normal da purificação. O que se pode concluir disso é que os magos do Oriente ainda não haviam chegado com seus presentes de ouro, incenso e mirra. Desse modo, podemos datar o nascimento de Jesus pelo menos 41 dias antes da morte de Herodes, assumindo que os magos foram ver Herodes no dia de sua morte. É improvável, porém, que se possa encaixar num único dia os eventos da visita dos sábios a Herodes, a visita deles a Jesus em Belém e a descoberta por parte de Herodes de que fora traído (Mt 2.1-12). Assim, precisamos adicionar um tempo extra aos 41 dias.

A passagem de Mateus 2.16,19,20 sugere que devemos datar o nascimento de Jesus ainda mais cedo, talvez dois anos antes da morte de Herodes. Mateus é cuidadoso em sua narrativa, destacando que Herodes cautelosamente perguntou aos magos "do tempo exato em que a estrela tinha aparecido" (Mt 2.7) e que a matança dos inocentes de Belém incluiu "todos os meninos de dois anos para baixo [...] de acordo com a informação que havia obtido dos magos" (Mt 2.16). Por meio disso, Mateus indica que Jesus poderia ter dois anos de idade quando os magos vieram visitá-lo. Deve-se destacar também que o fato de os magos terem encontrado Jesus numa "casa" (Mt 2.11) em vez de numa "manjedoura" (Lc 2.16) deixa claro que a chegada deles aconteceu algum tempo depois da visita dos pastores. Portanto, algum momento entre os anos 7 e 5 a.C. é uma data tão boa quanto possível para a data de nascimento de Jesus.

A datação de Lucas. De acordo com Lucas 2.1, Jesus nasceu durante os dias de César Augusto, que reinou de 44 a.C. a 14 d.C., quando Quirino era governador da Síria (Lc 2.2). A referência a Quirino (Cirênio na ARC) é o problema mais difícil envolvido na datação do nascimento de Jesus. Conhecemos a maioria das datas dos governadores da Síria nesse período: M. Titius (10 d.C.), C. Sentius Saturninus (9-7/ 6 a.C.), P. Quinctilius Varus (7/ 6-4 a.C.), Gaius César (1 a.C.-4 d.C.). L. Volusius Saturninus (4-5 d.C.), P. Sulpicus Quirinus (6-7 d.C.) (Não sabemos quem era o governador entre 3 e 2 a.C., mas isso não é crítico, pois é tarde demais para o nascimento de Jesus.)

Josefo tem ciência do fato de Quirino ter sido governador da Síria somente no ano 6 d.C. (*Ant.* 17.13.5 [17.355] e 18.1.1 [18.1]). Estaria errada, portanto, a menção que Lucas faz de Quirino como o governador na época do nascimento de Jesus? Tertuliano, um dos pais da Igreja, escrevendo aproximadamente no ano 210 d.C., aparentemente pensava assim (*C. Marc.* 4.19). Ele defendia que C. Sentius Saturninus era governador quando Jesus nasceu. Não existe, porém, apoio textual algum para que se leia C. Sentius Saturninus no lugar de

Quirino, em Lucas 2.2. Diversas tentativas têm sido feitas para explicar essa dificuldade histórica. Alguns sugerem que o vocábulo "primeiro" (*prôtos*) presente em Lucas 2.2 não deveria ser traduzido como numeral ("*primeiro* recenseamento"), mas como um advérbio (este recenseamento aconteceu *antes* do censo feito por Quirino). *Prôtos* pode ser traduzido dessas duas maneiras, mas "antes" é uma maneira improvável de traduzir o termo aqui (o ablativo absoluto "quando Quirino era governador" argumenta contra ele). Todas as principais versões da Bíblia traduzem o vocábulo como "primeiro".

Outra explicação que tem sido veiculada é a de que o censo mencionado em Lucas 2.2 e aquele citado em Atos 5.37 são dois aspectos do mesmo censo. A passagem de Lucas 2.2 refere-se ao *apographē* (registro) que aconteceu em 7 a.C. sob Saturninus. Ele foi concluído 14 anos depois, sob Quirino no ano 6-7 d.C., pelo *apotimēsis* (a verdadeira tributação). Portanto, quando Lucas se refere a Quirino, em Lucas 2.2, está se referindo ao governador mais famoso que completou esse recenseamento. Existem vários problemas nessa tentativa de solução. Um deles é que está longe de ser correto que aquelas duas palavras fossem termos técnicos que se referiam a duas partes de um único recenseamento. Josefo usa-as indiferentemente (*Ant.* 18.1.1 [18.1]). Deve-se destacar que Lucas usa *apographē* tanto em Lucas 2.2 quanto em Atos 5.37. Parece, portanto, que Lucas 2.2 e Atos 5.37 se referem a dois recenseamentos diferentes.

Outra tentativa para se explicar essa dificuldade é o argumento de que Quirino foi governador da Síria em duas ocasiões separadas. O segundo momento aconteceu no ano 6 d.C. O primeiro foi um legado especial acontecido em algum momento entre 12 e 6 a.C., quando foi incumbido pelo senado de Roma de controlar a revolta homonadense no sudeste da Turquia, que, naquela época, fazia parte da Síria (v. *Geografia de Estrabão*, de Strabo, 12.6.5, e *Anais* de Tácito, 3.48). Argumenta-se que, naquela época, ele recebeu muito poder e exercia um tipo de co-regência com C. Sentius Saturninus. Uma inscrição danificada (chamada *Lapis Tiburtinus* [*CIL* XIV, 3613]) encontrada em Tivoli, em 1764, e hoje guardada no Museu do Vaticano sustenta essa tese. Essa inscrição registra a existência de um cidadão romano anônimo que foi um emissário oficial em duas ocasiões diferentes e que, pelo menos da segunda vez, foi diplomata ou governador da Síria. Sugere-se que se trata de Quirino, emissário duas vezes no mesmo lugar, na Síria. Quirino foi legado da Síria não apenas em 6-7 d.C. (o que todos aceitam), mas também em 7-6 a.C. O ponto fraco dessa tese está em se presumir que a inscrição se refere a Quirino e que ele foi legado na Síria em ambas as ocasiões.

Nossa exposição evidencia que existe alguns problemas com relação à referência ao recenseamento de Quirino, em Lucas 2.1,2. Teria Lucas cometido um colossal erro histórico? A maneira como alguém responde a essa pergunta é determinada, em grande parte, pela impressão geral que se tem de Lucas como historiador. Se acreditarmos que Lucas realmente investigou "tudo cuidadosamente, desde o começo" (Lc 1.3) e que previu que a leitura do evangelho daria a Teófilo a certeza das coisas que lhe foram ensinadas (Lc 1.4), teremos ainda mais cautela em dizer que Lucas cometeu um erro. Pelo fato de ele ter consciência do recenseamento posterior em 6-7 d.C., no governo de Quirino (At 5.37), e por causa da precisão geral do material presente em Atos, devemos hesitar em atribuir tal erro a Lucas. Desse modo, mesmo à parte da questão da inspiração divina, provavelmente será mais sábio neste momento reconhecer a dificuldade daquilo que Lucas diz em vez de afirmar que seja um claro erro. Talvez, no futuro, apareçam evidências que expliquem essa atual dificuldade.

A visita dos magos. Intimamente ligada com o nascimento de Jesus está a aparição da "estrela" de Belém (Mt 2.1-12). A aparição da estrela notabilizou-se na arte e na música cristã e a narrativa dos magos é inconcebível sem ela. A curiosidade dos antigos pelas estrelas é bastante documentada. Talvez menos conhecida seja a habilidade dos astrônomos e astrólogos antigos em predizer as órbitas e conjunções de planetas, bem como seu cuidadoso registro de fenômenos astronômicos. A narrativa de Mateus sobre a visita dos magos (Mt 2.1-12) levantou questionamentos sobre a estrela que os teria guiado.

Já em 1606, o astrônomo Johannes Kepler buscava explicar a estrela de Belém por meio de três alinhamentos dos planetas Saturno e Júpiter, ocorridos em maio e junho, setembro e outubro e em dezembro de 7 a.C. Pouco depois, Marte também se alinhou com esses dois planetas. Foi esse triplo alinhamento — que ocorre uma vez a cada 805 anos — que Kepler defendia ter sido a "estrela" de Belém. Assim, concluiu que Jesus nasceu em 7/ 6 a.C. A tese de Kepler torna-se ainda mais interessante pelo fato de que, naqueles dias, Júpiter era visto como a estrela dos reis e Saturno estava associado ao sabá dos judeus. Esse alinhamento encaixa-se muito bem na sugestão de que Jesus teria provavelmente nascido entre 7 e 5 a.C.

Outra sugestão é a de que os magos tenham visto uma nova ou uma supernova. Esse fenômeno envolve a explosão de uma estrela, o que produz uma quantidade incomum de luz por várias semanas. A nova com freqüência envolve uma estrela sem brilho suficiente para ser vista a olho nu, mas seu brilho aumenta mais de

100 mil vezes. A supernova é ainda mais espetacular, pois, durante sua explosão, a luz aumenta milhões e até mesmo bilhões de vezes. Tal explicação não é impossível, mas é uma teoria improvável. Não existem muitas ocorrências assim registradas na história.

Já se sugeriu até mesmo que a estrela pode ter sido o cometa Halley, que teria sido visível em 12/ 11 a.C. Contudo, essa data parece ser muito antiga. Registros chineses referem-se a cometas ou supernovas sendo vistas entre 5 e 4 a.C. Se a estrela não foi um alinhamento normal de planetas nem outra ocorrência astronômica, mas uma estrela "milagrosa", todas as tentativas de explicá-la ou datá-la são inúteis.

A astronomia ou a astrologia desfrutavam considerável popularidade no Oriente antigo. A aparição de uma estrela naqueles dias indicaria para muitas pessoas a predição de um evento importante. Seria temerário ser dogmático sobre a estrela de Belém. Pessoas como os magos, porém, teriam observado tal ocorrência e especulado o seu significado. Se permitimos o uso de linguagem figurativa em Mateus 2.9, o alinhamento dos planetas Júpiter e Saturno poderia muito bem estar associado ao nascimento de um "rei" judeu. Isso é especialmente verdadeiro se, como sugerem Suetônio (*Vespasiano* 4) e Tácito (*Histórias* 5.13), existisse a expectativa de um governador mundial que surgisse do judaísmo.

INÍCIO DO MINISTÉRIO DE JESUS

A princípio, parece que temos uma referência cronológica bastante clara do início do ministério de Jesus em Lucas 3.1,2:

> No décimo quinto ano do reinado de Tibério César, quando Pôncio Pilatos era governador da Judéia; Herodes, tetrarca da Galiléia; seu irmão Filipe, tetrarca da Ituréia e Traconites; e Lisânias, tetrarca de Abilene; Anás e Caifás exerciam o sumo sacerdócio. Foi nesse ano que veio a palavra do Senhor a João, filho de Zacarias, no deserto.

A não ser pela referência ao "décimo quinto ano", as outras referências temporais mencionadas por Lucas cobrem um período de tempo bastante grande. Pilatos foi governador da Judéia de 26 a 36 d.C.; Herodes foi tetrarca da Galiléia de 4 a.C. a 39 d.C.; Filipe foi tetrarca da Ituréia e Traconites de 4 a.C. a 34 d.C.; Caifás foi sumo sacerdote entre 18 e 36 d.C.; e Anás, sogro de Caifás, foi sumo sacerdote de 6 a 14 d.C., mantendo o título no âmbito cerimonial até sua morte, em data incerta; o governo de Lisânias como tetrarca de

Abilene não pode ser datado com precisão. É evidente, portanto, que existe uma considerável abrangência de tempo com respeito aos reinados das pessoas mencionadas por Lucas.

Infelizmente, até mesmo a referência ao 15.° ano do reinado de Tibério César não é tão clara quanto gostaríamos. Estaria Lucas se referindo ao 15.° ano depois da morte de César Augusto, em 19 de agosto de 14 d.C., ou ao 15.° ano depois de Tibério ter-se tornado co-imperador com Augusto em 11/ 12 d.C.? Se Lucas se refere ao primeiro período, então o 15.° ano seria 28/ 29; se for ao segundo período, então seria 25/ 26. Vários outros fatores tornam a questão ainda mais complicada. Estaria Lucas fazendo uma distinção entre o ano da ascensão de Tibério e os anos de seu reinado ou considerou o primeiro ano da ascensão parcial (o tempo compreendido entre o início do reinado e o início oficial do ano romano de governo, ou seja, o ano do reinado) como o primeiro ano do reinado? E qual calendário estaria usando: o calendário juliano ou o calendário romano? Seria o judeu? O sírio-macedônio? O egípcio? Se ao escrever a um grego usou o calendário juliano — o que é mais provável — temos as seguintes possibilidades: o 15.° ano do governo conjunto, sem contar o ano da ascensão, seria 25/ 26; o 15.° ano do governo conjunto, contando-se o ano da ascensão, apontaria para 26/ 27; o 15.° ano de um reinado único, sem contar o ano da ascensão, seria o 28; e o 15.° ano do governo único, contando-se o ano de ascensão, seria o 29.

Outra peça de evidência quando se procura datar o início do ministério de Jesus é encontrada em João 2.20. A afirmação de que o programa de reconstrução do templo estava no 46.º ano parece ter sido feita no início do ministério de Jesus. De acordo com Josefo (*Ant.* 15.11.1 [15.380]), a reconstrução do templo começou no 18.º ano do reinado de Herodes, o Grande, ou por volta de 20-19 a.C. Josefo fornece uma data diferente, o 15.° ano, em outros lugares (*GJ* 1.21.1 [1.401]), mas isso pode ser uma referência ao princípio e ao planejamento inicial do programa de reconstrução. Se aceitarmos a referência mais provável como o 18.º ano, então o 46.º ano seria por volta de 28 d.C.

Finalmente, deve-se notar que Lucas 3.1,2 refere-se ao início do ministério de João Batista. Quanto tempo se passou entre o começo de seu ministério e o batismo de Jesus? Foi questão de meses ou de anos? A primeira opção é a mais provável. À luz de todas as considerações mencionadas, a maioria dos estudiosos acredita que Jesus começou seu ministério em aproximadamente 28 d.C.

A IDADE DE JESUS

De acordo com Lucas 3.23, Jesus "tinha cerca de trinta anos de idade quando começou seu ministério". Pode ser que Lucas soubesse a idade exata de Jesus quando este começou seu ministério e que usou o número 30 de maneira arredondada com o objetivo de fazer um paralelo com o início do reinado de Davi nessa mesma idade (2Sm 5.3,4; cp. com José [Gn 41.46], Ezequiel [Ez 1.1] e *CD* 17.5,6, em que 30 anos era a idade mínima para alguém servir numa posição de liderança na comunidade de Cunrã). É mais provável que, por meio dessa declaração, o evangelista estivesse admitindo que não soubesse a idade exata. Para Lucas, se Jesus estava com 25, 30, 35 anos ou alguma idade entre esses valores isso não afetava de modo algum seu ensinamento nem sua obra. Se Jesus nasceu entre 7 e 5 a.C. e começou seu ministério por volta do ano 28 d.C., isto faria que ele estivesse com cerca de 30 anos ao dar início ao seu ministério.

Uma referência adicional à idade de Jesus pode ser encontrada em João 8.57: "Disseram-lhe os judeus: 'Você ainda não tem cinqüenta anos, e viu Abraão?' ". Isso não deve ser tomado como uma referência à sua idade real por parte dos oponentes de Jesus. Em vez disso, a afirmação visa enfatizar a diferença entre a idade de Jesus e a época de Abraão, ocorrida mais de 15 séculos antes. De que maneira Jesus e Abraão poderiam ter conhecido um ao outro, como Jesus afirmava (Jo 8.56)? Cinqüenta anos é provavelmente um exagero sobre a idade de Jesus em favor do argumento. Mesmo que Jesus tivesse sido considerado mais velho do que realmente era, o argumento dos judeus era o de que não poderia ter visto Abraão.

A DURAÇÃO DO MINISTÉRIO DE JESUS

Os evangelhos sinópticos parecem indicar que o ministério de Jesus durou pouco mais de um ano. Nenhum evento anual, como a Páscoa, é mencionado duas vezes. Várias tentativas foram feitas para se estabelecer uma ordem dos eventos: Marcos 1.9 — batismo durante um período de tempo quente antes do inverno; Marcos 2.23 — primavera e colheita; Marcos 6.39 — primavera; os eventos de Marcos 6.45—13.37 exigem vários meses; Marcos 14.1 — Páscoa, depois de um período de verão-outono-inverno até a chegada dessa data. O problema com tal raciocínio é que presume que Marcos arranjou esse material numa ordem cronológica precisa. Existem várias razões para duvidar disso. O fato de seu material estar arranjado em duas divisões geográficas — as atividades de Jesus na Galiléia (1—9) e suas atividades na Judéia (10 —16) — sugere que os materiais estão organizados basicamente por razões não cronológicas.

Normalmente, é em João que se buscam informações quanto à extensão do ministério de Jesus. Encontramos o seguinte nesse evangelho: ministério inicial (Jo 1.29—2.12), primeira Páscoa (Jo 2.13), janeiro e fevereiro (Jo 4.35), segunda Páscoa (Jo 6.4), a festa das cabanas (Jo 7.2), a festa da Dedicação (Jo 10.22) e a terceira Páscoa (Jo 11.55). Além disso, existe uma referência a uma "festa dos judeus" (Jo 5.1), que é ambígua. Se João arranjou seu material de maneira cronológica e está se referindo a três páscoas distintas, ou temos um ministério de mais de dois anos, ou um ministério de mais de três anos, dependendo da maneira pela qual se interprete João 5.1.

A DATA DA MORTE E DA RESSURREIÇÃO DE JESUS

Bastante relacionada com a questão anterior, sobre a extensão do ministério de Jesus, está a questão da data da crucificação. A data posterior mais possível seria o último ano do reinado de Pôncio Pilatos na Judéia (36/ 37). Uma segunda evidência confirma isso como a última data possível: Caifás, o sumo sacerdote e governador na época da crucificação, foi deposto do cargo de sumo sacerdote em 37. Felizmente, temos uma peça adicional de evidência na datação do ano da morte e da ressurreição de Jesus. Mais à frente argumentaremos que Jesus morreu numa sexta-feira, o 14.° ou 15.° dia de nisã, e que esse dia foi seguido por um sabá (Mc 15.42 — v. a discussão no cap. 15). Como o mês judaico era determinado por uma lua nova, podemos determinar por meio de cálculos astronômicos em quais anos do período que vai de 27 a 37 o 14.° ou o 15.° dia de nisã precedeu ou envolveu um sabá. Vemos que foram os anos 27, 30, 33 e 36. A primeira possibilidade é claramente muito cedo, e a última é muito tarde. Assim, para propósitos práticos, estamos limitados aos anos 30 ou 33 como a data da morte de Jesus.

Pesa a favor do ano 33 o fato de que temos pouca dificuldade de encaixá-lo num ministério de três ou quatro anos. Contudo é mais difícil relacionar isso com a data da conversão de Paulo, que aconteceu por volta do ano 33 d.C., e com Lucas 3.23 ("Jesus tinha cerca de trinta anos de idade quando começou seu ministério"...). A data de 30 d.C. apresenta menos dificuldades com respeito a essas duas questões, e ainda temos de enquadrar nesses eventos um ministério de três anos. Levando-se em conta todas essas coisas, a maioria dos estudiosos opta pelo ano 30 como o ano da morte de Jesus.

CONCLUSÃO

É evidente que, considerando que podemos chegar a datas aproximadas com respeito à vida de Jesus, é difícil ter certeza sobre as datas exatas dos eventos principais de sua vida. Aproximamo-nos muito, porém, se afirmarmos as seguintes datas:

Nascimento de Jesus: 7-5 a.C.
Início do ministério de Jesus: 27-28 d.C.
Duração do ministério de Jesus: de um ano e meio a três anos e meio.
Crucificação e ressurreição de Jesus: 30 d.C. ou 33 d.C.; a primeira é a data mais provável.

REFERÊNCIAS BIBLIOGRÁFICAS

BROWN, Raymond E. *The Birth of the Messiah.* Nova York: Doubleday, 1979. (*O nascimento do Messias*: comentário das narrativas da infância nos Evangelhos de Mateus e Lucas. Paulinas, 2005.)

CAIRD, George B. The Chronology of the NT. In: *Interpreter's Dictionary of the Bible.* New York: Abingdon, 1962, v. 1, p. 599-607.

DONFRIED, Karl P. Chronology. In: *Anchor Bible Dictionary.* New York: Doubleday, 1992, v. 1, p. 1012-16.

FINEGAN, Jack. *Handbook of Biblical Chronology.* Princeton: Princeton University Press, 1964.

FOTHERINGHAM, J. K. The Evidence of Astronomy and Technical Chronology for the Date of the Crucifixion. *Journal of Theological Studies*, n. 35, p. 146-62, 1934.

HOEHNER, Harold W. *Chronological Aspects of the Life of Christ.* Grand Rapids: Zondervan, 1977.

MEIER, John P. *A Marginal Jew: Rethinking the Historical Jesus*. New York: Doubleday, 1991, v. 1, p. 372-433. (*Um judeu marginal*: repensando o Jesus histórico. Imago Editora, 1996.)

OGG, George. *The Chronology of the Public Ministry of Jesus.* Cambridge: Cambridge University Press, 1940.

OLMSTEAD, A. T. The Chronology of Jesus' Life. *Anglican Theological Review*, n. 24, p. 1-26, 1942.

Parte 2

A vida de Cristo

4

Concebido pelo Espírito Santo, nascido da virgem Maria

Como tudo começou

Por toda a sua história, a igreja cristã tem confessado que Jesus de Nazaré foi "concebido pelo Espírito Santo, [e] nascido da virgem Maria". Essa afirmação baseia-se nos relatos encontrados em Mateus 1.18-25 e em Lucas 1.26-38,46-56; 2.1-7. Existem tentativas para se verem alusões ao nascimento virginal ou, melhor ainda, à "concepção virginal", em muitas outras passagens.

Marcos 6.3	É feita uma referência a Jesus como filho de Maria, em vez de filho de José.
João 1.13	Supostamente João tem em mente o nascimento virginal de Jesus quando usa a expressão "não nasceram por descendência natural, nem pela vontade da carne".
João 6.41-51	Mais uma vez, é de se supor que João tinha em mente o nascimento virginal.
João 7.41,42	Como João aparentemente sabe do nascimento de Jesus em Belém, presume-se que soubesse da concepção virginal associada àquele nascimento.

João 8.41	A declaração feita pelos oponentes de Jesus de que não são "filhos ilegítimos" é vista como um ataque à declaração da concepção virginal de Jesus, o que eles viam como se fosse , na verdade, uma tentativa de encobrir sua ilegitimidade.
Romanos 1.3	Jesus é "descendente", e não "nascido" de Davi.
Gálatas 4.4	Jesus é gerado (*genomenon*), não simplesmente "nascido de mulher" (*gennōmenon*)
Filipenses 2.7	Jesus assume a natureza de um servo, em vez de "nascer [como]"

Essas alegadas referências por si só jamais levariam ao estabelecimento de uma doutrina da concepção virginal. Na melhor das hipóteses, elas são alusões a tal doutrina, estabelecida com base no claro ensinamento encontrado nos relatos de Mateus e Lucas. Mesmo como alusões, porém, elas são muito tênues e poderiam facilmente ser explicadas de maneira diferente. Em Gálatas 4.4, por exemplo, Paulo não está procurando demonstrar a "diferença" de Jesus, mas sua "semelhança" com aqueles a quem veio redimir. Desse modo, a expressão "nascido de mulher" busca estabelecer a verdadeira humanidade de Jesus (cp. com Jó 14.1, em que o mesmo termo grego é usado para descrever o nascimento normal).

PERSPECTIVAS CRÍTICAS DA CONCEPÇÃO VIRGINAL

Muitas críticas têm sido levantadas sobre a concepção virginal e os relatos associados a esse ensinamento. Para alguns, a própria possibilidade de tal concepção e nascimento é excluída como uma conseqüência lógica da eliminação do sobrenatural da história (v. cap. 1). Se os milagres não podem acontecer, então, por definição, não pode existir uma concepção virginal. Embora várias razões sejam dadas para apoiar essa perspectiva, elas não são a causa, mas, na melhor das hipóteses, o apoio adicional à perspectiva. A causa é a eliminação do sobrenatural da história. Para alguns, porém, várias dificuldades históricas associadas aos relatos bíblicos são a causa para se duvidar da afirmação da concepção virginal encontrada em Mateus e Lucas. Como resultado, o ensinamento tradicional da igreja cristã sobre esse assunto deve interagir com tais argumentos.

É provável que o argumento mais freqüente, levantado contra a concepção virginal, é o de que existem muitos outros paralelos na literatura antiga que não nos permitem levar a narrativa cristã a sério. De acordo com essa visão, os relatos de Mateus e Lucas surgiram entre os cristãos gregos familiarizados com os vários mitos pagãos que falavam de nascimentos virginais de vários deuses e super-heróis gregos. Conseqüentemente, os cristãos da igreja primitiva criaram uma narrativa similar de seu herói e "Senhor". Duas das analogias mais repetidas são o nascimento de Perseu, cuja mãe Dânae era amada de Zeus e que concebeu por meio de uma chuva de ouro que desceu sobre ela, e o nascimento de Hércules, filho de Zeus com uma mãe humana.

Ao se fazer uma investigação mais profunda, porém, todos esses supostos paralelos se mostram bastante diferentes das narrativas do NT. Quase todos os relatos pagãos envolvem um encontro sexual entre um deus e uma mulher humana. Na maioria das vezes, portanto, a mulher não poderia afirmar ser virgem e, se fosse virgem antes do encontro, certamente não se considerava mais virgem depois. Mesmo no caso do nascimento de Perseu, sua concepção é claramente devida à luxúria adúltera de Zeus. Embora seja verdade que existem diversos nascimentos sobrenaturais na literatura grega, eles sempre envolvem uma geração física. O paganismo simplesmente não possui relatos de nascimentos *virginais*. Ele não possui analogia clara que possa ter criado os relatos dos Evangelhos.

Um forte argumento contrário a tal alegada derivação é uma comparação cuidadosa entre os mitos pagãos e os relatos dos evangelhos. Quanto mais profundamente são comparados, mais claro fica o enorme contraste existente entre eles. O paganismo apresenta muitos exemplos de nascimentos sobrenaturais. Sexuais em natureza, porém, não oferecem um paralelo real com os relatos dos Evangelhos. A natureza não sexual dos relatos dos Evangelhos é claramente vista quando se fazem perguntas como: "YHWH desejou Maria?"; "De que maneira o Espírito Santo engravidou Maria?". O aspecto ofensivo de tais questionamentos mostra de maneira clara quão diferentes os relatos dos Evangelhos são daquilo que encontramos no paganismo. Sugestões de uma união entre o anjo Gabriel e a virgem Maria são apenas um pouco menos ofensivas. Os pais da Igreja estavam bem conscientes disso e enfatizaram o enorme contraste entre os relatos bíblicos da concepção virginal e esses supostos paralelos pagãos (v. *Apologia*, de Tertuliano, 15, 21; *Contra Celso*, de Orígenes, 1.37).

Talvez o argumento mais forte contra tais tentativas de se explicar a origem dos relatos do nascimento virginal seja a natureza judaica dos relatos. A narrativa do nascimento de Jesus presente nos evangelhos não surgiu entre os cristãos gregos. Ao contrário, a narrativa presente em Lucas é a parte mais judaica de todo o seu evangelho. Essa narrativa não surgiu na igreja helenista, mas num cenário judaico. De onde teria surgido a história de uma concepção virginal dentro do judaísmo? Até mesmo no cenário do judaísmo helênico, qualquer pensamento sobre uma dimensão sexual entre Deus e Maria seria impossível.

Sugere-se que, talvez, a narrativa do nascimento virginal tenha surgido devido à interpretação que a Igreja fez de Isaías 7.14. Como essa é uma profecia relativa a um nascimento virginal, afirma-se que a Igreja criou os relatos do nascimento virginal para fazer cumprir essa profecia. O problema com essa explicação está em que Isaías 7.14 não era interpretado no primeiro século como uma referência à concepção virginal. A interpretação predominante era a de que a passagem se referia a uma jovem mulher (o termo hebraico *'almâ* refere-se basicamente a "mulher jovem", que pode ou não ser uma virgem), e era interpretado como uma referência ao nascimento de Ezequias, o filho e sucessor do rei Acaz. Também não existe evidência de que essa passagem fosse interpretada dentro do judaísmo como possuidora de um sentido messiânico. Na tradução grega do AT, chamada *Septuaginta*, a palavra usada é *parthenos* ("virgem"), mas isso foi entendido como uma referência a alguém que era então uma virgem e que conceberia por meio de um processo normal de nascimento. Não é interpretada como uma referência a uma mulher que conceberia como uma virgem.

Assim, embora a interpretação de Isaías 7.14 referente a um nascimento virginal seja compreensível na igreja cristã devido a uma tradição já estabelecida de nascimento virginal, o oposto não é sequer provável. É difícil acreditar que a leitura de Isaías 7.14, à parte de uma tradição de nascimento virginal já existente, pudesse dar origem à narrativa bíblica presente em Mateus e Lucas. Foi a história que gerou a interpretação messiânica dessa passagem, e não o contrário.

Um bom exemplo desse processo pode ser visto em Mateus 2.23: "E foi viver numa cidade chamada Nazaré. Assim cumpriu-se o que fora dito pelos profetas: 'Ele será chamado Nazareno'". Esse texto bíblico jamais poderia ter gerado a tradição de Jesus ter sido criado em Nazaré. Seu uso por Mateus baseia-se na já existente tradição de que o lar de Jesus era Nazaré. A maioria das profecias que envolvem o nascimento de Jesus parecem ser pensamentos posteriores ou reflexões sobre as tradições existentes nos Evangelhos. É difícil ver de que maneira as tradições históricas teriam surgido com base neles. Certamente, Mateus teria achado difícil dizer: "Tudo isso aconteceu para que se cumprisse o que o Senhor dissera pelo profeta" (Mt 1.22), se ele simplesmente houvesse criado a história para cumprir a profecia bíblica. Essa dificuldade é revelada pelo fato de tais explicações apelarem para a criação desse material por parte da "igreja anônima". Contudo, o mesmo problema persiste para qualquer membro da Igreja que tivesse criado tal tradição. Além do mais, a maioria das lendas criadas por esse tipo de interpretação *midráshica* exige um período de tempo mais longo que o disponível entre o Jesus histórico e o estabelecimento de tradições subjacentes aos relatos do nascimento, presentes em Mateus e Lucas.

Dentro do judaísmo, a concepção virginal era negada, e, assim, gerou-se uma explicação alternativa. A explicação envolvia o termo grego usado para "virgem", *parthenos*. Argumentava-se que Jesus não tinha nascido de uma virgem, mas que era o fruto ilegítimo de uma união entre Maria e um soldado chamado Panthera (ou Pandira). Assim, Jesus não fora concebido de maneira sobrenatural de uma virgem (*parthenos*) noiva de José. Pelo contrário, todo esse mito foi criado para cobrir a ilegitimidade de Jesus, o resultado do adultério de Maria com Pa*n*the*r*a (v. cap. 2, "Fontes judaicas"; v. tb. *Contra Celso,* de Orígenes, 1.28 e 32; *b. Sanhedrin* 106a-b; *b. Yebamot* 49a). A paródia baseada na troca do *r* e do *n* no termo grego não recebe comprovação histórica para apoiá-la. Ela surgiu da contra-propaganda judaica à proclamação cristã da concepção virginal.

Quando todas as alegadas analogias do paganismo e todas as origens sugeridas fora dos textos do AT são examinadas, permanece o fato de que nenhum exemplo adequado de concepção virginal pode ser encontrado para explicar a origem dos relatos dos Evangelhos, que afirmam que Jesus foi "concebido pelo Espírito Santo [e] nascido da virgem Maria". As explicações racionalistas da origem desses relatos bíblicos serão sempre insuficientes devido à falta de qualquer analogia séria que possa ter provocado sua criação. Além do mais, não havia necessidade de uma concepção milagrosa do Messias entre judeus cristãos. No pensamento judeu, o Messias seria o fruto de um descendente davídico por meio de uma concepção física normal. No ambiente social grego, fortemente influenciado pelo dualismo da filosofia platônica ou gnóstica, uma concepção virginal poderia proteger o descendente de alguma "contaminação física". Dentro do judaísmo, porém, tal explicação seria bastante estranha, pois um nascimento físico normal do Messias não seria considerado um fator negativo. Como se destacou, os relatos do nascimento virginal denotam uma clara origem judaica, e não uma origem grega.

DIFICULDADES HISTÓRICAS NOS RELATOS BÍBLICOS

Ao lado da dificuldade que o milagre do nascimento virginal gera para alguns, os relatos bíblicos desse nascimento contêm dificuldades históricas. Duas delas — o governo de Quirino e a aparição da estrela de Belém — foram discutidas no capítulo anterior. Agora, abordaremos as dificuldades históricas criadas por três frases: "para que todo o mundo se alistasse" (Lc 2.1, ARC); "Ele era, como se pensava, filho de José" (Lc 3.23) e "Raquel que chora por seus filhos" (Mt 2.18).

"Para que todo o mundo se alistasse." A afirmação de que houve um recenseamento universal na época do nascimento de Jesus (Lc 2.1) cria um sério problema. A NVI traduz o termo *mundo* (*oikoumenēn*) como "império romano", que representa melhor o pensamento de Lucas que a expressão "todo o mundo", conforme encontrado na ARC. A natureza hiperbólica dessa expressão em Lucas pode ser vista em Atos 11.28, em que a fome ao redor da Judéia é tratada como se ocorresse "por todo o mundo", em outras versões bíblicas. De fato, o termo "todo" e suas variações de gênero e grau aparecem 22 vezes nos capítulos 1 e 2 de Lucas na NVI.

Durante o reinado de César Augusto, não houve um único censo que tenha sido realizado em todo o Império Romano ao mesmo tempo. Contudo, sob seu governo, recenseamentos e taxações foram realizados de maneira sistemática, o que, por fim, terminou envolvendo "todo" o império (v. *Anais*, de Tácito 1.11; *Dio Cassius* 53.30.2). Possuímos diversos registros deles. Temos até mesmo registros de tais recenseamentos em cidades-Estado autônomas. Sabemos que um censo romano era realizado no Egito a cada 14 anos durante o período que vai de 34 a 258 d.C. (*Oxyrhynchus Papyrus* 2.254-6) e que recenseamentos de cidadãos romanos foram feitos em 28 e em 8 a.C. e em 14 d.C. (*Augusto,* de Suetônio, 27.5). Do mesmo modo, foram feitos recenseamentos na Gália em 27 e em 12 a.C., bem como em 14-16 d.C. Também são conhecidos registros de recenseamentos em outros lugares. Portanto, a existência de um recenseamento na Judéia não é impossível, mas bastante provável.

A afirmação de que César Augusto proclamou um decreto "para que todo o mundo se alistasse" não precisa ser interpretada como uma referência a um único recenseamento universal. Pode referir-se à instituição de um programa, por parte dele, no qual vários recenseamentos, que, acontecendo em diferentes épocas e lugares, terminariam cobrindo todo o império. É possível que Lucas tenha usado uma terminologia não técnica para descrever apenas um aspecto — aquele que envolvia José e Maria — de um recenseamento muito mais abrangente instituído por César Augusto.

Têm-se levantado objeções também pelo fato de que tais recenseamentos não exigiam viajar para o lugar de nascimento nem de se levar a esposa junto. A última objeção possui pouco peso pelo menos por duas razões. Mesmo não precisando ir até Belém, Maria pode ter desejado ir. O desejo de estar perto de seu marido num momento como aquele seria bastante natural. Também é possível que, se Maria tivesse ponderado sobre o nascimento de um filho que herdaria "o trono de seu Pai Davi" (Lc 1.32), ela pudesse ter desejado que seu filho nascesse em Belém, a "cidade de Davi". Segundo, existem registros de certos recenseamentos nos quais as mulheres eram obrigadas a comparecer. Embora a objeção de que viajar para o lugar de nascimento ou para a casa dos ancestrais não era necessário, não há prova de tal teoria. Pelo contrário, sabemos de certos recenseamentos nos quais era exigido que o pai da família se registrasse no lar de seus antepassados. Em Israel, um recenseamento como esse poderia muito bem ter levado em consideração a ligação judaica no relacionamento com os ancestrais.

"Ele era, como se pensava, filho de José." Pode-se encontrar nos Evangelhos duas genealogias diferentes que envolvem Jesus: Mateus 1.1-16 e Lucas 3.23-38. Desde os tempos antigos, as diferenças entre esses dois relatos têm sido observadas e discutidas. Algumas diferenças causaram pouca ou nenhuma dificuldade. O fato de a genealogia de Jesus voltar apenas até Abraão, enquanto a de Lucas ir até Adão, não era visto como conflitante, mas simplesmente como revelador dos interesses teológicos complementares dos dois evangelistas. Mateus queria mostrar aos leitores judeu-cristãos que Jesus era o cumprimento de todas as esperanças de promessas judaicas. Portanto, ele traça a linhagem de Jesus até Abraão, o pai do povo judeu. Lucas, por sua vez, queria mostrar aos leitores gentios-cristãos que Jesus era o cumprimento das esperanças de toda a humanidade. Assim, traça sua linhagem até Adão, o pai de todas as pessoas. Outras diferenças, como a localização das genealogias nos dois evangelhos e o arranjo feito por Mateus, no qual a genealogia está dividida em três grupos de 14, não causam dificuldade.

A principal dificuldade encontrada nas duas genealogias envolve as pessoas que compõem a lista de ancestrais de Jesus. Enquanto os descendentes entre Abraão e Davi são essencialmente os mesmos nas duas genealogias (cp. Mt 1.2-6 com Lc 3.31-34), de Davi até Jesus encontramos apenas três nomes em comum. As linhagens dos descendentes de Davi por meio das quais é traçada a ascendência de Jesus é diferente: Mateus segue a linhagem de Salomão, e Lucas segue a linhagem de Natã. Desse modo, de Davi até Jesus encontramos apenas três nomes em comum entre as duas listas: Salatiel, Zorobabel e José. Uma comparação dos ancestrais mais recentes revela o seguinte: em Mateus 1.14-16, encontramos José, Jacó, Matã, Eleazar, Eliúde e Aquim; em Lucas 3.23,24, vemos

José, Eli, Matate, Levi, Melqui e Janai. As diferenças entre as duas genealogias são bastante óbvias.

Seria incorreto concluir que essas genealogias devem ser fictícias, com base na pressuposição de que os longos registros que traçam a linhagem de alguém não existiam nos dias de Jesus. Pelo contrário, Paulo sabia que era da tribo de Benjamim (Fp 3.5), Josefo reproduziu sua própria árvore genealógica em sua autobiografia (*Vida* 1.3) e o grande rabino Hillel foi capaz de traçar sua linhagem até Davi. O *Talmude* babilônico faz referência a um rabino que traçou a genealogia de sua futura nora até Davi (*b. Ketubot* 62b), portanto o problema não é a possibilidade da existência da genealogia de Jesus. Em vez disso, a dificuldade está nas diferenças existentes entre as duas narrativas.

Tentativas de resolver esse problema remontam ao ano 220 d.C. Júlio Africano, em sua carta a Aristides, refere-se a uma explicação para as diferenças que considera o fato de Mateus ter apresentado uma linhagem *real* (da realeza) de Jesus por José, chegando até Salomão, enquanto Lucas apresenta uma linhagem *sacerdotal* também por José, mas por meio de Natã. João Calvino e, mais tarde, J. Gresham Machen, argumentaram em favor de uma variação dessa perspectiva: a idéia de que Lucas fornece a linhagem física de Jesus por meio de José. O ponto de vista pessoal de Júlio Africano era que Jacó (Mt 1.15,16) e Eli (Lc 3.23) eram meios-irmãos. Depois da morte de Eli, Jacó assumiu o papel de marido da viúva, com base na lei do levirato (Dt 25.5-10), e passou a ser o padrasto de José. Assim, as diferenças nas genealogias devem ser explicadas pelo fato de Lucas referir-se à linhagem do pai legal de José (Eli), enquanto Mateus se refere à linhagem do verdadeiro pai de José (Jacó). É comum a todas essas explicações a perspectiva de que tanto a genealogia de Mateus quanto a de Lucas são genealogias de José.

Outra tentativa de explicação envolve o enfoque de que duas diferentes genealogias traçam a família de Jesus rumo a dois diferentes "pais": a genealogia presente em Mateus é a de José, e a presente em Lucas é a de Maria. A questão-chave é o modo como alguém poderia traduzir Lucas 3.23. A maioria das traduções interpreta a expressão "como se pensava", presente nesse versículo, como parentética. A ARC traz essa variação: "E o mesmo Jesus começava a ser de quase trinta anos, sendo (*como se cuidava*) filho de José, e José, de Eli..." (grifo do autor). Naturalmente, o leitor de Lucas já sabia, com base naquilo que já lera em Lucas 1.1— 3.22 (e talvez devido à familiaridade com a tradição), que a concepção de Jesus ocorrera de uma virgem e que José era apenas o pai adotivo: José, por sua vez, era filho de Eli, que era filho de... Essa maneira de traduzir a sentença implica que a genealogia que se segue é a de José. Contudo, o texto também pode ser interpretado como se segue, fazendo-se uma variação sobre o texto da NVI: "Jesus tinha cerca de trinta anos de idade quando começou seu ministério. Ele era (*como se pensava, filho de José*) filho de Eli..." (grifo do autor). Ao aumentar o comentário parentético para incluir "filho de José", temos agora uma genealogia de Eli que, de acordo com essa interpretação, era o pai de Maria. O fato de Lucas ter interesse especial em Maria é evidente por causa do espaço que lhe dedica nos primeiros três capítulos e pelos comentários como o encontrado em Lucas 2.19 ("Maria, porém, guardava todas essas coisas e sobre elas refletia em seu coração") e 2.51 ("Sua mãe, porém, guardava todas essas coisas em seu coração"). Essas referências podem até mesmo sugerir que Maria tenha sido a derradeira fonte de algumas das tradições da narrativa do nascimento.

Embora a última explicação sobre as diferenças nas duas genealogias possa resolver o problema de maneira bastante tranqüila, deve-se admitir que a interpretação mais natural de Lucas 3.23 exclui a expressão "filho de José" do comentário parentético, em vez de incluí-la ali. Também deve-se notar que Lucas está interessado na linhagem davídica de José e, anteriormente, destacou que José era "descendente de Davi" (Lc 1.27). O resultado disso é que podemos estar de certo modo predispostos a interpretar uma genealogia que menciona Davi (3.31) como uma referência à linhagem de José devido à referência anterior presente em 1.27. Até agora, não foi apresentada uma explicação satisfatória para esse problema. No entanto é ainda mais difícil imaginar que uma ou até mesmo as duas genealogias sejam mera ficção, pois algumas pessoas da família de Jesus estavam vivas no momento em que as genealogias foram escritas e, assim, tais pessoas poderiam ter sido consultadas.

"Raquel que chora por seus filhos." Outra dificuldade associada às narrativas do nascimento é o massacre dos inocentes em Belém (Mt 2.16-18). Não existe registro de tal massacre nos relatos daquela época e alega-se que um assassinato tão horrendo, se houvesse acontecido, teria sido registrado. Mas esse é um argumento retirado do silêncio, e tais argumentos normalmente são inconclusivos. Além do mais, não dispomos de muitos registros históricos do século I e não se pode demonstrar a afirmação de que Josefo teria de obrigatoriamente mencionar tal evento. Também é importante perceber que Belém era um vilarejo pequeno e que o número de meninos com até dois anos de idade provavelmente não fosse maior do que 20.

Contudo o massacre é atribuído a Herodes, o Grande. Seria seu caráter tão horrendo a ponto de lhe atribuírem um ato tão terrível? É certo que atribuir esse tipo de ato a Albert Schweitzer ou a Francisco de Assis provocaria grande ceticismo e dúvida. Tais homens jamais teriam cometido um ato tão cruel. Mas e quanto a Herodes, o Grande? Tudo o que sabemos sobre esse homem nos leva a dizer que era exatamente o tipo de pessoa que teria feito tal coisa. Ele foi paranóico no exercício de seu governo. Herodes não apenas construiu fortalezas — como a de Antônia, em Jerusalém, Sebaste, Cesáreia, Gaba, Hesbom, Massada e Herodium — para sua proteção, como também assassinou impiedosamente qualquer suspeito de estar envolvido em intriga política contra ele. Afogou Aristóbulo III e executou Hircano II, dois sumos sacerdotes. Matou seu tio José, sua sogra (Alexandra), seus filhos Alexandre e Aristóbulo, sua esposa favorita (Mariane) e Antípatro, o filho que escolhera para sucedê-lo, porque achava que estavam tentando depô-lo. À beira da morte, na fortaleza de Herodium, reuniu os principais cidadãos de seu reino no anfiteatro de Jericó e, então, ordenou que, depois de sua morte, todos aqueles cidadãos fossem mortos para que sua morte pudesse ser pranteada! (felizmente, a ordem nunca foi cumprida).

Mesmo que nenhum documento extrabíblico confirme claramente o massacre dos inocentes, não há necessidade de negar a historicidade do evento. Alguns estudiosos, porém, acreditam que há uma alusão a esse evento na obra *Ascensão de Moisés* 6.2-4. Essa passagem refere-se a Herodes e à matança do "velho e do novo". É impossível demonstrar que isso seja uma alusão a esse incidente. Contudo o relato se enquadra bem naquilo que sabemos do impiedoso e paranóico Herodes, o Grande. Havia uma justa razão para ditados que corriam em Roma: "Melhor o suíno *[hys]* de Herodes que o filho *[hyios]* dele". Sendo meio-judeu, Herodes não comia carne de porco. Desse modo, os suínos estavam salvos. Mas pobre do filho de quem Herodes desconfiava. É a esse homem que Mateus atribui o massacre dos inocentes.

O NASCIMENTO DE JESUS

A história do nascimento de João Batista, um "parente" (termo vago) de Jesus, é um componente da narrativa do nascimento de Jesus. Um devoto sacerdote ancião chamado Zacarias e sua esposa, Isabel, que não tinham filhos e já havia muito tinham passado da idade de gerá-los, receberam a visita de um mensageiro angelical, que anunciou a chegada de um filho (Lc 1.5-22). Esse nascimento sobrenatural, tal como outros nascimentos prometidos a pessoas do AT que já haviam passado da época de gerar filhos (Gn 18,25,30; Jz 13; 1Sm 1), indicava que aquele que estava por nascer desempenharia um papel especial no plano de salvação de Deus. Nesse caso, a criança seria o antecessor do Messias, aquele que prepararia as pessoas para a vinda do Salvador.

Seis meses depois da visita angelical a Zacarias e Isabel (Lc 1.26), o mesmo anjo visitou uma moça chamada Maria para anunciar um nascimento ainda mais maravilhoso. É melhor nos referirmos a Maria não como uma mulher, mas como uma jovem. Os noivados em Israel freqüentemente aconteciam antes da puberdade e a idade normal para o contrato de casamento girava em torno dos 13 anos. Maria ouviu que experimentaria algo bastante incomum. Ela teria um filho que seria o Messias havia muito desejado (Lc 1.31-33). Sendo virgem, Maria perguntou como isso poderia acontecer. Estava confusa porque a mensagem angelical afirmava que ela conceberia imediatamente mesmo sendo virgem, em vez de isso acontecer depois, quando se casasse com José. Informada de que seria um milagre realizado pelo Espírito Santo, Maria foi confortada pelo fato de Deus já ter realizado um milagre similar, embora menos espetacular, ao promover a gravidez de sua parente Isabel (Lc 1.35-38).

Por ser uma pessoa justa, José procurou cancelar o contrato de casamento com ela quando a gravidez se tornou aparente (a descrição de José como um homem justo, encontrada em Mateus 1.19, explica por que procurou cancelar o contrato com Maria, e não a razão pela qual quis fazer isso secretamente). De acordo com a Lei, seria errado casar-se com Maria, uma vez que, de acordo com seu pensamento, ela cometera adultério. No judaísmo do século I, o noivado era um contrato legal que unia um homem e uma mulher. Durante esse período, eram considerados marido e mulher, embora a cerimônia de casamento e a consumação do enlace ainda não tivessem acontecido. Esse contrato de casamento poderia ser rompido apenas por meio de um procedimento formal de divórcio. Se uma mulher fosse infiel durante esse período, seria considerada adúltera. Portanto, acreditando que Maria cometera adultério, José procurou divorciar-se dela. Depois de ouvir do anjo a explicação sobre a concepção virginal de Maria, recebeu-a como sua esposa, mas não houve consumação sexual de seu casamento até depois do nascimento de Jesus (Mt 1.25).

Em obediência a um recenseamento de César Augusto, José saiu de Nazaré rumo a Belém, para ser alistado ali porque era descendente de Davi. Não é preciso negar a linhagem davídica de Jesus simplesmente porque ela está de acordo com a expectativa messiânica daqueles dias. Em Romanos 1.3, Paulo faz uma declaração em forma de credo da igreja primitiva quando se refere a Jesus como "descendente de Davi" (cp. com 2Tm 2.8). Tentativas de mostrar que, em

Marcos 12.35-37, Jesus nega a linhagem davídica não são convincentes, pois tanto Lucas (Lc 20.41-44) quanto Mateus (Mt 22.41-26) incluem essa narrativa. Certamente não acreditavam que seus relatos refutavam a linhagem davídica de Jesus que tão claramente ensinaram ao narrar o nascimento virginal (cf. Mc 10.47; Mt 9.27; 12.23; 15.22; 20.30,31; 21.9,15; Lc 18.38,39; At 2.25-31; 13.22,23). Eusébio (*HE* 3.20.1-6) apóia a linhagem davídica de Jesus quando se refere a um evento no qual os parentes de Jesus foram questionados pelo imperador Domiciano por serem descendentes de Davi. Além disso, deve-se notar que os judeus dos dias de Jesus vinham, em sua maior parte, de duas tribos e meia: Judá, de onde veio Davi, Benjamim e meia tribo de Levi. Não é de se surpreender que houvesse diversos descendentes de Davi ainda vivos no século I.

Devido à sua linhagem davídica, José foi a Belém para ser alistado no censo. Ele levou Maria consigo. A distância entre Nazaré e Belém varia de 135 a 145 quilômetros e essa viagem teria sido feita a pé, vencendo de 25 a 30 quilômetros por dia. Depois de uma viagem de talvez cinco ou seis dias, chegaram a Belém. Durante sua estada ali, Jesus nasceu. Não há certeza a respeito de quanto tempo depois de sua chegada isso aconteceu. Embora o nascimento de Jesus seja normalmente retratado como se acontecesse logo depois da chegada a Belém, uma tradição apócrifa indica que o nascimento aconteceu pouco tempo *antes* da chegada em Belém (*Proto-evangelho de Tiago* 17.3). A narrativa bíblica afirma simplesmente que aconteceu "enquanto estavam lá" (Lc 2.6).

O nascimento é descrito por Lucas como acontecido num lugar com uma "manjedoura" (um cocho para alimentação de animais), pois não havia lugar para eles na "hospedaria". Não devemos ler essa passagem com a idéia de um hotel com uma placa "não há vagas". O termo *hospedaria* poderia referir-se a um caravançará público (lugar simples para receber caravanas durante seu deslocamento), um tipo primitivo de estalagem (cf. Êx 4.27; 1Sm 1.18; contudo Lucas usa uma palavra diferente para essa hospedaria em Lc 10.34), um quarto de hóspedes numa casa ou um lugar não especificado de alojamento (Ecl 14.25). Embora o "hospedeiro" tenha sido objeto de ridículo e de muita maledicência com o passar dos séculos por não ter dado um lugar ao santo casal, aquilo que Lucas quer dizer em 2.7 é que o quarto de hóspedes não tinha espaço suficiente ("lugar", *topos*, como em Lc 14.22) para Maria dar à luz e para o bebê ficar. Como resultado, o bebê nasceu num estábulo e foi colocado numa manjedoura encontrada ali.

O lugar tradicional do nascimento de Jesus é uma caverna localizada hoje na Igreja da Natividade. É difícil saber exatamente como tratar essas tradições. Por um lado, é preciso resistir a uma aceitação inquestionável de todos os lugares "santos" em Israel como autênticos e, por outro lado, o perigo de rejeitar todos os lugares por não haver base histórica para isso. Em favor do lugar tradicional está a referência a uma caverna no *Proto-evangelho de Tiago* 18.1 e as referências feitas por Justino Mártir e Orígenes, assim como a antigüidade desse local (a tradição sobre o lugar atual foi tão bem estabelecida que, no ano 325, foi construída ali uma igreja para marcá-lo. Jerônimo, que viveu na região por algum tempo, comentou que o lugar era honrado pelos cristãos desde 135 d.C.).

No nascimento de Jesus, uma proclamação angelical dessa alegre ocasião foi feita aos pastores que estavam nos campos com seus rebanhos (Lc 2.8-20). Cuidar de ovelhas nos campos normalmente acontecia entre março e novembro. Nos meses de inverno, as ovelhas eram mantidas em currais. Não devemos romancear essa cena como se fosse um pronunciamento a "rancheiros" trabalhadores e respeitados. Os pastores eram geralmente considerados desonestos (*b. Sanhedrin* 25b). De acordo com a Lei, eram impuros. Sua presença no nascimento de Jesus foi registrada por Lucas para mostrar aos seus leitores que as boas-novas do evangelho eram para os pobres, para os pecadores, para os proscritos e para pessoas como aqueles pastores.

Logo após o anúncio angelical, encontraram o santo casal e o menino Jesus. Este é descrito como se estivesse "envolto em panos" (Lc 2.12) ou em "faixas" (ARA). Eram faixas de pano enroladas ao redor dos membros para manter a criança firme (Ez 17.4; Sabedoria 7.4). A ironia dessa cena não deve ser desprezada. Não foram os reis e os nobres da época que presenciaram o nascimento do Filho de Deus, mas os proscritos, os pastores desprezados. Eles não foram a um palácio ou a um templo de grande beleza, mas encontraram o rei de Israel deitado num cocho usado para alimentar animais. Com a vinda do Filho de Deus, os valores e os pensamentos deste mundo foram virados de cabeça para baixo. Deus considerou louca a sabedoria deste mundo (1Co 1.20).

Lucas descreve três rituais judaicos em torno do nascimento de Jesus. O primeiro envolve a circuncisão de Jesus ao oitavo dia (cf. Lc 1.59; Fp 3.5; pode-se encontrar uma fundamentação no AT em Gn 17.12-14; 21.4; Lv 12.3). Na época, ele recebeu o nome de Jesus, que o anjo havia anunciado (cp. Lc 2.21 com 1.31). Esse nome é a forma reduzida de Josué ou de Jesua (Joshua). Foi um nome judaico popular até o século II, momento em que sua associação com

Jesus Cristo fez com que perdesse seu apelo entre os judeus. Josefo refere-se a cerca de 20 indivíduos com esse nome e metade deles eram contemporâneos de Jesus de Nazaré. A descrição "de Nazaré" era necessária para distinguir esse Jesus das demais pessoas com o mesmo nome. O nome Jesus foi-lhe dado para descrever o que ele faria. Jesus significa "YHWH é salvação" e o Jesus de Nazaré veio para salvar "o seu povo dos seus pecados" (Mt 1.21).

Somos informados do segundo ritual, 33 dias depois da circuncisão de Jesus: a purificação de Maria. (Lc 2.22 na verdade refere-se à purificação "deles", mas o ritual era voltado apenas para mulheres. A expressão "deles" pode ter sido usada por Lucas pelo fato de José e Maria terem ido juntos como um casal, como a união de uma carne e, assim, fizeram aquilo juntos.) De acordo com a Lei, depois do nascimento de um filho, a mulher deveria submeter-se a um ritual de purificação que envolvia a oferta sacrificial de um cordeiro e de um pombo ou uma pomba (Lv 12.1-8). Em vez disso, porém, uma família pobre podia ofertar dois pombos, e foi isso o que Maria e José fizeram (Lc 2.24), indicando que eram pobres. Obviamente, os magos ainda não haviam aparecido no cenário para lhes entregar seus preciosos presentes (Mt 2.11).

Bastante relacionado com a purificação de Maria, vemos o terceiro ritual, em torno da apresentação ou da "redenção" de Jesus (Lc 2.22,23; comp. com 1Sm 1.22-24). Esse ritual que envolve o primogênito de uma família era uma lembrança simbólica da Páscoa. A proteção dos primogênitos do anjo da morte pelo sacrifício do cordeiro pascal era agora revivida pela consagração simbólica do primogênito a Deus (Êx 13.2,12). Ela implicava o pagamento de cinco siclos (Nm 3.47,48; 18.15,16). Os dois últimos rituais eram realizados no templo de Jerusalém, localizado a cerca de 8 quilômetros ao norte de Belém.

No momento da purificação de Maria e da apresentação de Jesus, Lucas registra um incidente com um sacerdote chamado Simeão e uma profetisa chamada Ana (Lc 2.25-38; Lucas é mestre em colocar lado a lado eventos que envolvam um homem e uma mulher: Zacarias e Maria [Lc 1.5-38]; a cura de um homem com um espírito imundo e a sogra de Pedro [Lc 4.38,39]; a cura do servo do centurião e a ressurreição do filho da viúva de Naim [Lc 7.1-17]; a cura do endemoninhado geraseno e a mulher que sofria de hemorragia [Lc 8.26-56] e os pares de parábolas com um homem e uma mulher [Lc 13.18-21; 15.4-10]). Depois de ver Jesus, Simeão dá graças pelo fato de ter vivido tempo suficiente para ver a salvação prometida muito tempo atrás e agora realizada na vinda do Messias, mas ele faz uma referência velada a uma espada atravessando a alma de Maria (Lc 2.35) e, assim, refere-se a um lado escuro de tudo isso. Ana também alegrou-se por ter visto a redenção que Deus estava promovendo em favor de seu povo.

Mateus conta-nos de magos vindos do Oriente, algum momento depois desses eventos, para ver o rei dos judeus (Mt 2.1-12). Embora o folclore popular coloque três homens na manjedoura ao lado dos pastores, na época do nascimento de Jesus, Mateus destaca que "eles" (o número é ambíguo) encontraram Jesus numa "casa" (Mt 2.11), não numa estalagem com uma manjedoura (Lc 2.7,12). A referência de Mateus sobre o tempo do aparecimento da estrela (Mt 2.7) e o subseqüente massacre dos meninos menores de dois anos (Mt 2.16) indica que ele imaginava Jesus com no máximo dois anos de idade na época da visita dos magos. A referência aos magos enquadra-se muito bem na compreensão que Mateus tem da natureza universal das boas-novas, pois, já no início da história do evangelho, os gentios estão presentes. Contudo, não há por que considerar a história dos magos mera ficção. Em vez disso, é melhor enxergar aqui uma tradição que Mateus incluiu em seu evangelho porque ela servia muito bem ao seu propósito teológico.

Advertidos em sonho para não voltar a Jerusalém, os magos retornam por um caminho diferente. José também recebeu, por meio de um sonho, uma advertência similar sobre os planos malignos de Herodes e fugiu com Maria e Jesus para o Egito. Sua fuga salvou-os, mas o ciúme doentio de Herodes foi descarregado sobre as crianças inocentes de Belém. Não existe nada na Bíblia que faça referência ao tempo passado no Egito, embora alguns evangelhos apócrifos se deleitem em criar histórias sobre a viagem e a estada ali. Não há dúvida de que viver numa terra estranha teria sido difícil para a Sagrada Família. A profissão de José foi útil, mas era uma atividade que, na melhor das hipóteses, conseguia levantar apenas o sustento básico para a família. É possível que, durante esse período, tenham sido sustentados pelos presentes que os sábios lhes deram. Quando Herodes morreu, no ano 4 a.C., José voltou com sua família para Nazaré (Mt 2.19-23).

Com relação à concepção virginal, os críticos argumentam contra a historicidade dos relatos de Mateus sobre os magos, a fuga para o Egito e a matança dos inocentes. É verdade que Lucas não se refere a eles, mas não há garantias para se argumentar com base nisso que tais eventos sejam ficcionais. A argumentação do silêncio possui a fraqueza de ter de se presumir que 1) Lucas deveria ter informações sobre essa tradição se ela tivesse acontecido e que 2) ele teria registrado as tradições se as conhecesse. Isso é impossível de ser demonstrado. Além do mais, mesmo que Lucas não tivesse conhecimento dessas tradições, isso não provaria que não eram históricas.

Às vezes, os críticos argumentam que tais tradições foram criadas para cumprir profecias e expectativas messiânicas. Em Mateus 2.15, o evangelista afirma que a permanência no Egito e seu subseqüente retorno constituíam o cumprimento da profecia presente em Oséias 11.1 ("do Egito chamei o meu filho"). É difícil acreditar que a tradição da permanência no Egito e o retorno a Nazaré tenham sido criados por alguém que achasse que Oséias 11.1 fosse uma profecia messiânica que exigisse tal tradição para ser "cumprida". O inverso é o mais provável — a tradição de permanecer no Egito e a volta para a Galiléia fizeram com que alguns passassem a ver Oséias 11.1 como uma previsão desse evento. De maneira similar, é mais provável que a tradição do nascimento de Jesus em Belém tenha resultado do fato de a Igreja ver nisso o cumprimento da profecia messiânica presente em Miquéias 5.2, em vez do inverso. A grande dificuldade que os cristãos tinham em ver de que maneira os eventos das tradições do evangelho cumpriam várias profecias do AT (considere Mt 2.15,18; 4.15,16, e assim por diante) argumenta em favor de as tradições serem históricas e de levarem a Igreja a ver diversas passagens do AT como predições desses eventos.

A IMPORTÂNCIA TEOLÓGICA DA CONCEPÇÃO VIRGINAL

Durante o final do século XIX e início do século XX, em resposta à negação de vários ensinamentos bíblicos, foi escrita uma obra em doze volumes intitulada *Os fundamentos*. Um dos cinco "fundamentos" relatados nessa obra era o nascimento virginal (os outros eram a inerrância das Escrituras, a divindade de Cristo, a expiação substitutiva e, por fim, a ressurreição corporal e a iminente segunda vinda corporal do Senhor). Em meados do século XX, um teólogo de grande destaque argumentou que os relatos do nascimento virginal eram uma tentativa impertinente de a igreja primitiva explicar a encarnação. O que foi crucial na história bíblica era que a Palavra se tornou carne (Jo 1.14). Ele argumentava que nenhuma tentativa deveria ser feita para explicar como isso acontecera.

Essa última crítica deve ser levada a sério. A essência da história do Natal não está em que Maria concebeu virgem. A história do Natal também não é uma sentimental ode à maternidade. A essência do Natal é a de que o Filho de Deus veio ao mundo sob forma humana e habitou entre nós. O "fato" da encarnação é a chave do Natal, não o "como" pelo qual isso aconteceu. Seria presunção afirmar que o Deus onipotente de toda a criação não fosse capaz de realizar a encarnação de uma maneira ou de outra.

Alguns argumentam que a concepção virginal foi necessária para manter o Filho de Deus distante da herança de corrupção e pecado de Adão (às vezes, pessoas que argumentam dessa maneira trazem consigo uma visão negativa do ato sexual, visão que vem de um dualismo quase platônico, em vez de brotar da concepção bíblica que afirma que, dentro do plano ordenado por Deus, tal ato é "bom" [Gn 1.28-31]). Contudo, a pessoa que pensa dessa maneira deve de algum modo proteger o Filho de Deus de herdar tal pecado e corrupção, por meio de Maria. Portanto, não é de surpreender que uma conseqüência lógica desse tipo de pensamento tenha sido a de argumentar em favor da imaculada concepção de Maria. Agora o Filho de Deus poderia verdadeiramente estar protegido de tal pecado, pois não poderia ter herdado o pecado de sua mãe. O NT não entra em tais especulações. Lucas simplesmente afirma que o Espírito Santo veio sobre Maria e que ela foi coberta com a sombra do Altíssimo. Por meio de sua proteção, seu fruto seria santo, o Filho de Deus (Lc 1.35).

A essência da história do Natal é a encarnação, e não a concepção virginal. Isso é auto-evidente para o cristianismo ortodoxo. O Filho de Deus não veio a existir por meio de uma concepção virginal. O Filho de Deus era, é e sempre será. Muito antes da concepção virginal, do nascimento de Maria, de toda a genealogia de Lucas 3.23-38 e da criação do mundo, o Filho existia. A concepção virginal foi simplesmente a maneira pela qual Deus realizou a encarnação de seu Filho.

A Bíblia, porém, realmente registra que a encarnação aconteceu por meio de uma concepção virginal. Se esse foi o modo como Deus realizou isso, não podemos fazer nada a não ser reconhecê-lo. A importância de confessar ou negar a concepção virginal não reside em suas conseqüências cristológicas. A concepção e o nascimento virginais não fazem de Jesus o Filho de Deus. Não era exigido mantê-lo santo e imaculado. O que está em jogo envolve não a doutrina de Cristo, mas a das Escrituras. Para os autores da obra *Os fundamentos*, o nascimento virginal foi um tipo de teste sobre a perspectiva que alguém tem da Bíblia. Negar o nascimento virginal era obviamente rejeitar a Bíblia como uma regra infalível de fé. Assim, a pergunta "você acredita no nascimento virginal?" serviu como um tipo de "Chibolete" do século XX (Jz 12.6), para testar a perspectiva pessoal que alguém tinha da Bíblia.

CONCLUSÃO

Você ficará grávida e dará à luz um filho, e lhe porá o nome de Jesus. Ele será grande e será chamado Filho do Altíssimo. O Senhor Deus dará a ele o trono de seu pai Davi, e ele reinará para sempre sobre o povo de Jacó; seu Reino jamais terá fim [...] Assim, aquele que há de nascer será chamado Santo, Filho de Deus (Lc 1.31-35).

Ela dará à luz um filho, e você deverá dar-lhe o nome de Jesus, porque ele salvará o seu povo dos seus pecados (Mt 1.21).

Aquele que é a Palavra tornou-se carne e viveu entre nós (Jo 1.14).

REFERÊNCIAS BIBLIOGRÁFICAS

BROWN, Raymond E. *The Birth of the Messiah.* New York: Doubleday, 1979. (*O nascimento do Messias*: comentário das narrativas da infância nos Evangelhos de Mateus e Lucas. Paulinas, 2005.)

CRANFIELD, C. E. B. Some Reflections on the Subject of the Virgin Birth. *Scottish Journal of Theology*, n. 41, p. 177-89, 1988.

JOHNSON, Marshall D. *The Purpose of the Biblical Genealogies.* Cambridge: Cambridge University Press, 1988.

MACHEN, J. Gresham. *The Virgin Birth of Christ.* New York: Harper, 1930.

MAIER, Paul L. *First Christmas.* New York: Harper, 1971.

MEIER, John P. *A Marginal Jew*: Rethinking the Historical Jesus. New York: Doubleday, 1991, v. 1, p. 205-52. (*Um judeu marginal*: repensando o Jesus histórico. Imago Editora, 1996.)

MIGUENS, Manuel. *The Virgin Birth.* Westminster: Christian Classics, 1975.

NOLLAND, John. Luke. In: *Word Biblical Commentary.* Dallas: Word, 1989.

WITHERINGTON, Ben, III. Birth of Jesus. In: *Dictionary of Jesus and the Gospels.* Joel B. GREEN; Scot MCKNIGHT; I. Howard MARSHALL. Downers Grove: InterVarsity Press, 1992, p. 60-74.

5

Como realmente era o menino Jesus?

Os anos de silêncio

Os evangelhos canônicos registram apenas um único evento entre a infância e o batismo de Jesus. O texto de Lucas 2.41-52 é uma narrativa na qual Jesus, então com 12 anos de idade, acompanha seus pais a Jerusalém para celebrar a Páscoa. Aparentemente, era costume de sua família fazer isso todos os anos (v. 41). O evento foi registrado por Lucas devido à sua natureza incomum. Queria que seus leitores soubessem que, já aos 12 anos de idade, Jesus tinha a percepção de um relacionamento especial e único com Deus: o templo era a "casa de [seu] Pai" (v. 49). Ao voltar para casa com uma caravana de peregrinos, José e Maria presumiram que Jesus estivesse com outras crianças. Quando descobriram que ele não estava lá, voltaram para Jerusalém. Ali encontraram Jesus no templo manifestando sua sabedoria singular entre os líderes religiosos. A surpresa de seus pais (v. 48,49) revela que, apesar dos eventos milagrosos que envolvem seu nascimento, os anos subseqüentes tinham sido bastante normais — tão normais a ponto de a singularidade de seu filho e seu chamado divino terem desaparecido de sua lembrança.

A NORMALIDADE DOS ANOS DE SILÊNCIO DA VIDA DE JESUS

A surpresa de José e Maria diante do comportamento de Jesus durante o incidente é evidência de que os anos de silêncio da vida de Jesus foram normais. O fato de ser o único incidente registrado nos Evangelhos durante esse período sugere que nenhuma outra tradição que envolva tal período da vida de Jesus tenha sido cristologicamente significativo. Os autores do evangelho não tinham informação de qualquer outro evento incomum ou milagroso durante esse período de tempo. João afirma isso de maneira explícita depois de relatar o milagre de transformar água em vinho: "Este sinal miraculoso, em Caná da Galiléia, foi o primeiro que Jesus realizou" (Jo 2.11).

Outro fator que depõe a favor da normalidade dos anos de silêncio é a descrença da família e da comunidade de Jesus. Diferentemente das histórias encontradas no *Evangelho da infância de Jesus,* de Tomé (v. cap. 2, subtítulo "Fontes extrabíblicas"), não houve em Nazaré um cemitério reservado às vítimas de Jesus nem um grande incidente com um pardal que pudesse ter levado sua família (Jo 7.5) ou sua comunidade (Mc 6.4) a acreditar em seu chamado divino singular e em seu relacionamento com Deus.

Pode-se argumentar que, se o ensinamento bíblico sobre a pessoa de Jesus está correto, seus anos de silêncio devem ter sido comuns. A confissão de que Jesus não tinha pecado faria, naturalmente, com que fosse especial e bastante incomum (2Co 5.21; Hb 4.15; 9.14; 1Pe 2.22; 1Jo 3.5; cp. com Lc 1.35; Jo 8.46). Contudo não seria a impecabilidade de Jesus algo perceptível? Deixando-se de lado o retrato medieval do menino Jesus com um halo sobre a cabeça, essa impecabilidade teria realmente sido observada? Não há dúvida de que sua piedade e sua bondade teriam sido notadas. Coisas tais como obediência aos pais (Lc 2.51), honestidade, confiabilidade e integridade seriam perceptíveis. Mas, e quanto ao seu caráter interior sem pecado? Afirmar que Jesus não tinha pecado exigiria que uma pessoa testemunhasse seu comportamento 24 horas por dia, durante todos os dias de sua vida. Mesmo assim, não seria possível ter-se certeza, dada a incapacidade de julgar seus pensamentos e as motivações de seu coração. A impecabilidade de Jesus era uma coisa conhecida apenas por Deus. Não era algo de que sua família e a comunidade estivessem cientes.

OS IRMÃOS E IRMÃS DE JESUS

O NT menciona os irmãos e as irmãs de Jesus em vários lugares (Mc 3.31-35; 6.3; Jo 2.12; 7.3-5,10; At 1.14; 1Co 9.5; Gl 1.19). Dentro da igreja primitiva, essas referências eram interpretadas de três maneiras principais: 1) De acordo com Ovídio (séc. IV), eles eram os irmãos e irmãs mais novos de Jesus, nascidos de José e de Maria nos anos seguintes. 2) Epifânio (séc. IV) argumentava que eram os filhos e filhas que José tivera de um casamento anterior. De acordo com essa posição, José era viúvo quando se casou com Maria e trouxe consigo pelo menos quatro filhos e duas filhas (Mc 6.3). 3) Jerônimo (séc. IV) sustentava que os irmãos de Jesus não eram de modo algum irmãos e irmãs verdadeiros. Eram, na verdade, primos. A expressão "irmãos e irmãs", argumentava ele, deveria ser entendida como uma referência a outro tipo de parentesco, semelhante à maneira pela qual o NT se refere aos cristãos como "irmãos e irmãs".

A associação próxima de irmãs e irmãos com a mãe de Jesus em Marcos 6.3 sugere que eles não eram simplesmente sobrinhos e sobrinhas ou que apresentassem algum outro grau de parentesco. Isso fica ainda mais claro no texto paralelo de Mateus, em que o evangelista usa a expressão "sua mãe e seus irmãos" (Mt 12.46). Esses versículos levantam uma séria objeção à interpretação jeronimiana. O fato de o texto de Marcos 6.3 ligar os irmãos e irmãs de Jesus à mãe de Jesus, em vez de a seu pai, também levanta um sério problema para a perspectiva epifaniana. Não fosse a doutrina da virgindade perpétua de Maria, sustentada em algumas alas da igreja cristã, não haveria necessidade alguma das explicações de Epifânio e de Jerônimo. (A doutrina da virgindade perpétua de Maria não é um ensinamento apenas católico romano. A ortodoxia do Oriente apóia esse conceito, e João Calvino deixou a questão aberta.) Um certo apoio bíblico ao ponto de vista de Jerônimo pode ser encontrado em João 19.26,27, em que Jesus confia o cuidado de sua mãe às mãos do discípulo João.

A maneira mais natural de se interpretarem as referências aos irmãos e irmãs de Jesus está em compreendê-las como uma referência aos filhos e filhas de José e Maria. Com o argumento gramatical de que essa é a maneira mais natural de se interpretar a expressão, um apoio favorável a tal enfoque pode ser encontrado em Mateus 1.24,25: "Ao acordar, José fez o que o anjo do Senhor lhe tinha ordenado e recebeu Maria como sua esposa. Mas não teve relações com ela enquanto ela não deu à luz um filho. E ele lhe pôs o nome de Jesus". O termo *enquanto* é apenas uma das maneiras de se interpretar a expressão grega *heōs hou*. Ela pode ser interpretada com o significado de que, a partir do momento do anúncio angelical até o momento do nascimento de Jesus, José não teve relações conjugais com Maria ("conheceu" na ARA e ARC), sem que isso implique que, depois, ele o tenha feito. Contudo, a melhor maneira de interpretar a expressão grega nessa passagem é entendendo que o "até" implica que depois do nascimento de Jesus, José e Maria viveram um relacionamento conjugal normal e esse relacionamento foi abençoado com pelo menos quatro filhos e duas filhas (a referência a Jesus como "seu primogênito" em Lc 2.7 deve ser interpretada à luz de Êx 13.2 e Nm 3.12,13; 18.15,16, como um termo técnico que não necessariamente implicava o nascimento de outros irmãos. Uma antiga lápide refere-se a uma mulher que morreu ao dar à luz seu "primogênito").

A VIDA FAMILIAR DE JESUS

O fato de Jesus ter nascido numa família pobre é evidente pelo sacrifício oferecido para a purificação de Maria (v. cap. 4; Lc 2.24; cp. com Lv 12.8). Paulo sugere isso quando diz: "Pois vocês conhecem a graça de nosso Senhor Jesus Cristo que, sendo rico, se fez pobre por amor de vocês, para que por meio de sua pobreza vocês se tornassem ricos" (2Co 8.9). Embora o pensamento de Paulo esteja em primeiro lugar no esvaziamento do Filho (Fp 2.7) ao assumir a forma humana, o enorme contraste desse versículo estaria perdido se Jesus tivesse nascido rico. O desprezo a Jesus pelos líderes de sua época (Mc 11.27,28; Lc 4.22; cp. com Jo 1.46; 7.41,42,52), sua tranqüilidade em estar com os pobres e a preocupação com eles (Lc 4.18,19; 14.13,21) e seu sepultamento na tumba de outro homem (Mc 15.42-47) também sugerem isso.

Jesus era carpinteiro por ocupação (Mc 6.3), e não existe absolutamente nenhuma evidência de que tenha sido camponês ou fazendeiro. O fato de "ser carpinteiro" pode-se referir não apenas a alguém que trabalha com madeira, mas também a um artesão que trabalhava com pedra ou metal. No século II, Justino Mártir (*Diálogo com Trifo* 88) diz que Jesus fez arados e cangas. É impossível determinar se ele possuía informação adicional para dizer isso ou se inferiu com base na referência bíblica. Na condição de carpinteiros, Jesus e seu pai, José, faziam parte dos trabalhadores pobres, embora seja incorreto descrevê-los como desamparados. A ocupação de Jesus exigia dele trabalho físico, de modo que a arte eclesiástica posterior, que insistia em retratar Jesus como um homem magro e fraco, é um erro crasso.

Embora tenhamos informações sobre Maria durante o ministério de Jesus (Mc 3.31-35; 6.3; 15.40; At 1.14), não encontramos nada sobre José. A referência a Jesus como "filho de Maria" em Marcos 6.3 é de difícil compreensão, mesmo que José tivesse morrido, porque normalmente a referência era feita a um homem como filho de seu pai. Se José estivesse vivo, porém, tal referência seria virtualmente impossível de imaginar. O fato de Marcos 3.35 mencionar "irmão[s]", "irmã[s]" e "mãe" de Jesus, mas não fazer nenhuma menção a seu "pai", também sugere que José não vivia mais naquela época. Parece que José morreu em algum momento entre o incidente com Jesus aos 12 anos no templo e o início de seu ministério.

Especulações sobre como a morte de seu pai afetou Jesus são simplesmente isto: especulações. Aqueles que falam da morte de José como um momento decisivo na vida de Jesus, do golpe fatal lançado sobre Jesus devido a sua "fixação pelo pai", escrevem uma ficção extremamente criativa. As conjecturas ficcionais sempre parecerão irrelevantes ao devoto e freqüentemente especulações irreverentes que revelam mais sobre os redatores que sobre o próprio Jesus. A única coisa que realmente sabemos é que, com a morte de José, as responsabilidades de cuidar da mãe e da família caíram sobre o filho mais velho — Jesus (note a preocupação de Jesus com sua mãe em Jo 19.27). Assim, durante o período entre a morte de José e o início de seu ministério, Jesus foi o provedor ativo e o cabeça da família.

A VIDA PESSOAL DE JESUS

Várias tentativas têm sido feitas para se descobrir a aparência física de Jesus. Alguns argumentam, com base em Isaías 53.2 ("Ele não tinha qualquer beleza ou majestade que nos atraísse, nada havia em sua aparência para que o desejássemos") que Jesus tinha a aparência bem pouco atraente. Tal perspectiva, porém, interpreta erradamente a linguagem poética dessa passagem. Também tem-se argumentado que, uma vez que os rabinos da época de Jesus valorizavam altos padrões com relação à aparência exterior por serem mestres judaicos, Jesus não deve ter causado qualquer impacto físico maior, pois eles nunca o criticaram por sua aparência.

É impossível demonstrar ou refutar qualquer uma dessas posições. Na sabedoria e providência divinas, quase nada foi preservado sobre a forma exterior na qual o Ungido do Senhor apareceu. Tudo o que podemos dizer é que Jesus era um judeu do primeiro século. Ele provavelmente tinha altura e peso médios, mas isso não pode ser provado. É muito claro que os autores dos Evangelhos estavam mais preocupados com *quem* Jesus era e *o que* ele fez do que *como* ele era. Seria sábio de nossa parte desenvolvermos uma preocupação similar.

Existem afirmações sensacionalistas sobre Jesus ser casado. Alguns têm até mesmo escrito obras — mais parecidas com tablóides — que afirmam que Jesus se casou com Maria Madalena ou com Salomé. Os argumentos mais fortes favoráveis à teoria de que Jesus tenha se casado é que era normal um judeu casar e esperava-se que os mestres casassem e fossem um exemplo nessa área. Ao discutir se Jesus era casado ou não, devemos ser cuidadosos para reconhecer que uma decisão sobre esse assunto não deve estar baseada na avaliação se o celibato é ou não mais nobre que o casamento.

O fato de não haver nenhuma referência no NT a uma esposa de Jesus e de não existir nada em lugar algum no NT que sugira que Jesus tenha sido casado é forte argumento (se não conclusivo) contra tal posição. Também deve-se mencionar que certos grupos em Israel evitavam o casamento e defendiam o celibato. Os essênios defendiam tal ponto de vista (*GJ*, de Josefo, 2.8.2 [2.120-1]; *Ant.* 18.1.5 [18.18-22]; *História Natural*, de Plínio, o Velho, 5.15.73; Filo em *Preparação para o evangelho,* de Eusébio, 8.11), assim como os *Therapeutae*, grupo de ascetas que vivia no baixo Egito. O argumento de que Jesus teria sido anormal se não tivesse casado vai de encontro à objeção de que Jesus era, de fato, bastante excêntrico. A preocupação com sua mãe (Jo 19.27) e a falta de preocupação com uma suposta esposa também levantam fortes objeções. Na realidade, não existem quaisquer evidências de que Jesus tenha sido casado.

OS IDIOMAS QUE JESUS FALAVA

Na época de Jesus, três idiomas figuravam de maneira proeminente na vida das pessoas. Embora a vida e os ensinamentos de Jesus tenham sido preservados no NT no idioma grego, a língua nativa de Jesus era o aramaico. Temos preservadas nos Evangelhos algumas das palavras e expressões aramaicas que usou: *Talita cumi!* ("menina, eu lhe ordeno, levante-se!", Mc 5.41); *Eloí, Eloí, lamá sabactâni?* ("Meu Deus! Meu Deus! Por que me abandonaste?", Mc 15.34); *Aba* ("Pai" [Mc 14.36; Gl 4.6; Rm 8.15]), *Cefas* ("Pedro" [Jo 1.42]); *Mamom* ("riquezas", na ARC; "Dinheiro" na NVI [Mt 6.24]); *Racá* ("tolo" [Mt 5.22]) e outros. É possível até mesmo ser mais específico e dizer que Jesus falava uma versão galiléia de "aramaico ocidental", diferente do aramaico falado em Jerusalém (Mt 26.73; cp. com At 2.7).

Parece que Jesus lia e falava hebraico. Embora se pensasse que o hebraico estava essencialmente morto no século I, a descoberta dos manuscritos do mar Morto revelou que o hebraico ainda era bastante usado em certos círculos. A habilidade de Jesus ler hebraico fica evidente em Lucas 4.16-20, quando Jesus lê a lição das Escrituras hebraicas na sinagoga de Nazaré. Algumas poucas palavras hebraicas foram também preservadas nos evangelhos: *Efatá!* ("abra-se!" [Mc 7.34]), *amen*[1] ("amém" [Mt 5.26; Mc 14.30]).

A terceira língua principal falada na Palestina era o grego. O impacto das conquistas de Alexandre, o Grande, no século IV a.C. resultou na transformação do Mediterrâneo no "mar grego" nos dias de Jesus. No século III, os judeus do Egito não podiam mais ler as Escrituras em hebraico, de modo que começaram a traduzi-las para o grego. Essa famosa tradução ficou conhecida como a *Septuaginta* (LXX). Como fora criado na "Galiléia dos gentios", Jesus viveu a apenas 5 ou 6 quilômetros da próspera cidade grega de Séforis. Pode até mesmo ter acontecido de ele e seu pai terem trabalhado nessa cidade metropolitana de rápido crescimento, que serviu como a cidade-capital de Herodes Antipas até o ano 26 d.C., quando ele mudou a capital para Tiberíades.

A existência de judeus "helenistas" (ARA) ou "gregos" (ARC) na igreja primitiva (At 6.1-6) sugere que desde o início havia judeus cristãos na igreja de Jerusalém cuja língua nativa era o grego (a NVI traz "judeus de fala grega", o que corrobora a idéia de que os vocábulos "helenistas" ou "gregos" revelavam basicamente sua língua, em vez de sua aparência cultural e filosófica). Dois dos discípulos de Jesus eram até mesmo conhecidos por seus nomes gregos: André e Filipe. Além disso, existem vários incidentes no ministério de Jesus em que falou com pessoas que não sabiam nem hebraico nem aramaico. Assim, a não ser que um tradutor estivesse presente (embora jamais tenha sido mencionada a presença de algum), sua conversação provavelmente se desenvolvia na língua grega. Jesus provavelmente falou grego durante as seguintes ocasiões: a visita a Tiro, Sidom e Decápolis (Mc 7.31s.), a conversa com a mulher siro-fenícia (Mc 7.24-30; cp. esp. com 7.26) e o julgamento diante de Pôncio Pilatos (Mc 15.2-15; cp. com a conversa de Jesus com os "gregos" em Jo 12.20-36).

Ao que parece, os judeus viviam num ambiente trilíngüe. Assim, embora a língua nativa de Jesus fosse o aramaico, ele provavelmente também era capaz de conversar em hebraico e em grego. Pode até mesmo ser o caso de ele se haver familiarizado com certos termos do latim devido à influência de Roma, de seus exércitos e de seus oficiais administrativos. Todavia, seria mais preciso dizer que, embora Jesus fosse um judeu trilíngüe, não era um professor trilíngüe.

[1]Nenhuma versão portuguesa traz *amen* nesses dois textos, contudo encontramos uma versão inglesa que traz, a *The Douay-Rheims Bible*. A *Vulgata Latina* também traz literalmente *amen* e mantém o aramaico [N. do E.].

Até que ponto Jesus era um homem instruído? Embora a educação seja altamente valorizada na literatura talmúdica, a educação judaica não era muito disseminada no século I. Como filho mais velho, Jesus tinha maior possibilidade de receber a educação formal. Contudo, João cita a aparente aprovação dos oponentes de Jesus: "Como foi que este homem adquiriu tanta instrução, sem ter estudado?" (Jo 7.15). Jesus sabia ler e isso é evidente em Lucas 4.16-21, no episódio em que ele lê as Escrituras na reunião do sabá em Nazaré. A passagem não canônica posterior encontrada em João 7.53—8.11 sugere que ele sabia escrever (Jo 8.6), mas é preciso julgar esse acréscimo do escriba com bastante critério. O fato de Jesus ser um homem instruído é óbvio. Ele se envolveu em debates com os líderes intelectuais (Mc 2.23-28; 3.1-6; 7.1-23; 10.2-12; 12.13-17,18-27,28-34; Lc 11.14-23); foi chamado "Rabi" ("Mestre", Mt 26.25; Mc 9.5; 11.21; 14.45; Jo 1.38,49; 3.2) e "Mestre" (Mc 4.38; 9.17,38; 10.17,20,35; 12.14) e, mais importante, ensinou na sinagoga (Mt 4.23; 9.35; Mc 1.21,39; 6.2; Lc 4.15,28,33,44; 6.6; 13.10; Jo 6.59; 18.20). Assim, embora não saibamos de que maneira Jesus recebeu sua instrução e educação, permanece o fato de que sua habilidade de ler, de debater as Escrituras e de responder perguntas relativas à exegese revela que era um homem instruído.

CONCLUSÃO

Os anos do silêncio de Jesus não desempenham papel importante na narrativa dos evangelistas sobre as boas-novas "de Jesus Cristo, o Filho de Deus" (Mc 1.1). A não ser por um único incidente no templo que envolva Jesus aos 12 anos de idade, as tradições disponíveis não se referem a esse período de sua vida. Isso se coloca em profundo contraste com evangelhos apócrifos como o *Evangelho da infância de Jesus,* de Tomé, e o *Proto-evangelho de Tiago*, que se deleitam numa releitura desse período da vida de Jesus por meio de especulações imaginárias de como deve ter sido o divino Filho de Deus.

O silêncio dos nossos evangelhos revela que esse período da vida de Jesus foi essencialmente normal e igual ao de qualquer outra criança, garoto, jovem e homem judeu. Não foi preservado nenhum ensinamento de Jesus dessa época e somente um evento foi registrado. Esse foi preservado devido à sua significância cristológica. Mesmo aos 12 anos, Jesus de Nazaré tinha uma consciência singular de sua filiação. Para Jesus, o templo de Jerusalém era a "casa de meu [e não nosso] Pai" (Lc 2.49). Por meio disso, Lucas indica que a filiação de Jesus, revelada na anunciação a Maria (Lc 1.32,35), foi confirmada durante os anos de silêncio. Sua derradeira manifestação, porém, esperou pelo batismo e o subseqüente ministério. Os Evangelhos não descrevem um processo de desenvolvimento no qual o bebê Jesus tenha gradualmente começado a perceber sua filiação e seu relacionamento singular com Deus. Eles são silenciosos sobre qualquer desenvolvimento psicológico ou religioso. O que os Evangelhos nos relatam claramente é que, já na idade de 12 anos, tal consciência estava presente.

Apesar do silêncio dos Evangelhos a respeito desse período da vida de Jesus, o significado desse período para a comunidade cristã é, todavia, bastante grande. O escritor de Hebreus argumenta que, por causa das experiências durante esse tempo, assim como durante seu ministério, Jesus é capaz de "compadecer-se das nossas fraquezas" porque "como nós, passou por todo tipo de tentação" (Hb 4.15). Desse modo, seus seguidores são convidados a se chegar a ele com confiança no momento da tentação e da necessidade. Uma vez que ele participou da condição humana (Hb 2.14), podemos ir a Jesus sabendo que ele realmente compreende as nossas tentações e fraquezas:

> Portanto, visto que temos um grande sumo sacerdote que adentrou os céus, Jesus, o Filho de Deus, apeguemo-nos com toda a firmeza à fé que professamos, pois não temos um sumo sacerdote que não possa compadecer-se de nossas fraquezas, mas sim alguém que, como nós, passou por todo tipo de tentação, porém, sem pecado. Assim, aproximemo-nos do trono da graça com toda a confiança, a fim de receber misericórdia e encontrar graça que nos ajude no momento da necessidade (Hb 4.14-16; cp. com 2.14-18).

REFERÊNCIAS BIBLIOGRÁFICAS

BARR, James. Which Language Did Jesus Speak? Some Remarks of a Semitist. *Bulletin of the John Rylands University Library of Manchester*, n. 53, p. 9-29, 1970.

BROWN, Raymond E. *et al.*, orgs. *Mary in the New Testament.* Filadélfia: Fortress, 1978. (*Maria no Novo Testamento.* Paulinas, 1985.)

FITZMYER, Joseph A. The Languages of Palestine in the First Century AD. *Catholic Biblical Quarterly*, n. 32, p. 501-31, 1970.

HARRISON, Everett F. *A Short Life of Christ.* Grand Rapids: Eerdmans, 1968, p. 51-65.

MEIER, John P. *A Marginal Jew:* Rethinking the Historical Jesus. New York: Doubleday, 1991, v. 1, p. 253-371. (*Um judeu marginal*: repensando o Jesus histórico. Imago Editora, 1996.)

6

O batismo de Jesus

A unção do Ungido

Sabemos pouco sobre Jesus durante o período que vai de sua visita a Jerusalém até seu batismo. É quase certo que José tenha morrido nesse período e que Jesus, como filho mais velho, tenha assumido o papel de liderança na família. Durante esse período, o povo judeu foi mais uma vez governado por um poder estrangeiro. A não ser por um pequeno período de independência, que durou de 142 a.C. a 63 a.C., os anos seguintes à queda de Jerusalém, em 587 a.C., foram de escravidão perpetrada por outras nações. A dominação da Babilônia de Nabucodonosor foi seguida pela dominação da Pérsia, depois da Grécia, do Egito ptolomaico, e da Síria selêucida. O breve hiato de independência sob o domínio dos macabeus e de seus descendentes chegou ao fim no ano 63 a.C., quando Pompeu comandou as tropas romanas que invadiram Jerusalém.

Roma fez diversas concessões ao povo judeu devido a tratados antigos estabelecidos entre os macabeus e Roma e atos subseqüentes de vários imperadores: os judeus não precisavam freqüentar rituais religiosos pagãos; podiam modificar os títulos divinos dados ao imperador; juravam lealdade ao imperador com votos religiosos próprios; faziam sacrifícios a Deus em favor de César em templo próprio, em vez de oferecer sacrifícios em seu favor num templo pagão; não precisavam adorar imagens do imperador; estavam livres do serviço militar, que envolvia a profanação do sábado e atos idólatras; podiam usar calendário próprio; podiam solicitar ajuda social em dinheiro, caso ela fosse distribuída de uma forma proibida por sua lei; podiam coletar donativos em outro dia se isso fosse feito no sábado ou num feriado judaico; estavam isentos de comparecer à corte no sábado; podiam cobrar dos homens judeus de todo o Império Romano uma taxa para o templo. E isso não era tudo.

Roma tinha razões adicionais para garantir tais concessões. Os líderes romanos queriam viver em paz com o povo judeu. Seu número, estimado entre 3 e 8 milhões, tornava-os uma minoria significativa. Aproximadamente uma em cada 14 pessoas do império (cerca de 7%) era judia. Todavia, apesar de tais concessões, muitos judeus da Palestina viviam descontentes. Para eles, uma "escravidão amigável" ainda era uma escravidão, e governos romanos ruins freqüentemente agravavam o problema. Como resultado, no ano 66 de nossa era, esse descontentamento levou a uma revolta aberta e à subseqüente destruição de Jerusalém.

A VINDA DE JOÃO BATISTA

Entre os anos 27 e 28 d.C., um homem de vestimentas estranhas apareceu perto do sul do rio Jordão. Ascético no que concerne à comida e estilo de vida (Mt 11.18; Mc 1.6), sua aparência causou grande turbulência entre o povo judeu. Isso aconteceu devido tanto às suas roupas quanto à sua pregação. Ele "vestia roupas feitas de pêlos de camelo, usava um cinto de couro" (Mc 1.6), o mesmo tipo de roupa usada pelo profeta Elias (2Rs 1.8). A similaridade da vestimenta levantou uma importante pergunta: como fora profetizado que Elias voltaria um dia (Ml 4.5; cp. com Mc 9.11-13), seria possível que esse homem fosse o Elias que retornara?

Sua pregação fortaleceu ainda mais essas especulações, pois sua poderosa mensagem era de arrependimento e julgamento, tal qual a dos profetas do AT: "Raça de víboras! Quem lhes deu a idéia de fugir da ira que se aproxima? Dêem fruto que mostre o arrependimento! [...] O machado já está posto à raiz das árvores, e toda árvore que não der bom fruto será cortada e lançada ao fogo" (Mt 3.7,8,10). Na compreensão de Jesus, João Batista cumpriu o papel do Elias que retornara (Mc 9.11-13). É claro que, quando lhe perguntaram se ele realmente era o profeta Elias ressuscitado dos mortos, João teve de negar (Jo 1.21).

Na época em que João estava batizando, existiam banhos rituais similares dentro da comunidade judaica. Entre os sectários de Cunrã, o banho ritual estava associado ao arrependimento (1QS 3.4-9; 5.13,14; 6.14-23), e entre o povo judeu havia a prática do batismo de prosélitos. A data exata do início dessa última prática é incerta. Embora pareça que tal batismo existisse já no final do primeiro século, não há evidência clara de que tenha existido na época do ministério de João. No entanto, existem algumas diferenças claras entre o batismo de João e esses outros dois rituais.

Esses outros ritos eram auto-administrados. Em outras palavras, os participantes não eram batizados por outra pessoa, mas por si mesmos. Quanto aos banhos rituais de Cunrã, diferentemente do batismo de João e do batismo de prosélitos, elas eram repetidas com regularidade. Uma importante diferença entre o batismo de João e o batismo judaico de prosélitos está em que este último era voltado exclusivamente para gentios — não judeus que queriam tornar-se judeus. Com a circuncisão e a oferta de um sacrifício, o batismo era parte de uma experiência de conversão. Em contraste, a mensagem de arrependimento de João era direcionada primariamente aos judeus: "Dêem frutos que mostrem o arrependimento. E não comecem a dizer a si mesmos: 'Abraão é nosso Pai'. Pois eu lhes digo que destas pedras Deus pode fazer surgir filhos a Abraão" (Lc 3.8). João certamente rejeitava a idéia de que alguém pudesse entrar no futuro Reino messiânico simplesmente por causa de algum de seus ancestrais. A questão de raça não era suficiente. Somente os arrependidos de Israel poderiam entrar no Reino.

A mensagem de João não era simplesmente de juízo final. O anúncio do esperado Reino messiânico acompanhou seu discurso escatológico de julgamento: "Depois de mim vem alguém mais poderoso do que eu, tanto que não sou digno nem de curvar-me e desamarrar as correias das suas sandálias. Eu os batizo com água, mas ele os batizará com o Espírito Santo" (Mc 1.7,8). O "mais poderoso" de quem João falava não era Deus, mas o Messias. Curvar-se e desamarrar as correias das sandálias de Deus não faria sentido. Chamado "o Batista" por causa de sua prática de batizar, João via a si mesmo como o antecessor do Messias e procurava preparar o povo para a chegada dele: "Eu sou a voz do que clama no deserto: 'Façam um caminho reto para o Senhor'" (Jo 1.23; cp. com Mc 1.2,3. Apesar do fato de, na experiência de Israel, o termo "deserto" estar associado à murmuração e desobediência, também era um lugar de revelação e cuidado providencial único. Conseqüentemente, as bênçãos da futura era messiânica eram freqüentemente vistas como um retorno ao "deserto" [Is 40.3; 48.20-22; Os 2.14,15; 12.9; 1QS 8.12-14]. Não está claro até que ponto João fora influenciado por tal pensamento. O que está claro é que ele se via como chamado para preparar as pessoas para aquele que estava para chegar. Assim, de acordo com Isaías 40.3, ele pregava no deserto).

Ao preparar o caminho daquele que viria, João batizou um povo arrependido. O exato relacionamento entre esse arrependimento e o batismo não é discutido nos textos bíblicos. A questão se eles poderiam ser separados um do outro nunca entrou na mente dos redatores bíblicos. A associação entre os dois era tão íntima que eram considerados partes da mesma experiência. Um arrependimento separado do batismo ou um batismo separado do arrependimento era inconcebível. O batismo de João é de natureza essencialmente "eclesiástica". Não se tratava sobretudo de uma experiência pessoal cumprida isoladamente pelo indivíduo, mas de um rito coletivo que implicava tornar-se parte de uma comunidade que esperava o Messias prometido. Desse modo, a experiência de arrependimento e o rito do batismo eram inseparáveis.

A impressão causada por João Batista era muito grande, ainda mais porque, na mente da maioria dos judeus, a voz profética estivera silenciosa por cerca de 400 anos. Os profetas e a presença do Espírito eram uma questão do passado:

> Saibam que seus pais em outros tempos e em outras gerações tinham ajudadores, profetas justos e homens santos [...] Também estávamos em nosso país e eles nos ajudaram quando pecamos e intervieram em nosso favor junto àquele que nos criou, uma vez que confiavam em suas obras. E o Todo-poderoso os ouviu e nos livrou de nossos pecados. Mas agora os justos foram reunidos, e os profetas estão dormindo. Também saímos de nossa terra, e Sião foi tomada de nós, e não temos nada agora a não ser o Todo-poderoso e sua Lei (2Baruque 85.1-3).

Quando os últimos profetas morreram, ou seja, Ageu, Zacarias e Malaquias, então o Espírito Santo cessou sua ação em Israel (*Tosefta Sota* 13.3; cp. com 1Mac 4.46; 9.27; 14.41; *Contra Apião*, de Josefo, 1.41).

Nessa época, algumas pessoas escreveram usando o nome de profetas e de santos dos tempos primitivos, quando o Espírito ainda agia. Eles esperavam obter mais atenção ao lançar mão disso. Conseqüentemente, um grande número de obras pseudo-epigráficas foi escrito durante esse período.

Embora a voz da profecia estivesse associada ao passado, ela também se associava ao futuro. Para muito judeus, o Espírito e os profetas voltariam um dia. Naquele dia, Deus visitaria seu povo e traria "a consolação de Israel" (Lc 2.25) e "a redenção de Jerusalém" (Lc 2.38). Estava chegando o tempo em que Deus se manifestaria de uma maneira nova e ainda maior ao seu povo. As promessas feitas aos patriarcas, a Davi e aos profetas seriam um dia cumpridas. Para muitos judeus, isso significava a chegada do Ungido do Senhor. Quando esse Messias chegasse, o Espírito Santo estaria presente mais uma vez. João disse aos seus ouvintes que, embora ele os batizasse com o batismo do arrependimento em preparação para aquele momento, o Messias que viria os batizaria "com o Espírito Santo e com fogo" (Mt 3.11).

Quando o Messias viesse, esperava-se que ele tanto julgasse o ímpio quanto libertasse o justo. A referência ao "fogo" na mensagem de João é mais bem compreendida como algo que envolve um julgamento negativo do descrente. Mateus e Lucas parecem interpretar isso dessa maneira quando fazem referência a esse julgamento de fogo antes (Mt 3.10) e depois (Mt 3.12) dessa frase. Muitos judeus compreendiam a chegada do julgamento messiânico como algo que envolvesse tanto a destruição dos inimigos quanto a restauração da grandeza de Israel. A sua chegada envolvia a retribuição e a redenção, a condenação e a libertação, o juízo e a justiça. Para o arrependido, o batismo do Messias estava associado ao dom do Espírito; para aquele que não se arrependesse, sua vinda traria o batismo do terrível julgamento. Quando isso acontecesse, todas as estradas levariam não a Roma, mas a Jerusalém.

Contudo Jesus sabia que seu ministério não traria o julgamento imediato das nações. Israel também não seria restaurado à sua grandeza anterior, como no tempo de Davi e Salomão. Para Jesus, o julgamento do mundo certamente aconteceria, mas não naquele momento. Tal julgamento envolveria não apenas os gentios (Mt 25.31-46), mas também Israel. Um julgamento mais imediato, porém, estava lançado sobre Israel (Mc 12.1-12; Lc 11.45-52; 19.41-44).

As ovelhas seriam separadas dos bodes com base em sua atitude para com Jesus. Um limite mais claro do cristão remanescente seria traçado com base na resposta das pessoas a Jesus. Em Israel, outros grupos falavam de tal separação, mas isso envolvia a separação do remanescente justo das "pessoas amaldiçoadas que não conheciam a Lei" (a perspectiva de certos fariseus) ou o isolamento dos filhos da luz dos filhos das trevas (os membros da seita dos essênios). Contudo, a vinda de Jesus traria à tona uma separação mais radical. Em sua compreensão, "muitos primeiros [seriam] últimos, e os últimos [seriam] primeiros" (Mc 10.31; cp. com Mt 20.16; Jo 9.39). Por meio de seu ministério, os coletores de impostos e os pecadores entraram no Reino, enquanto aqueles que pensavam desfrutar de uma posição preferencial no Reino não entraram (Lc 14.15-24). Como o Reino pertencia aos "pobres em espírito" (Mt 5.3), os que se consideravam "primeiros" estavam satisfeitos com sua justiça própria e excluíam a si mesmos dos cristãos remanescentes; os pecadores que reconheciam sua indignidade buscavam a graça e a misericórdia de Deus e entravam (Lc 7.36-50).

Para a maioria do judeus, o tempo que antecedeu a aparição de João Batista foi marcado pela ausência dos profetas de Deus e do Espírito. Agora, mais uma vez, havia um profeta presente em Israel. Ele falava da vinda do Espírito. À luz de tudo isso, não é de surpreender que sua aparição tenha criado grande entusiasmo. Esse homem seria Elias que voltara? Deus estaria visitando seu povo? A era messiânica estava prestes a começar? As pessoas daquela época estariam vivendo os "últimos dias"?

A menos de 16 quilômetros da região na qual João batizava estava uma comunidade próxima ao canto noroeste do mar Morto. Essa comunidade, Cunrã, apresentava alguns impressionantes paralelos com João Batista e sua pregação. Tanto João quanto Cunrã possuíam ascendência sacerdotal, enfatizavam a necessidade de arrependimento, tinham um "batismo" similar mas não idêntico, proclamavam um julgamento similar sobre os fariseus, eram ascetas em seu estilo de vida e viviam no deserto. Ainda mais surpreendente, porém, era o fato de que ambos tinham a mesma passagem bíblica como seu versículo-tema: "Uma voz clama: 'No deserto preparem o caminho para o SENHOR; façam no deserto um caminho reto para o nosso Deus" (Is 40.3; cp. com Mc 1.3 e 1QS 8.12-14). Entre os essênios de Cunrã (não está provado que a comunidade de Cunrã fosse essênia, mas isso é bem possível), também havia um senso de que o Espírito atuava entre eles.

Essas similaridades resultaram numa grande quantidade de especulação. Seria João Batista originariamente um membro da comunidade de Cunrã? Seus pais idosos teriam-no entregue para que fosse criado por aquela comunidade? Teria ele se desencantado com o ponto de vista da comunidade, segundo a qual Isaías 40.3 seria mais bem cumprido por viver separado das influências corruptoras da sociedade e pelo estudo da Lei? Escritores de ficção divertem-se com tais especulações. Os historiadores, porém, devem confessar que nada sabem sobre tudo isso. Sua proximidade uns com os outros faz com que seja razoável presumir que se conheciam, mas o estado atual das evidências não nos permite dizer qualquer coisa além disso.

O BATISMO DE JESUS

No ápice da carreira de João, veio à frente um candidato ao batismo diferente dos demais. O batismo de Jesus, realizado por João, é um dos eventos mais precisos na vida de Jesus. Ele é testemunhado tanto em Marcos e na fonte comum usada por Mateus e Lucas (Q) como também em João. Além do mais, a grande dificuldade que esse evento criou para a Igreja serve como prova de sua historicidade. Quem, na igreja primitiva, poderia ter criado uma narrativa na qual Jesus se tenha submetido a um batismo de arrependimento?

Por que razão Jesus experimentou o batismo de João é algo realmente perturbador. Teria sido porque ele também precisava de arrependimento pelos seus pecados, tal como o resto da multidão que ia ao batismo de João? Não existe menção nem mesmo indicação nos Evangelhos de que Jesus tenha ido até João motivado por um sentimento de culpa. O *Evangelho dos nazarenos*, escrito na primeira metade do século II, contém outra tentativa de explicação:

> Atenção, a mãe do Senhor e seus irmãos disseram a ele: "João Batista batiza para remissão de pecados; vamos a ele para que sejamos batizados". Mas ele disse: "O que fiz eu para que devesse ser batizado por ele, a não ser que, por dizer isso, eu esteja na ignorância?" (*ANT*, p. 13).

Aqui, Jesus é apresentado como alguém que se submete ao batismo de João devido à possibilidade de que pudesse ter pecado por ignorância.

Mateus refere-se à hesitação de João em batizar Jesus: "João, porém, tentou impedi-lo, dizendo: 'Eu preciso ser batizado por ti, e tu vens a mim?' Respondeu Jesus: 'Deixe assim por enquanto; convém que assim façamos, para cumprir toda a justiça'. E João concordou" (Mt 3.14,15). Para outros, submeter-se ao batismo de João implicava arrependimento e uma ruptura decisiva com o pecado para que a pessoa se tornasse parte do Reino de Deus. Mateus, porém, compreendia o batismo de Jesus como se envolvesse o cumprimento de "toda a justiça". Não está clara a exata razão pela qual Mateus disse isso. Certamente não queria dizer que Jesus estava se arrependendo de pecado. Provavelmente, era no sentido de seguir os caminhos que Deus revelara ser sua vontade. No caso de Jesus, ao se submeter a esse rito de iniciação identificou-se com a comunidade messiânica que João fundara. Convencido de que o ministério e o batismo de João eram divinamente ordenados, procurou aproximar-se desse movimento "justo".

A singularidade do batismo de Jesus é tal que, embora todos aqueles que o seguiram recebessem a ordem de ser batizados (Mt 28.19), em nenhum outro lugar do NT os cristãos disseram que, ao fazer isso, estavam seguindo os passos de Jesus. Diferentemente de mestres posteriores, que falam sobre "seguir Jesus no batismo", os autores do NT nunca se referem a seguir a Jesus dessa maneira.

O batismo de João implicava uma conversão que exigia ruptura radical com o passado por meio do arrependimento e da união à comunidade messiânica. Para Jesus, o batismo acarretou uma "conversão" no sentido de uma ruptura decisiva com seu passado e uma associação positiva dele mesmo com a comunidade do Reino. Significava deixar a quietude da oficina do carpinteiro para assumir a tarefa messiânica. Os "anos de silêncio" tinham chegado ao fim. Chegara o tempo de cumprir a missão para a qual ele havia nascido.

A dedicação à obra de seu Pai foi total. Mais tarde, ele se referiria à sua dedicação sacrificial por meio da morte como um batismo. Tendo sido questionado por Tiago e João quanto a privilégios especiais do Reino de Deus, Jesus respondeu:

> "Podem vocês beber o cálice que eu estou bebendo ou ser batizados com o batismo com que estou sendo batizado?" "Podemos", responderam eles. Jesus lhes disse: "Vocês beberão o cálice que estou bebendo e serão batizados com o batismo com que estou sendo batizado; mas o assentar-se à minha direita ou à minha esquerda não cabe a mim conceder" (Mc 10.38-40; cp. com Lc 12.50).

Não há certeza se isso implica que Jesus já sabia, na época de seu batismo, que sua tarefa messiânica acarretava a cruz. O que é certo é que, em seu batismo, Jesus se dedicou à vontade de Deus, mesmo que isso implicasse a morte. Jesus sabia o que acontecera aos profetas do AT. Ele sabia que a denúncia do pecado e o chamado ao arrependimento não seriam bem recebidos pela elite rica e religiosa. Desse modo, em seu batismo, Jesus se dedicou a um caminho que inevitavelmente levaria ao conflito e à perseguição (cf. Mt 5.12; 23.29-36; Lc 13.33,34). Aquele que, mais tarde, convidaria pessoas a tomarem a sua cruz e a segui-lo (Mc 8.34) selou tal compromisso em seu batismo.

As narrativas dos evangelhos apresentam três eventos incomuns ligados ao batismo de Jesus. O primeiro envolve o céu "se abrindo" (Mc 1.10). No segundo, lemos sobre "o Espírito descendo [sobre Jesus] como pomba" (v. 10). No terceiro, ouve-se uma voz vinda do céu (v. 11).

Não está claro se Marcos entendeu os céus se abrindo como um evento físico, como uma indicação de uma realidade teológica ou, ainda, ambos. É certo que, para ele, o evento foi, no mínimo, a demonstração da realidade teológica de que Jesus tinha acesso direto a Deus. O evangelista usa esse mesmo termo apenas mais uma vez — em 15.38. Ali ele escreve que, na morte de Jesus, "o véu do santuário rasgou-se em duas partes, de alto a baixo". Ao fazer isso, pode estar indicando a seus leitores que, com a morte de Jesus, eles também tinham agora acesso direto a Deus, de maneira similar.

Quando lemos sobre o espírito descendo sobre Jesus "como" uma pomba, a comparação expressa aqui não exige a presença de uma pomba de verdade. Uma das coisas que a era messiânica deveria trazer era a vinda do Espírito. João Batista até mesmo proclamou que, enquanto batizava as pessoas com o batismo do arrependimento, aquele que viria depois dele, aquele para quem estava preparando o caminho, traria um batismo associado ao Espírito (Mc 1.8). Contudo, antes que o Ungido pudesse conceder o Espírito aos seus seguidores, ele mesmo deveria ser ungido pelo Espírito (deve-se lembrar que *Messias*, *Cristo* e *Ungido* são simplesmente as palavras em hebraico, grego e português, com o mesmo significado).

A memorável importância dessa unção para Jesus e sua consciência de como essa experiência o levaria a um novo período em sua vida é evidente desde seu primeiro sermão em Nazaré. Ali, abrindo o rolo de Isaías, selecionou a seguinte passagem, em Isaías 61.1,2:

> O Espírito do Senhor
> está sobre mim,
> porque ele me ungiu
> para pregar boas-novas
> aos pobres.
> Ele me enviou
> para proclamar liberdade
> aos presos
> e recuperação da vista
> aos cegos,
> para libertar os oprimidos
> e proclamar o ano da graça
> do Senhor (Lc 4.18,19; cp. com At 10.38)

Depois de devolver o rolo a um dos oficiais da sinagoga, Jesus disse: "Hoje se cumpriu a Escritura que vocês acabaram de ouvir" (Lc 4.21). Em seu batismo, Jesus tinha consciência de que fora destacado para realizar uma tarefa divina. Servir a Deus em silêncio como carpinteiro em Nazaré era coisa do passado. O Espírito havia-o ungido, e sua missão messiânica tinha começado (note que, ao citar Isaías 61.1,2, Jesus excluiu a frase "o dia da vingança do nosso Deus". Ele não entendia sua missão como se envolvesse esse aspecto. Aquele dia, em que ele voltará como Filho do homem para julgar o mundo, ainda é futuro).

A terceira coisa que aconteceu no batismo de Jesus foi uma voz vinda do céu: "Tu és o meu Filho amado; em ti me agrado" (Mc 1.11). (Em Mt 3.17, a mensagem divina é relatada do ponto de vista dos leitores do evangelho: "Este é o meu Filho amado, em quem me agrado".) Várias tentativas têm sido feitas para se interpretar isso como o momento no qual Deus adota Jesus como seu Filho. Contudo, está bem claro que essa não é a maneira como os evangelistas entenderam aquela voz. Para João, Jesus era/ é o Filho mesmo antes da encarnação (Jo 1.1-4 é anterior a 1.14). Para Lucas e Mateus, Jesus era o Filho de Deus já no momento da concepção virginal (Lc 1.35,42-45; Mt 1.20-25). De maneira similar, para Marcos essas palavras não indicam uma mudança na situação de Jesus perante Deus. Ele não foi "promovido" em seu batismo. Em vez disso, a voz é uma afirmação de quem era Jesus e uma aprovação da parte de Deus, dizendo que Ele se agradara dos seus anos de silêncio. Não há dúvidas de que essa aprovação trouxe conforto durante as crises e os momentos de desânimo que Jesus experimentou em seu ministério.

Tem havido muita especulação sobre o relacionamento de Jesus com João Batista. Alguns sugerem que, no início, eles colaboravam um com o outro e pregavam uma mensagem similar de julgamento e batismo (cf. Jo 3.22-24; 4.1,2). Alguns até mesmo argumentam que Jesus era originariamente um discípulo de João Batista (tentativas de interpretar a referência de João sobre alguém que viria "depois de mim" [Mt 3.11; Mc 1.7; Jo 1.15,27,30] como alguém que viria "atrás de mim" ou seja, "como meu discípulo", são claramente má interpretação dessa designação temporal). Com o passar do tempo, porém, Jesus supostamente ficou desiludido com essa mensagem de juízo e trevas de João e começou a pregar, por sua conta, uma mensagem positiva de "boas-novas". A ruptura entre eles não foi tranqüila, e João viu Jesus como rebelde. Romantizar o texto dessa maneira é algo especialmente atraente para aqueles que enxergam um desenvolvimento evolucionista em tudo. Ninguém pode, contudo, criar a história.

Todas as evidências que temos indicam que João Batista e Jesus tinham ministérios independentes e se respeitavam mutuamente (Mt 14.12; Mc 9.11-13; 11.30; Lc 7.24-28; Jo 3.25-30; v. esp. Mt 11.2-15, onde lemos que, enquanto estava preso, João enviou discípulos a Jesus). Para Mateus, a mensagem dos dois é idêntica: "Naqueles dias surgiu João Batista, pregando no deserto da Judéia. Ele dizia: 'Arrependam-se, pois o Reino dos céus está próximo' " (Mt 3.1,2; cp. com 4.17; cp. tb. com Mc 1.14,15; Lc 4.18-21,43. Veja outras similaridades entre João Batista e Jesus comparando Mt 3.7 com 12.34, 3.8 com 7.16-20,

3.9 com 8.11,12, 3.10 com 7.19, 3.12 com 13.30, Lc 3.12-14 com 7.1-10,29 e Mt 21.31,32). Desse modo, embora alguns dos discípulos de João (diferentemente dos discípulos de Jo 1.35-42) tenham continuado como uma seita independente por vários séculos (At 18.24—19.7; *Reconhecimentos,* de Clementino, 1.53,54,60,63; *Homilias* 2.23,24; cp. com Jo 1.8,20,21-23; 3.25-30, que talvez deva ser entendido como direcionado contra os seguidores de João Batista que ainda estavam vivos enquanto o evangelho estava sendo escrito), não há evidências de que existisse qualquer coisa a não ser respeito entre João e Jesus durante seus ministérios concomitantes, mas independentes.

CONCLUSÃO

Com a vinda de João Batista, a voz da profecia foi ouvida mais uma vez em Israel. A seca espiritual dos quatro séculos anteriores havia chegado ao fim. Deus visitava seu povo mais uma vez. A mensagem de João, contudo, não era um fim em si mesma. O conteúdo e o destaque de sua mensagem eram o anúncio daquele que viria. Uma pessoa maior que o maior dos profetas do AT (Mt 11.9-11) estava presente em João Batista, mas um ainda maior estava por ali. João trabalhava a fim de preparar o povo para receber essa pessoa e foi seu privilégio batizá-lo. Embora mais tarde João tivesse perguntas referentes à situação messiânica de Jesus (Mt 11.2-6), a resposta de Jesus foi aparentemente satisfatória. Pelo menos dois evangelistas querem que entendamos o incidente dessa maneira.

Em seu batismo, Jesus começou seu ministério como o Ungido, o Cristo ou o Messias. "Eis o meu servo, a quem sustento, o meu escolhido, em quem tenho prazer. Porei nele o meu Espírito, e ele trará justiça às nações" (Is 42.1). Assim como profetas (1Rs 19.16), sacerdotes (Êx 29.7,21) e reis (1Sm 10.1) eram ungidos para realizar suas tarefas, do mesmo modo o Profeta-Sacerdote-Rei também foi ungido para o ministério. Jesus enfrentava agora a questão sobre como se cumpriria esse papel divino e que tipo de Messias ele seria. Isso seria resolvido no deserto.

REFERÊNCIAS BIBLIOGRÁFICAS

BADIA, Leonard F. *The Qumran Baptism and John the Baptist's Baptism.* Lanham: University Press of America, 1980.

BEASLEY-MURRAY, G. R. *Baptism in the New Testament.* Grand Rapids: Eerdmans, 1962.

DANIELOU, Jean. *The Work of John the Baptist.* Baltimore: Helicon, 1966.

FRANCE, Richard T. Jesus the Baptist? In: GREEN, Joel B, org. *Jesus of Nazareth: Lord and Christ.* Grand Rapids: Eerdmans, 1994, p. 94-111.

BEASLEY-MURRAY, G. R. Batismo. In: BROWN, Colin, org. *Dicionário Internacional de Teologia do Novo Testamento*. São Paulo: Vida Nova, 1989, v. 1, p. 259-66.

MEYER, Ben F. *The Aims of Jesus*. Londres: SCM Press, 1979, p. 115-28.

SCOBIE, Charles H. H. *John the Baptist.* Filadélfia: Fortress, 1964.

WEBB, Robert L. John the Baptist and His Relationship to Jesus. In: CHILTON, Bruce; EVAN, Craig A., orgs. *Studying the Historical Jesus.* Leiden: E. J. Brill, 1994, p. 179-229.

WINK, Walter. *John the Baptist in the Gospel Tradition.* Cambridge: Cambridge University Press, 1968.

WITHERINGTON, Ben, III. John the Baptist. In: GREEN, Joel B.; MCKNIGHT, Scot; MARSHALL, I. Howard, orgs. *Dictionary of Jesus and the Gospels.* Downers Grove: InterVarsity Press, 1992, p. 383-91.

7

A tentação de Jesus

A batalha iniciada, o caminho decidido

Intimamente associada ao batismo de Jesus, encontramos sua tentação. Marcos une esses dois relatos com um "logo após" (v. Mc 1.12), e Mateus, com um "então" (v. Mt 4.1). Lucas, porém, interrompe a seqüência com a genealogia de Jesus (Lc 3.23-37). Ele faz isso para confirmar a voz divina no batismo ("Tu és o meu Filho amado; em ti me agrado" — Lc 3.22), para mostrar que Jesus é verdadeiramente "filho de Deus" (Lc 3.38). Os longos relatos da tentação em Mateus (Mt 4.1-11) e em Lucas (Lc 4.1-13) contêm ecos do batismo de Jesus. Em ambos os relatos, a tentação inicia-se com a frase: "Se és o Filho de Deus..." e em ambos a tentação de se jogar do pináculo do templo começa da mesma maneira. Em todos os três evangelhos a narrativa indica que o Espírito, que Jesus recebera em seu batismo, é quem leva Jesus ao deserto.

Provavelmente, mesmo antes de os Evangelhos serem escritos, a narrativa do batismo e a da tentação estavam conectadas. Elas estavam associadas na tradição e, a não ser que se exclua o sobrenatural da vida de Jesus, não há razão para se negar a conexão histórica também. As narrativas não explicam por que a tentação foi necessária. Contudo, a decisão quanto ao tipo de Messias que Jesus seria teria de ser enfrentada logo no início de seu ministério. Em várias tradições religiosas, a iniciação (aqui, o batismo de Jesus) e a tentação freqüentemente andam juntas: "Filho, se te apresentar para servir ao Senhor [...] prepara tua alma para a provação" (*Sirach* 2.1). Uma confrontação inicial com seu principal adversário é, portanto, compreensível. Com o objetivo de despojar o reino de Satanás, Jesus teria de derrotá-lo (Mc 3.22-27), e resistir à tentação seria a primeira das derrotas de seu adversário (cf. Mc 1.21-28,39; 3.11; 5.1-20; 7.24-30; 9.14-29, e assim por diante).

A natureza das tentações de Jesus levanta a questão quanto à maneira pela qual os escritores dos evangelhos obtiveram essa informação. É evidente que Mateus e Lucas possuíam informação adicional, da qual Marcos carecia. Provavelmente, isso chegou por meio da fonte Q. Contudo, de onde a fonte Q e a Igreja antes de Q souberam disso? Na narrativa, apenas Jesus e Satanás estão presentes. Então, de que maneira a Igreja tomou conhecimento desse episódio?

O possível cenário no qual Jesus pode ter compartilhado esse detalhe de sua autobiografia espiritual seriam aqueles momentos de seu ministério quando experimentou tentações similares. Em diversas ocasiões, Jesus foi confrontado com a questão sobre que tipo de Messias ele seria. A sugestão de Pedro sobre uma missão sem a cruz (Mc 8.31-33), a entrada em Jerusalém (Mc 11.1-11) e a reação a alguns de seus milagres, tais como a alimentação dos 5 mil (Jo 6.1-15, esp. o v. 15 — "Sabendo Jesus que pretendiam proclamá-lo rei à força, retirou-se novamente sozinho para o monte"), são alguns exemplos de quando Jesus poderia ter compartilhado a perspectiva de seu messiado, forjada em sua tentação (cf. Mt 27.40-43; Mc 12.13-17; Lc 11.16; 16.19-31). A natureza messiânica das tentações, que se concentra na filiação singular de Jesus, mostra a improbabilidade de a experiência dos primeiros cristãos sobre a tentação e a provação terem criado esse registro.

A NATUREZA DAS TENTAÇÕES

Deve-se levantar a questão relativa à exata natureza das tentações que Jesus experimentou. Foram experiências interiores, que refletiam as lutas singulares de Jesus a respeito do tipo de Messias que ele seria? Seriam elas tentações universais que se abatem sobre qualquer ser humano? As tentações eram basicamente psicológicas ou visionárias em natureza? Eram totalmente subjetivas? Compreender as tentações dessa maneira não as tornaria, de modo algum, menos reais. Contudo a impressão geral, com base na leitura dos relatos, é que eram objetivas e envolveram eventos exteriores: um lugar real (o deserto e o templo em Jerusalém) e um tempo real, se não também simbólico (40 dias e 40 noites [cf. Gn 7.12; Êx 34.28; Dt 9.18; Jz 13.1; 1Rs 19.8; Sl 95.10]). Isso argumenta contra a idéia de que as tentações sejam apenas visões ou experiências totalmente subjetivas.

Contudo está claro que pelo menos uma das tentações implicou algum tipo de experiência visionária. A terceira tentação registrada em Mateus (a segunda em Lucas) envolveu o fato de Jesus ser levado a um monte ou lugar alto. Ali lhe foram mostrados os reinos e a glória do mundo (cp. com a visão que, de uma montanha, Moisés teve da terra prometida em Dt 3.27 e 34.1-4). É desnecessário dizer que não existe um "lugar" onde alguém possa ver, a olho nu, todos os reinos do mundo. Mesmo sem levar em conta a curvatura da terra, isso não seria humanamente possível. Essa tentação envolvia algum tipo de experiência visionária.

As tentações de Jesus não se encaixam perfeitamente em categorias como objetivas ou subjetivas, exteriores ou interiores. A sua natureza real e histórica não depende de se encaixar em tais categorias. Jesus verdadeiramente experimentou a tentação de Satanás no deserto. As tentações foram reais. Realmente vieram de Satanás e foram verdadeiramente experimentadas por Jesus.

OS RELATOS DA TENTAÇÃO

Existem três narrativas distintas sobre a tentação de Jesus. A narrativa de Marcos é a menor e consiste em um resumo feito em apenas dois versículos (Mc 1.12,13). As narrativas de Mateus e de Lucas são consideravelmente maiores (11 e 14 versículos, respectivamente). Ao contrário de Marcos, elas contêm uma descrição das três tentações específicas. A similaridade entre seus relatos sugere que eles usaram uma fonte comum (Q) para a composição desse material. A ordem das tentações, porém, é diferente. Ambos concordam sobre a primeira tentação — pedras transformadas em pão — mas, em Mateus, a segunda e a terceira tentações são o inverso da narrativa de Lucas.

A ordem das duas últimas tentações encaixa-se adequada e respectivamente nos propósitos teológicos dos dois evangelistas. O fato de Mateus terminar as tentações num alto monte não é surpresa. O primeiro sermão de Jesus acontece numa montanha. A transfiguração também acontece em "um alto monte" (Mt 17.1-13), e o evangelho termina com a grande comissão sobre uma montanha (Mt 28.16-20). Para Lucas, porém, a montanha é um lugar de oração e revelação (Lc 6.12; 9.28; 22.39,40), e seu interesse em Jerusalém e no templo (Lc 24.49; At 1.4; 6.8—7.60; 21.17—22.21) pode ter feito com que ele apresentasse por último a tentação do pináculo do templo, uma questão de ênfase.

Embora seja impossível ser dogmático com a ordem original dos relatos, a maioria dos estudiosos é favorável à ordem de Mateus. Isso colocaria as tentações "Se és o Filho de Deus..." lado a lado.

Depois de seu batismo, Jesus foi levado pelo Espírito ao deserto. Pelo fato de o Espírito Santo ter dado início às tentações, elas deveriam ser entendidas não como uma luta defensiva, mas como um ataque ofensivo a Satanás. O Reino de Deus havia chegado, e o governador dessa era maligna estava sendo agora desafiado. A localização desse conflito foi o deserto de Judá, no lado ocidental do mar Morto. O fato de Jesus ter ido para o deserto depois de seu batismo também sugere essa região.

O que é mais difícil de determinar é se o "deserto" deve ser visto de maneira positiva ou negativa. Deveria ser entendido negativamente, como um lugar de demônios (cf. 1QM 1) em que a criação fora amaldiçoada (Is 13.19-22; Ez 34.25; Lc 11.24-28), ou positivamente, como um lugar restaurado para uma nova criação pela chegada da era messiânica (Is 11.6-9; 32.14-20; 40.3; 65.25; Os 2.18; cp. com o paraíso de Gn 1.26-28)? A referência de Marcos quanto a Jesus estar "com os animais selvagens" (Mc 1.13) também pode ser entendida tanto positiva quanto negativamente. Será que reflete a hostilidade maligna do deserto? (Animais selvagens e demônios são colocados lado a lado no *Testamento de Issacar* 7.7; *T. de Naftali* 8.4; *T. de Benjamim* 5.2; animais selvagens são colocados em oposição a anjos em Sl 91.11-13). Ou essa expressão tinha o propósito de refletir a bem-aventurada tranqüilidade da criação restaurada no paraíso (cf. Gn 2.19)?

É mais provável que a designação "deserto" e a referência aos "animais selvagens" deva ser interpretada negativamente, como se denotasse a natureza caída da criação, agora dominada por Satanás, o governador desta era. A tentação de Jesus não aconteceu num paraíso restaurado. Tal restauração ainda era futura e aguardava sua vitória no deserto, em seu ministério, na cruz e em seu glorioso retorno como Filho do homem para concluir a história. Em vez disso, a tentação aconteceu no coração do domínio de Satanás, no deserto maligno cheio de animais selvagens e demônios. Embora não haja uma referência explícita, esses relatos relembram a queda de Adão.

Enquanto a primeira tentação acontece no deserto, existe uma mudança de cenário para a segunda e a terceira. A segunda acontece no pináculo do templo, e a terceira, sobre um alto monte (em Mateus). Não está claro se foi numa montanha específica ou se deve ser entendido como parte da visão. Se aconteceu numa montanha verdadeira, nem Mateus nem Lucas nos dizem qual foi. Se eles sabiam qual tinha sido a montanha real, consideraram seu nome de menor importância. Se não sabiam, Jesus (se a tentação for uma peça de autobiografia) não achava importante mencioná-la.

O SIGNIFICADO DAS TENTAÇÕES

"Se és o Filho de Deus, manda esta pedra transformar-se em pão" (Lc 4.3). Tanto em Mateus 4.2 quanto em Lucas 4.2 aprendemos que, depois de 40 dias no deserto, Jesus sentiu fome. Mateus explica que Jesus jejuava durante esse período, enquanto Lucas afirma que Jesus não comeu nada (cp. com o jejum de Moisés de 40 dias e noites [Êx 34.28; Dt 9.9-18,25]). Tal como na tentação original (Gn 3.1-7), esse desafio de Satanás implica o ato de comer. A pressuposição era a de que Jesus, como Filho de Deus, possuía a habilidade de realizar esse milagre. Isso é evidente tanto pelo desafio quanto pela resposta de Jesus, pois a réplica assume que ele poderia fazê-lo se o desejasse.

Naturalmente, não existe nada de errado em alguém buscar satisfazer sua fome. Quando satisfazer a fome, porém, conflita com o que Deus ordenou, é pecado. Ao citar Deuteronômio 8.3, Jesus mostra que compreendia que a vida era mais do que comida (Mt 6.25). A vida deve ser vivida em obediência à vontade de Deus conforme revelada na Palavra de Deus. Essa "palavra" Jesus compreendia como algo que estava nas Escrituras. Desse modo, nas três tentações, Jesus respondeu citando o AT.

Para Jesus, essa tentação envolveu a maneira como levaria adiante seu chamado e seu ministério. Não era uma tentação voltada na direção da imoralidade ou do pecado no sentido tradicional. Em vez disso, era um teste quanto ao tipo de Messias que Jesus seria. Tendo sido ungido pelo Espírito, possuía autoridade singular e poder para levar adiante sua missão messiânica. Usaria isso, porém, para seus próprios fins? Deveria ele viver de acordo com o mesmo requisito de fé e dependência de Deus como qualquer outra pessoa no Reino? Seu messiado seria uma desculpa para privilégios ou uma responsabilidade para servir? De que maneira poderia chamar os outros para segui-lo em obediência, em fé e em submissão a Deus se ele não estava disposto a fazer o mesmo?

A primeira tentação foi, portanto, um teste para saber se Jesus confiava que seu Pai supria suas necessidades básicas. Aquele que ensinaria seus seguidores a confiar em Deus e a orar a ele para obter o "pão de cada dia" (Mt 6.11) provou que também confiaria em Deus durante a tentação. Como nem mesmo Jesus "veio para ser servido, mas para servir" (Mc 10.45), deveria entregar sua vida a Deus em obediência tanto nesse momento quanto no futuro. Se Deus desejava prover o maná no deserto como fez para os filhos de Israel (Êx 16.4-21; cp. com Jo 6.30,31), então que assim fosse. Jesus não usurparia o governo soberano de Deus em benefício próprio.

"Se és o Filho de Deus, joga-te daqui para baixo" (Lc 4.9). Existe muito debate sobre o exato propósito dessa tentação. Alguns sugerem que foi uma tentação para executar um sinal espetacular a fim de fazer com que o povo de Israel o seguisse. Encontramos uma tentação assim durante o ministério de Jesus, quando seus irmãos o desafiam: " 'Você deve sair daqui e ir para a Judéia, para que os seus discípulos possam ver as obras que você faz. Ninguém que deseja ser reconhecido publicamente age em segredo. Visto que você está fazendo estas coisas, mostre-se ao mundo'. Pois nem os seus irmãos criam nele" (Jo 7.3-5; cp. com Jo 6.30; 1Co 1.22).

O problema dessa interpretação está em que não se menciona a presença de ninguém mais durante a tentação além de Satanás e Jesus. Se essa fosse uma tentação para realizar um milagre diante das pessoas, era de esperar a menção delas nessa narrativa (essa interpretação também é dada por alguns sobre a primeira tentação, mas a mesma objeção deve ser levantada: ali também não há menção de nenhum agrupamento de pessoas).

Em apoio ao seu desafio, Satanás aproveita a menção que Jesus faz das Escrituras em resposta à primeira tentação e cita Salmos 91.11,12: "Porque a seus anjos ele dará ordens a seu respeito, para que o protejam em todos os seus caminhos; com as mãos eles o segurarão, para que você não tropece em alguma pedra". Satanás usa a Bíblia para apoiar sua idéia. Ele torce o significado do texto e usa-o para seus propósitos (deve-se notar que o contexto e a substância da citação do AT não envolvem a realização de um sinal diante de pessoas com o objetivo de obter atenção).

A interpretação mais provável dessa tentação é que implica a ousadia de Jesus em fazer com que Deus o resgatasse. De todos os lugares possíveis, certamente Deus resgataria seu Filho no templo, onde Deus habitava de maneira tão proeminente. A natureza diabólica dessa tentação está em que ela seria uma ousadia perante Deus com base na "fé" que ele salvaria seu Filho depois que este pulasse do topo do templo (o significado exato de "parte mais alta" ou "pináculo" do templo é incerto).

Essa tentação provou ser muito comum para aqueles que seguiriam a Jesus. Nem sempre está claro se um "salto de fé" é um ato de verdadeira fé ou é colocar

Deus numa prova maligna. Isso vale também para aqueles momentos em que tal ousadia é chamada "testar as promessas de Deus". Como Jesus havia falado de uma necessidade de depender de Deus para o pão diário e de não usar seus poderes messiânicos para conseguir sustento, Satanás agora sugeria a Jesus que, se realmente quisesse depender de Deus, deveria pular do templo e "confiar" nas promessas de Deus quanto ao cuidado providencial.

Jesus reconheceu a tênue linha entre confiar em Deus para satisfazer as necessidades da vida e desafiar Deus a resgatá-lo de uma dificuldade criada artificialmente. A primeira ação seria um ato de fé, enquanto a segunda seria um desafio maligno e ousado diante de Deus. Jesus mais uma vez cita as Escrituras: "Não ponham à prova o SENHOR" (Dt 6.16). Mesmo como Filho de Deus, Jesus não desafiaria o Pai celestial. Tal atitude não seria um ato de fé; seria, pelo contrário, um ato de descrença. Aquele que tem fé no cuidado providencial de Deus não precisa "provar" isso desafiando a Deus. É exatamente por acreditar no cuidado do Pai que Jesus não precisava desafiá-lo. Se ele vivesse a vida de fé e obediência para a qual Deus o designara, então poderia descansar na certeza do controle amoroso de Deus sobre sua vida.

"Então, se me adorares, tudo será teu" (Lc 4.7). A última tentação é visionária por natureza. Jesus é transportado a um alto monte e são-lhe mostrados os reinos do mundo. Satanás daria tudo aquilo a Jesus se ele o adorasse. Como Jesus não desafiou a habilidade de Satanás a fazer tal oferta, presume-se que Satanás, como príncipe deste mundo, tinha o poder de fazê-la. Desse modo, a pergunta: "Satanás estava oferecendo a Jesus aquilo que ele não poderia dar?" deve ser respondida negativamente. Como Satanás é o governador da era presente, poderia oferecer aqueles reinos a Jesus. A questão sobre o que aconteceria no julgamento final com respeito a essa autoridade não era importante. No momento da tentação, Satanás afirmou que podia fazer isso e nem Jesus nem os evangelistas questionaram essa afirmação. Assim, os autores bíblicos viram isso como uma tentação real, não como um engodo de Satanás, uma tentativa de dar aquilo que não poderia.

Embora a filiação de Jesus não seja mencionada em nenhum momento dessa tentação, ela deve ser presumida, pois é mencionada nas duas primeiras tentações e também porque Satanás não faz essa oferta a qualquer pessoa, mas apenas ao Jesus de Mateus 1.1—4.7 e de Lucas 1.1—4.4, o Filho de Deus. Essa tentação resume-se à oferta de ganhar o mundo sem o "cálice" que Deus havia chamado Jesus a beber (Mc 10.38). Isso envolve uma solução política para os problemas do mundo. Se as necessidades básicas do mundo pudessem ser resolvidas por meio de ações políticas, esse seria o modo de agir de Jesus. Com os reinos do mundo em suas mãos, poderia eliminar do mundo a fome, a guerra, a injustiça, a pobreza, e assim por diante. Uma "solução sem cruz" resolveria tais problemas, e Jesus realizaria isso sem a necessidade de muito sofrimento de sua parte. Contudo, se a necessidade básica do mundo envolvesse perdão, reconciliação com Deus e salvação do julgamento futuro, então tal "vitória" de Jesus seria muito superficial. "Que adianta ao homem ganhar o mundo inteiro e perder a sua alma?" (Mc 8.36). Jesus via sua missão como o ato de salvar seu povo dos pecados (Mt 1.21), salvar o perdido (Mc 10.45) e levar seus seguidores ao paraíso (Lc 23.43). Para isso, ele precisava seguir o caminho que Deus lhe havia ordenado no seu batismo (Mc 10.38,39).

Jesus estava plenamente consciente de que qualquer direção ou caminho sugerido para seu ministério que negasse a Deus daria em nada. Ele aprendera: "Eu sou o SENHOR, o teu Deus, que te tirou do Egito, da terra da escravidão. Não terás outros deuses além de mim" (Êx 20.2,3). Ainda criança, aprendera a dizer: "Ouça, ó Israel: O SENHOR, o nosso Deus, é o único SENHOR. Ame o SENHOR, o seu Deus, de todo o seu coração, de toda a sua alma e de todas as suas forças" (Dt 6.4,5). Seu amor por Deus não permitia que ele levasse a sério outra opção. Você não pode servir ao mesmo tempo a Deus e às riquezas (v. Mt 6.24). Desse modo, a única resposta possível a essa tentação era: "Retire-se, Satanás! Pois está escrito: 'Adore o Senhor, o seu Deus, e só a ele preste culto' " (Mt 4.10).

Depois da última tentação, "o Diabo o deixou" (Mt 4.11). Lucas adiciona que "o Diabo o deixou até ocasião oportuna" (Lc 4.13). Alguns especulam que, com isso, Lucas quis dizer que Satanás não tentou ou desafiou verdadeiramente Jesus outra vez até o momento de sua prisão, julgamento e crucificação (cf. Lc 22.3,31,53). Contudo, embora tal confrontação direta por Satanás não tenha ocorrido outra vez até aquele momento, ele ainda estava ativo e tentou Jesus durante o período que culminou com a crucificação (Lc 8.12; 10.17,18; 11.14-22; 13.11-17; 22.28; cp. com Mc 4.15; 8.33). Com a partida de Satanás, Mateus afirma que os anjos ministraram a Jesus. O que se pode depreender disso é que lhe serviram comida (1Rs 19.4-8).

CONCLUSÃO

Em sua tentação, Jesus estabeleceu de uma vez por todas o tipo de Messias que ele seria. Não usaria seus poderes messiânicos em benefício próprio. Jesus rejeitou todos os conceitos políticos de messiado e, em especial, o caminho dos zelotes. Em vez disso, aceitaria o caminho do servo sofredor que Deus lhe reservara. Confiaria que Deus supriria suas necessidades diárias, do mesmo modo como ensinou seus seguidores a confiar em Deus. Experimentaria fome, hostilidade, tristeza e frustração, como as outras pessoas. Ao enfrentar a cruz, não usaria seus poderes messiânicos para promover o próprio resgate. Ainda que doze legiões de anjos estivessem a seu dispor, não as chamaria (v. Mt 26.53). Em vez disso, confiaria no cuidado providencial do Pai. Diria, imitado por milhões de seguidores: "Pai, nas tuas mãos entrego o meu espírito" (Lc 23.46). Ao rejeitar o caminho mais fácil, o autor e consumador de nossa fé escolheu a porta estreita e o caminho apertado que Deus colocara diante dele (Mt 7.13,14).

Há muito se levantam questionamentos se Jesus era realmente capaz de pecar. Normalmente tais questionamentos trazem consigo uma cristologia que prega o seguinte: "Como Jesus era Deus e como Deus não pode pecar, Jesus não era realmente capaz de pecar". Mesmo com a melhor das intenções, isso parece ser uma premissa teológica imposta sobre a vida de Jesus. Os autores dos Evangelhos não dão nenhuma indicação de que a "tentação" foi simplesmente uma questão de encenação por parte de Jesus. Eles vêem o confronto como uma "tentação" real. É impossível ler os relatos de Mateus e Lucas e imaginar os evangelistas pensando que, a qualquer momento, Jesus poderia ter dito: "Não me amole, Satanás, você sabe que não posso pecar!".

O escritor de Hebreus parece ter compreendido que havia uma possibilidade real de Jesus pecar. Presume isso quando diz que "tendo em vista o que ele mesmo sofreu quando tentado, ele é capaz de socorrer aqueles que também estão sendo tentados" (2.18) e que ele, "como nós, passou por todo tipo de tentação, porém, sem pecado" (4.15).

Nunca devemos separar esse evento da vida de Jesus de sua verdadeira humanidade. É melhor construir uma cristologia que abre espaço para uma verdadeira tentação e suas possibilidades que extirpar dos relatos bíblicos a verdadeira natureza da tentação desse evento com o objetivo de salvaguardar uma cristologia preconcebida.

REFERÊNCIAS BIBLIOGRÁFICAS

BAUCKHAM, Richard. Jesus and the Wild Animals (Mark 1.13): A Christological Image for an Ecological Age. In: GREEN, B., org. *Jesus of Nazareth: Lord and Christ.* Grand Rapids: Eerdmans, 1994, p. 3-21.

BEST, Ernest. *The Temptation and the Passion.* Cambridge: Cambridge University Press, 1990.

GERHARDSSON, Birger. *The Testing of God's Son.* Lund: CWK Gleerup, 1966.

HARRISON, Everett F. *A Short Life of Christ.* Grand Rapids: Eerdmans, 1968, p. 80-93.

JEREMIAS, Joachim. *New Testament Theology.* New York: Scribner's, 1971, p. 68-75. (*Teologia do Novo Testamento*. Teológica, 2004.)

MAUSER, Ulrich W. *Christ in the Wilderness.* Naperville: Allenson, 1963.

POKORNÝ, Petr. The Temptation Stories and Their Intention. *New Testament Studies*, n. 20, p. 115-27, 1974.

TWELFTREE, Graham H. Temptation of Jesus. In: GREEN, Joel B.; MCKNIGHT, Scot; MARSHALL, I. Howard, orgs. *Dictionary of Jesus and the Gospels.* Downers Grove: InterVarsity Press, 1992, p. 821-7.

8

O chamado dos discípulos

"Vocês serão minhas testemunhas"

Depois de ter sido ungido no batismo para desempenhar sua missão (v. cap. 6) e de ter estabelecido, no momento da tentação, o tipo de missão que assumiria (v. cap. 7), Jesus deu início ao seu ministério. Não existe nenhuma evidência bíblica de que ele tenha iniciado seu ministério em conjunto com João Batista ou sob a tutela dele. Os evangelhos sinópticos (Mc 1.14-20) e João (Jo 1.35-42) retratam o ministério de Jesus como independente. É bem provável que os ministérios de João e de Jesus tenham sido exercidos concomitantemente durante um pequeno espaço de tempo (Jo 3.22—4.3). Se foi isso o que aconteceu, então Marcos 1.14 ("Depois que João foi preso, Jesus foi para a Galiléia, proclamando as boas-novas de Deus"; cp. com Mt 4.12) é mais bem compreendido como declaração mais teológica que como registro cronológico. Marcos estava ciente de que o ministério de João continuou por um tempo (cf. Mc 6.14-29) mas, por meio dessa declaração, quis dizer aos seus leitores que a antiga aliança havia chegado ao fim com João Batista. Ele foi o último dos profetas do AT. Jesus, no entanto, inaugurou a nova aliança. João e Jesus pertencem a duas eras diferentes: o tempo da profecia e o tempo do cumprimento.

O ministério de Jesus é freqüentemente esboçado da seguinte maneira:

1. O ministério inicial na Judéia. Temos informações sobre esse ministério basicamente em João 2.13—4.43. Devido ao esquema geográfico usado por Marcos para estruturar seu evangelho (Galiléia, Mc 1.14—7.23; fora da Galiléia, Mc 7.24—9.50; Judéia, Mc 10.1—16.8), ele e os outros autores sinópticos não falam de um ministério inicial na Judéia. Contudo, existem indicações em seus relatos de que tal ministério realmente existiu (cf. Mc 10.46-52; 11.2-6; 14.3-9,13-16,49; Lc 13.34).

2. O ministério na Galiléia (cf. Mc 1.14—7.23 e paralelos).

3. O período de viagens (cf. Mc 7.24—9.50 e paralelos).

4. A jornada a Jerusalém e o ministério na Judéia (cf. Mc 10.1—16.8 e paralelos).

Esses períodos também são descritos como ano da obscuridade (1), ano do favor público (2) e ano da oposição (3 e 4).

Sempre existe o problema de tratarmos os Evangelhos como se fossem relatos estritamente geográficos ou cronológicos da vida de Jesus. Devido ao arranjo geográfico do material presente em seu evangelho, Marcos não pôde seguir um esquema estritamente cronológico, pois todo o material do evangelho associado à Galiléia teve de ser colocado em 1.14—7.23, e todo o material associado à Judéia e a Jerusalém precisou ser colocado em 10.1—16.8. Portanto, seu evangelho não abriu espaço para um ministério inicial na Judéia ou para viagens entre a Judéia e Jerusalém.

Às vezes, os materiais dos Evangelhos também são arranjados sob a forma de tópicos (cp. a alternância das histórias sobre Jesus feita em Mt 1—4, 8 e 9,11 e 12, 14—17, 19—22 e 26—28 com as falas de Jesus em 5—7,10,13,18 e 23—25. Perceba também de que maneira o material do Sermão da Montanha 5—7] está espalhado por Lc 6—16 e de que maneira Marcos relata coleções de curas [1.21-45, histórias de controvérsias [2.1—3.6], parábolas [4.1-34] etc.). Como resultado, embora seja provável que o ministério de Jesus tenha começado com uma breve missão na Judéia, continuado com uma mais longa na Galiléia e terminado com outra na Judéia, deve-se dizer que não há certeza sobre quando e onde certos incidentes ocorreram, e é preciso abrir espaço para eventos que não se encaixam nesse esboço esquemático.

De acordo com Mateus 4.13 (cp. Mt 9.1 com Mc 2.1), logo no início de seu ministério Jesus deixou Nazaré, sua cidade natal, e mudou-se para Cafarnaum.

Apesar de estar a apenas 5,5 quilômetros da grande cidade de Séforis — e não ser, portanto, uma vila rural e isolada —, Nazaré era menos central para a vida galiléia do que Cafarnaum, uma cidade muito maior que Nazaré. Era um importante centro comercial localizado numa estrada principal que ligava o leste ao oeste, uma grande rota de comércio. Provavelmente, Jesus se mudou para essa cidade porque ela seria uma base mais apropriada para seu ministério na Galiléia. Não há certeza se essa mudança ocorreu devido a uma recepção nada positiva de seu ministério em Nazaré (cp. Mc 6.1-6 com Lc 4.16-30).

O CHAMADO DOS DISCÍPULOS

Uma das primeiras ações de Jesus no início de seu ministério foi a de selecionar 12 discípulos. A passagem mais famosa que trata do apelo aos discípulos é encontrada em Marcos 1.16-20:

> Andando à beira do mar da Galiléia, Jesus viu Simão e seu irmão André lançando redes ao mar, pois eram pescadores. E disse Jesus: "Sigam-me, e eu os farei pescadores de homens". No mesmo instante eles deixaram as suas redes e o seguiram.
>
> Indo um pouco mais adiante, viu num barco Tiago, filho de Zebedeu, e João, seu irmão, preparando as suas redes. Logo os chamou, e eles o seguiram, deixando seu pai, Zebedeu, com os empregados no barco.

A impressão que se tem com essa passagem é a de que esse é o primeiro encontro entre Jesus e os quatro discípulos: Simão (Pedro) e seu irmão André, Tiago e seu irmão João. Em João 1.35-51, porém, descobrimos que já havia ocorrido outro encontro entre Jesus, Pedro e André (assim como com Natanael e Filipe). Assim, o chamado para abandonar a profissão e a família (Mc 1.17, 18) não atinge Pedro e André como um relâmpago surgido do nada, mas foi precedido de um encontro anterior e da convicção deles de que Jesus era o Messias (Jo 1.35-42). É possível que tenham acontecido mais encontros entre eles. A resposta de Tiago e de João (Mc 1.19,20) pode, por sua vez, ter-se baseado no testemunho de Pedro e de André.

Jesus chamou 12 homens para serem seus discípulos. A natureza simbólica desse número não é acidental. Os ouvintes de Jesus não poderiam deixar de notar esse número. "Doze" era um número que trazia à lembrança de qualquer judeu as 12 tribos de Israel. No tempo de Jesus, era do conhecimento comum que apenas duas tribos e meia haviam restado — as tribos de Judá, de Benjamim e a meia tribo de Levi. As outras nove tribos e meia perderam-se em 722 a.C., quando Samaria caiu e, por causa do exílio, ficaram espalhadas entre os gentios. Chegaria um tempo, porém, em que Deus visitaria seu povo e restauraria as 12 tribos de Israel. Nesse dia, o dia da salvação de Israel, as tribos perdidas seriam reunidas, e Deus estabeleceria seu Reino sobre a terra (cf. Is 11.10-16; 49.6; 56.8; Mq 2.12; Ecl. 48.10 e outras).

O chamado de Jesus aos 12 discípulos foi um ato simbólico que demonstrou visualmente o que proclamara oralmente: "O tempo é chegado [...] O Reino de Deus está próximo. Arrependam-se e creiam nas boas novas!" (Mc 1.15). Deus estava visitando o povo de Israel. A restauração das 12 tribos estava acontecendo. Para Jesus, porém, essa restauração não envolvia um reavivamento político da nação de Israel. Envolvia, sim, a experiência da presença divina e da chegada do Reino de Deus de uma maneira singular entre seu povo (v. cap. 9, subtítulo "Uma nova era").

OS NOMES DOS DISCÍPULOS

Encontramos três listas de discípulos nos evangelhos:

Marcos 3.13-19	Mateus 10.1-4	Lucas 6.12-16
Simão (Pedro)	Simão (Pedro)	Simão (Pedro)
	André, seu irmão	Seu irmão André
Tiago, filho de Zebedeu	Tiago, filho de Zebedeu	Tiago
João (Boanerges, "filho do trovão")	João, seu irmão	João
André		
Filipe	Filipe	Filipe
Bartolomeu	Bartolomeu	Bartolomeu
Mateus	Tomé	Mateus
Tomé	Mateus, o publicano	Tomé
Tiago, filho de Alfeu	Tiago, filho de Alfeu	Tiago, filho de Alfeu
Tadeu	Tadeu	
Simão, o zelote	Simão, o zelote	Simão, o zelote
		Judas, filho de Tiago
Judas Iscariotes	Judas Iscariotes	Judas Iscariotes

Existe uma quarta lista de discípulos em Atos 1.13, e, embora a ordem seja um pouco diferente, não há diferença nos nomes. Todas as quatro listas de discípulos consistem de três grupos de quatro nomes nos quais o primeiro nome de cada grupo é o mesmo (Simão [Pedro], Filipe e Tiago, filho de Alfeu). Porém é especulação concluir com base nisso que, durante o ministério de Jesus, os Doze estavam organizados em três grupos de quatro que, por sua vez, eram liderados por esses homens.

Um grande número de problemas surge com base nessas listas paralelas. Mateus e Marcos fazem referência a "Simão, o cananeu (ou cananita)" em suas listas, de acordo com a ARC, enquanto Lucas se refere a "Simão, o zelote" ou zelador na ARC. É fácil explicar essa diferença: "cananeu" é a palavra aramaica equivalente a "zelote". Considerando que Marcos e Mateus mantêm a descrição aramaica original, vemos que Lucas traduziu esse termo para o equivalente grego. Uma segunda diferença nas listas está em que Mateus e Lucas concordam, diferentemente de Marcos, em colocar o nome de André próximo ao de seu irmão (Pedro, André, Tiago, João), enquanto Marcos coloca os três discípulos mais destacados em primeiro lugar (Pedro, Tiago, João, André). Esse arranjo de Mateus e Lucas é perfeitamente compreensível. Faz mais sentido manter os dois grupos de irmãos juntos que separá-los e colocá-los no meio de outros conjuntos.

A maior dificuldade que encontramos nesses três relatos envolve as referências a "Tadeu" (Marcos e Mateus) e "Judas, filho de Tiago" (Lucas). Tem-se discutido que esses dois nomes se referem à mesma pessoa. Assim como o primeiro discípulo da lista tinha um nome hebraico (Simão) e um nome grego (Pedro), do mesmo modo esse discípulo foi chamado de Judas (o nome hebraico) Tadeu (o nome grego). Antes de se concluir de maneira simplista que essa é uma tentativa desesperada de harmonizar a dificuldade, deve-se observar que cinco dos nomes presentes na lista recebem qualificação: Simão (Pedro) e Simão, o zelote; Tiago, filho de Zebedeu, e Tiago filho de Alfeu; Judas Iscariotes. Quanto aos quatro primeiros homens, a qualificação (Pedro, zelote, filho de Zebedeu e filho de Alfeu) é dada para fazer distinção entre os dois homônimos (Simão e Tiago). Isso não é feito no caso de João, André, Filipe, Bartolomeu, Mateus e Tomé porque não precisavam ser diferenciados de outro discípulo com o mesmo nome.

Todas as referências a Judas, porém, são feitas por meio da expressão Judas "Iscariotes". Por quê? Se não havia outro discípulo com esse nome, não haveria necessidade de fazer isso. Ele poderia ser simplesmente conhecido como Judas. O fato de ser chamado Judas Iscariotes sugere que havia outro discípulo chamado

Judas (Judas, filho de Tiago). É bem possível que esse outro Judas tenha sido tratado por seu "último" nome — ou por seu sobrenome, Tadeu — por Mateus e Marcos por causa do estigma associado ao nome Judas (por exemplo, quantos cristãos hoje em dia dão a seus filhos o nome de Judas?).

Os 12 discípulos formavam uma estranha mistura de pessoas. Pedro, André, Tiago e João eram pescadores (Mc 1.16-20) e, aparentemente, também eram sócios (Lc 5.10). Havia dois grupos de irmãos (Pedro e André, Tiago e João — Mc 1.19; Jo 1.40). Aparentemente, Pedro, André e Filipe foram discípulos de João Batista (Jo 1.35-46; cp. com 1.28). Mateus, talvez também chamado Levi (cp. Mc 2.14 com Mt 9.9), era publicano, um coletor de impostos. Entre os judeus, os coletores de impostos eram desprezados e seu testemunho não era aceito numa corte judicial. Eram vistos como colaboradores que compravam dos opressores romanos o direito de coletar taxas dos compatriotas judeus. Seu lucro dependia da quantidade de taxas recolhidas e isso levou-os a extorquir seu próprio povo.

Havia também entre os discípulos um superpatriota: Simão, o zelote. Os zelotes desejavam derrubar o governo dos odiados romanos e esperavam ansiosamente o dia em que o jugo romano seria retirado do povo judeu. Não havia ilusões de que isso pudesse ser feito de maneira pacífica. Eles esperavam que isso acontecesse apenas por meio da revolução e da guerra. Bartolomeu é mencionado em todas as quatro listas de discípulos, mas não se sabe nada sobre ele. Tem-se sugerido que Bartolomeu e Natanael eram nomes diferentes para a mesma pessoa, mas isso é simplesmente impossível de ser demonstrado. Também não sabemos essencialmente nada sobre Tomé e Tiago, filho de Alfeu.

Embora tenhamos uma quantidade considerável de material relacionado ao papel que Judas Iscariotes desempenhou na traição de Jesus, não se sabe muito sobre seu passado. O termo "Iscariotes" tem passado por muita investigação, e há diversas interpretações sobre o que significa. A própria existência de tantas interpretações sugere que não encontraremos uma explicação convincente. Alguns acham que vem do termo *sicarii* (sicário). Eles eram zelotes assassinos que, com seus punhais (*sikarios* é uma palavra grega transliterada do latim *sica*, "punhal"), matavam aqueles que se opunham às suas aspirações revolucionárias. Outros sugerem que pode vir de uma palavra hebraica que significa "falso" ou de outra palavra hebraica que significa "libertar", unindo assim o termo ao ato de traição perpetrado por Judas. Talvez a explicação mais popular seja a de que Iscariotes vem da palavra hebraica *Ish* ("homem de") e *Kerioth* ("a cidade de

Queriote"). Desse modo, Iscariotes denota o lugar de origem desse discípulo (uma variação dessa interpretação entende "Queriote" como uma referência à cidade de Jerusalém). Se essa interpretação estiver correta, então Judas seria o único discípulo proveniente da Judéia, em vez da Galiléia.

A composição dos 12 discípulos testemunha a notável influência que Jesus exerceu sobre eles. Durante a maior parte de seu ministério, esses discípulos seguiram Jesus num relacionamento bastante próximo. Eles comeram, trabalharam e dormiram juntos. Embora houvesse eventuais explosões de rivalidade e ciúme entre eles (Mc 9.33-35; 10.35-45), sua capacidade de trabalharem juntos dia após dia, semana após semana, mês após mês testifica o maravilhoso poder transformador do amor de Jesus. Os irmãos Tiago e João eram chamados "filhos do trovão" devido ao seu temperamento belicoso (exemplos do temperamento explosivo que os dois possuíam podem ser vistos em Lc 9.51-56 e Mc 9.38-41). Contudo esses "filhos do trovão" foram, em grande parte, domados por Jesus. Um deles ficou até mesmo conhecido como discípulo do amor. Também havia entre os discípulos um traidor (o coletor de impostos Mateus) e um zelote revolucionário (Simão). O fato de eles poderem coexistir lado a lado por um grande período de tempo revela como Jesus pode mudar o coração de inimigos naturais e trazer reconciliação e paz. Jesus verdadeiramente demonstrou por meio da vida de seus discípulos que era capaz de quebrar as muralhas da hostilidade.

POR QUE JESUS ESCOLHEU 12 DISCÍPULOS?

Uma das razões de Jesus ter escolhido 12 discípulos já foi discutida: ela envolve o simbolismo do número. Com seu ministério, o tão esperado Reino de Deus havia chegado. A "consolação" (Lc 2.25) e a "redenção" (Lc 2.38) de Israel estava acontecendo naquele instante. Para simbolizar a reunião das dez tribos perdidas (lit. nove e meia) com Israel, Jesus escolheu 12 discípulos. Seu número e sua presença durante seu ministério foram uma proclamação visual de que o Reino de Deus realmente havia chegado.

Em Marcos 3.14,15, aprendemos sobre as duas outras razões de Jesus ter chamado 12 discípulos. A primeira foi "para que estivessem com ele". Foram selecionados para acompanhá-lo durante seu ministério. Ao fazer isso, aprenderiam tanto com ele quanto a respeito dele. Foram escolhidos unicamente para testemunhar suas ações e feitos e para entender bem seus ensinamentos (Jo 19.35; 21.24; At 5.32; 10.39-41 etc.). Somente se permanecessem com Jesus seriam capazes de observar quem ele era e de compreender plenamente os ensinamentos do evangelho que Jesus lhes confiaria.

A segunda razão de Jesus ter escolhido os Doze era para que se tornassem seus apóstolos, "enviados" para pregar sua mensagem e para ajudar em seu ministério de cura. Mesmo durante seu ministério, Jesus enviou os discípulos para representá-lo e para pregar que o Reino de Deus havia chegado (Mc 6.7-13,30; cp. com Lc 10.1-12). Os discípulos foram o fundamento sobre o qual Jesus construiria sua Igreja (Ef 2.20; cp. com Ap 21.14). Por meio do testemunho deles, a Igreja cresceria e se estabeleceria. Teriam a responsabilidade de passar adiante e preservar o testemunho oral dos ensinamentos e dos atos de Jesus (Lc 1.2). Naturalmente, é fato que o próprio Jesus é o fundamento final da Igreja (1Co 3.11), mas o NT também destaca que, num certo sentido, a Igreja está fundada na obra e nos escritos dos apóstolos.

A HISTORICIDADE DOS 12 DISCÍPULOS

Ataques contra a historicidade dos 12 discípulos têm sido muito constantes. Muitos argumentam que a idéia de Jesus ter escolhido conscientemente 12 discípulos foi uma criação da igreja primitiva, numa releitura da vida de Jesus. Encontramos apoio textual para isso no fato de que, fora os três relatos dos evangelhos sinópticos e aquele presente no livro de Atos (escrito por Lucas), não encontramos uma lista dos discípulos em nenhum outro lugar do NT. De fato, não encontramos nada sobre vários discípulos — Bartolomeu; Simão, o zelote; Tiago, filho de Alfeu; o posterior Matias — em nenhum lugar do NT e Tadeu/ Judas, filho de Tiago é mencionado apenas uma outra vez (Jo 14.22). No entanto, vários argumentos fortes podem ser dados em favor da historicidade desse grupo.

Um deles é o testemunho triplo de Mateus, Marcos e Lucas. Embora Mateus e Lucas estejam essencialmente repetindo a tradição que encontraram em Marcos, sua aceitação da tradição faz com que seja razoável presumir que essa lista não lhes era estranha. Pode até mesmo ser que Lucas pensasse que estava repetindo uma tradição que Teófilo já conhecia (Lc 1.4).

Além disso, a expressão "os Doze" é encontrada em três outros lugares no NT. Em cada um dos exemplos (At 6.2; 1Co 15.5; Ap 21.14) ela é usada no sentido técnico, sem explicação. Os escritores presumem que seus leitores/ ouvintes estavam familiarizados com a expressão. A referência feita por Paulo em 1Coríntios é essencialmente significativa pelo fato de ser encontrada sob forma de credo num período anterior a Paulo (note que Paulo "recebeu" essa forma de credo e a "transmitiu" aos coríntios quando estabeleceu a igreja ali [1Co 15.3-8] em 49 d.C.). Desse modo, a referência aos "Doze" que encontramos em 1Coríntios 15.5 é bastante antiga (alguns estudiosos acreditam que essa fórmula surgiu no final dos anos 30 do século I). As referências aos Doze sentados em 12 tronos a julgar as 12 tribos de Israel (Mt 19.28; Lc 22.30) também possuem uma forte declaração favorável à sua historicidade. É difícil acreditar que uma expressão assim tivesse sido criada pela igreja primitiva, quando ela sabia que Judas fora um dos Doze.

Dois argumentos adicionais podem ser levantados em apoio à historicidade dos Doze. Lucas registra em Atos que o primeiro ato da igreja primitiva foi escolher um substituto para Judas. A maneira despretensiosa com a qual Lucas registra esse incidente e o fato de o homem escolhido, Matias, não desempenhar um papel importante na igreja primitiva favorecem a historicidade desse evento. O mais forte argumento em apoio à existência de um grupo chamado de "os Doze" durante o ministério de Jesus é o fato de que um deles foi um traidor. É difícil conceber a idéia de a igreja primitiva criar uma história completamente fictícia sobre a escolha dos 12 discípulos por Jesus e, ao mesmo tempo, fazer com que um deles fosse traidor. A existência do traidor, Judas, está tão integralmente relacionada ao julgamento e à morte de Jesus que seu papel não pode ser negado.

CONCLUSÃO

Além da morte e da ressurreição de Jesus, provavelmente nenhum outro evento de sua vida possui maior significado ou teve conseqüências mais duradouras do que a escolha dos Doze. O próprio ato em si revela que Jesus via em seu ministério o cumprimento das promessas do AT. Pelo fato de o Reino ter chegado naquele instante e de Deus estar visitando seu povo, as promessas do AT estavam sendo cumpridas. Como veremos no próximo capítulo, a mensagem de Jesus envolvia uma dimensão realizável. Naquele momento, e não apenas num futuro próximo, o fim dos tempos havia chegado. Para Jesus, a expressão "naquele dia" fora transferida do futuro distante para o presente. O fato de ele escolher 12 discípulos ilustra isso.

A escolha e o treinamento dos Doze também revela que Jesus via sua obra e seu ministério como detentores de uma conseqüência duradoura. De acordo com alguns estudiosos, Jesus achava que a história chegaria logo a um fim e que, portanto, ele não poderia ter planejado uma "igreja" nem designado "apóstolos" para liderá-la. Contudo, parece ser mais sábio reverter esse raciocínio e concluir que, pelo fato de Jesus realmente ter escolhido e treinado 12 discípulos, vislumbrava um período de tempo anterior à consumação de todas as coisas. Como resultado, treinou Pedro, André, Tiago e João, bem como os outros, para liderar seus seguidores, a Igreja, durante esse período.

Muita discussão tem-se concentrado sobre a maneira pela qual Jesus ensinava seus discípulos. Teria ele ensinado de acordo com a forma que o *Talmude* afirma que rabinos ensinavam seus discípulos, usando às vezes a memorização por repetição? Tal procedimento choca-se radicalmente com o individualismo descontraído dos dias atuais. Argumenta-se que os discípulos de Jesus, diferentemente dos discípulos rabínicos, não eram seguidores de tradições e idéias, mas de uma pessoa. Contudo, isso certamente não os faria menos dedicados aos ensinamentos daquela pessoa. Independentemente da forma, isso faria com que os discípulos fossem ainda mais dedicados aos ensinamentos. Dentro do ministério de Jesus, encontramos até mesmo situações nas quais aqueles ensinamentos foram proclamados pelos discípulos. É difícil imaginar que, ao enviar os Doze para pregar (Mc 6.7), Jesus lhes tenha dito para dizer aquilo que sentissem ou qualquer coisa que lhes viesse à mente. Que tipo de discípulo teria preferido sua própria pregação e sua maneira de formular a mensagem divina no lugar daquilo que foi proclamado pelo próprio Mensageiro divino? A proclamação da mensagem de Jesus durante essa missão teria ajudado a fixar esses ensinamentos para sempre na lembrança.

Depois da ressurreição e da ascensão de Jesus, os discípulos constituiriam a liderança da igreja primitiva e seriam a garantia das tradições do evangelho. Para isso eles foram chamados e treinados. Foram chamados para pregar (Mc 3.14) e para supervisionar na condição de "testemunhas oculares e servos da palavra" (Lc 1.2). Existe, portanto, um sentido bastante real de que até hoje a Igreja está edificada sobre a obra fundamental dos Doze. Isso é real não apenas no sentido histórico, de que a igreja cristã hoje é descendente da igreja apostólica que eles fundaram, mas também porque os Evangelhos que a Igreja possui hoje são o resultado da preservação e da transmissão das tradições do evangelho "por aqueles que desde o início foram testemunhas oculares e servos da palavra" (Lc 1.2). Na tradição da Igreja, dois dos quatro evangelhos estão associados com os Doze (Mateus e João). Em todas as tradições da igreja primitiva, o evangelho de Marcos está associado com o apóstolo Pedro. Lucas afirma que seu evangelho é resultado de sua investigação tanto das obras escritas de outros autores quanto dos relatos orais baseados nas próprias testemunhas apostólicas (Lc 1.1-3). Assim, a Igreja hoje permanece fiel aos ensinamentos do evangelho, permanece edificada "sobre o fundamento dos apóstolos" (Ef 2.20).

REFERÊNCIAS BIBLIOGRÁFICAS

BEST, Ernest. *Disciples and Discipleship*: Studies in the Gospel According to Mark. Edinburgh: T & T Clark, 1986.

BLACK, C. Clifton. *The Disciples According to Mark*: Markan Redaction in Current Debate. Sheffield: JSOT, 1989.

BRUCE, Alexander Balmain. *The Training of the Twelve.* Edinburgh: T & T Clark, 1883.

HARRISON, Everett F. *A Short Life of Christ.* Grand Rapids: Eerdmans, 1968, p. 136-49.

HENGEL, Martin. *The Charismatic Leader and His Followers.* New York: Crossroad, 1981.

MEYE, Robert. *Jesus and the Twelve*: Discipleship and Revelation in Mark's Gospel. Grand Rapids: Eerdmans, 1968.

RENGSTORF, K. H. μαθητής. In: KITTEL, Gerhard, org. *Theological Dictionary of the New Testament.* Grand Rapids: Eerdmans, 1967, v. 4, p. 415-60.

SANDERS, E. P. *Jesus and Judaism.* Filadélfia: Fortress, 1985, p. 95-106.

WILKINS, Michael J. Disciples. In: GREEN, Joel B.; MCKNIGHT, Scot; MARSHALL, I. Howard, orgs. *Dictionary of Jesus and the Gospels.* Downers Grove: InterVarsity Press, 1992, p. 176-82.

_______. *The Concept of Disciple in Matthew's Gospel.* Leiden: E. J. Brill, 1988.

9

A mensagem de Jesus

"Chegou a vocês o Reino de Deus"

Os Evangelhos indicam que Jesus foi um mestre extraordinário. O termo "mestre" é usado por mais de 40 vezes para descrevê-lo, e o próprio Jesus usou esse termo para autodesignação (Mt 10.24,25; 23.8). O título aramaico *rabi,* presente nos Evangelhos, também é usado para descrevê-lo em 14 ocasiões. Embora Jesus não tivesse treinamento formal associado a esse segundo título, fez aquilo que os outros rabis faziam: ensinou nas sinagogas, proclamou a Lei divina (Mc 12.28-34), reuniu discípulos, era consultado para resolver disputas legais (Mc 12.13-17; Lc 12.13-21), debateu com os escribas (Mc 11.27-33), sentava-se enquanto ensinava (Mt 5.1; Mc 4.1), usou as Escrituras para apoiar o seu raciocínio (Mc 2.25,26; 10.5-9) e usou técnicas literárias para ajudar seus discípulos a memorizar seus ensinamentos. Contudo, havia um número significativo de diferenças entre Jesus e os outros rabis. Embora Jesus tenha ensinado nas sinagogas, muitas de suas "aulas" ocorreram em campo aberto e fora dos grandes centros urbanos. Seu público também incluía muitos considerados indignos dos ensinamentos rabínicos — mulheres, crianças, coletores de impostos e pecadores. O conteúdo de seus ensinamentos também era bastante diferente, como veremos a seguir.

Jesus foi um mestre extraordinário. Sem o uso da tecnologia de nossos dias, foi capaz de cativar seu público. Às vezes, suas habilidades como mestre atraíam multidões tais que elas lhe criavam um grande problema. Certa vez, precisou ensinar de dentro de um barco por causa do tamanho da multidão (Mc 4.1). As pessoas ficavam tão surpresas que se esqueciam das necessidades básicas da vida. Os milagres de alimentar 5 mil (Mc 6.30-44) e 4 mil (Mc 8.1-10) foram necessários parcialmente devido à sua grande habilidade como mestre. Nesses dois eventos, a razão de as multidões terem ido até Jesus foi para que pudessem ouvir sua mensagem. Não existe nenhuma referência à possibilidade de as multidões terem ido a ele por causa de seu ministério de cura ou de seus milagres.

Jesus foi um grande sucesso como mestre por diversas razões. Uma delas foi que, com ele, assim como com seu antecessor, João Batista, a voz da profecia foi ouvida mais uma vez em Israel depois de 400 anos (v. cap. 6, subtítulo "A vinda de João Batista"), e isso causou grande entusiasmo. As pessoas estavam convictas de que aquilo que Jesus dizia vinha de Deus. Em contraste com os outros mestres de sua época, Jesus trazia uma mensagem que não era derivada das tradições do passado. Ao contrário das práticas de citar as opiniões de outros mestres, Jesus dizia: "Em verdade vos digo" (traduzida na NVI por "Eu lhes garanto" ou "Eu lhes asseguro", entre outras formas). Outro fator que desempenhou um importante papel no sucesso de Jesus como mestre foi sua personalidade. As pessoas eram atraídas por Jesus por causa de quem ele era. Outro fator, freqüentemente desprezado, que fez de Jesus um grande mestre, foi a maneira entusiástica com a qual ele ensinava. Com o *quê* de sua mensagem divina e o *quem* de sua pessoa estava o *como* de seus ensinamentos.

Encontramos diversas formas literárias nos ensinamentos de Jesus. Ele usou vários tipos de poesia. Temos mais de duas centenas de exemplos de paralelismo poético nos Evangelhos: paralelismo sinonímico (Mt 7.7,8; Mc 3.24,25), paralelismo antitético (Mt 6.22,23; 7.17,18), paralelismo sintético (Mt 5.17; Mc 9.37), paralelismo quiasmático (Mt 23.12; Mc 8.35). Além disso, usou hipérboles (Mt 5.29,30,38-42; 7.3-5), trocadilhos (Mt 16.18; 23.24), símiles (Lc 13.34; 17.6), metáforas (Mt 5.13; Mc 8.15), provérbios (Mt 26.52; Mc 6.4), enigmas (Mt 11.11; Mc 14.58), paradoxos (Mt 23.27,28; Mc 12.41-44), *a fortiori* (Mt 7.9-11; 10.25), ironia (Mt 16.2,3; Lc 12.16-21) e contraperguntas (Mc 3.1-4; 11.27-33). Ele fez uso até mesmo de ações por parábolas ou ações figurativas em seus ensinamentos (Mc 2.15,16; 3.14-19).

A forma estilística mais famosa associada ao ministério de ensino de Jesus é a parábola. Encontramos nos evangelhos algo em torno de 55 a 75 parábolas, dependendo da maneira pela qual definimos certos discursos como metáforas, símiles ou parábolas. Durante os primeiros 18 séculos da Igreja, as parábolas foram interpretadas como alegorias, nas quais os detalhes individuais deveriam ser pesquisados para se encontrar seu significado. Hoje, elas são mais corretamente reconhecidas como metáforas estendidas, que tendem a ensinar um ponto básico. Às vezes, porém, os detalhes de uma parábola podem apresentar significância alegórica (Mt 13.24-30,36-43; 22.2-10; Mc 12.1-12). A chave para detectar detalhes alegóricos válidos consiste em perguntar se a platéia original de Jesus teria interpretado esses detalhes de igual maneira. Ao se fazer essa pergunta fica evidente que o anel (Lc 15.22) e o novilho gordo (v. 23) presentes na parábola do filho pródigo não podem ser referências ao batismo cristão e à ceia do Senhor, embora a vinha mencionada em Marcos 12.1-12 tenha sido interpretada como uma referência a Israel (Is 5.1,2).

As parábolas foram particularmente úteis para Jesus como ferramenta de ensino. As parábolas tendem a desarmar os ouvintes, pois o significado de uma parábola é freqüentemente percebido antes mesmo que os ouvintes possam negar a questão apresentada. Pode-se encontrar um excelente exemplo na parábola que Natã contou a Davi (2Sm 12.1-4). Antes de Davi poder se defender contra a questão envolvida na parábola, a flecha já havia atingido seu coração — "Você é esse homem!" (2Sm 12.7). É comum vermos Jesus usar parábolas numa tentativa de eliminar a hostilidade de seus ouvintes. A parábola da ovelha perdida, da moeda perdida e do filho perdido são bons exemplos disso (Lc 15.1-32).

As parábolas também foram uma maneira eficiente de Jesus apresentar ensinamentos potencialmente perigosos. Falar sobre a chegada do Reino de Deus naturalmente levantou preocupações a Pôncio Pilatos, o governador romano. Contudo, as declarações de que o Reino de Deus "é como um grão de mostarda" (Lc 13.18,19) ou "como o fermento" (v. 20,21) foram suficientemente enigmáticas a ponto de as autoridades políticas as considerarem inofensivas. Por meio de parábolas, Jesus podia falar sobre questões politicamente delicadas. O resultado foi que "vendo, [aqueles que estavam fora de seu círculo de seguidores] não vêem e, ouvindo, não ouvem nem entendem" (v. Mt 13.14). Mas para aqueles que estavam dentro da comunidade de crentes, tais ensinamentos eram explicados.

O conteúdo dos ensinamentos de Jesus concentrava-se na vinda do Reino de Deus. Jesus ensinou que, durante seu ministério, o Reino de Deus havia chegado. Com a chegada do Reino veio também uma nova intimidade com Deus e um novo poder que capacitaria seus seguidores a viver a ética do Reino.

UMA NOVA ERA: A CHEGADA DO REINO DE DEUS

Um ponto central do ensinamento de Jesus é a chegada do Reino de Deus. Marcos apresenta um resumo da mensagem de Jesus: " 'O tempo é chegado', dizia ele. 'O Reino de Deus está próximo. Arrependam-se e creiam nas boas novas!' " (Mc 1.15; cp. com Mt 4.23; Lc 4.42,43). As expressões "Reino de Deus", encontradas em Marcos e em Lucas, e "Reino dos céus", encontrada em Mateus ocorrem 84 vezes nos Evangelhos. Além da freqüência com que ocorrem, são encontradas em ensinamentos fundamentais como as bem-aventuranças, a oração do Senhor, a última ceia e nas principais parábolas. Apesar do papel importante que essa expressão desempenha na mensagem e no ministério de Jesus, existe uma grande confusão quanto ao que ele quis dizer com tal expressão.

No século XIX, era popular interpretar o Reino de Deus como uma referência ao governo espiritual de Deus na vida dos crentes. Era essencialmente não escatológico e pertencia a este mundo. O ponto central de sua operação era o coração humano. Com o passar do tempo, porém, ficou evidente que, entre os contemporâneos de Jesus e os escritores bíblicos, o Reino de Deus nunca fora compreendido como algo que acontecia no coração humano. Tal compreensão tinha pouco em comum com o século I. Era, pelo contrário, uma leitura dos ensinamentos de Jesus feita por motivações liberais no século XIX.

Outra perspectiva — que também negava o elemento escatológico em seu ensinamento — interpretava o Reino de Deus como político por natureza. Ao anunciar a chegada do Reino de Deus, Jesus era visto como alguém que buscava reunir o povo de Israel a seu lado numa tentativa revolucionária de vencer o governo romano. O que ele estava tentando fazer era estabelecer um governo político judeu, tendo Jerusalém como sua capital. Se não era um zelote, Jesus era pelo menos um simpatizante deles. Vários discursos de Jesus, porém, refutam tal perspectiva. Nenhum zelote teria dito: "Bem-aventurados os pacificadores, pois serão chamados filhos de Deus" (Mt 5.9) ou: "Dêem a César o que é de César e a Deus o que é de Deus" (Mc 12.17). O fato de os seguidores de Jesus não terem sido presos nem executados, mas terem recebido permissão de permanecer em Jerusalém e formar uma comunidade demonstra que Jesus não era visto pelas autoridades romanas e judaicas como um revolucionário político.

É impossível negar a dimensão escatológica do ensinamento de Jesus a respeito do Reino de Deus. Como resultado, os estudiosos tendem a se alinhar em campos que enfatizam esse elemento escatológico. Alguns afirmam que Jesus ensinou que, com sua aparição, o Reino de Deus fora agora "cumprido". O apoio a essa perspectiva pode ser visto em várias passagens:

> A Lei e os Profetas profetizaram até João. Desse tempo em diante estão sendo pregadas as boas novas do Reino de Deus (Lc 16.16).
>
> Ninguém põe remendo de pano novo em roupa velha, pois o remendo forçará a roupa, tornando pior o rasgo. E ninguém põe vinho novo em vasilha de couro velha; se o fizer, o vinho rebentará a vasilha, e tanto o vinho quanto a vasilha se estragarão. Ao contrário, põe-se vinho novo em vasilha de couro nova (Mc 2.21,22).

Nessas passagens, Jesus afirma que, de alguma forma, o Reino de Deus havia chegado. Não estava simplesmente perto, mas já estava ali. Estava sendo cumprido. A aliança que Deus fizera com Abraão, Isaque, Jacó e seus descendentes era agora "velha". O Reino de Deus havia chegado e, com ele, uma "nova" aliança.

Aliados ao discursos relativos à vinda do Reino de Deus estão outros discursos e ações de Jesus que revelam que ele via o Reino como uma realidade presente. Um desses grupos de discursos revela a compreensão que Jesus tinha de que, com sua chegada, as promessas do AT estavam sendo cumpridas. Um exemplo pode ser encontrado nas palavras de Jesus aos seus discípulos: "Felizes são os olhos de vocês, porque vêem; e os ouvidos de vocês, porque ouvem. Pois eu lhes digo a verdade: Muitos profetas e justos desejaram ver o que vocês estão vendo, mas não viram, e ouvir o que vocês estão ouvindo, mas não ouviram" (Mt 13.16,17). A Lei e os Profetas estavam sendo cumpridos na vinda de Jesus (Mt 5.17). Inúmeras promessas do AT estavam sendo cumpridas. Pode-se encontrar outro exemplo na resposta de Jesus a João Batista, quanto a ele ser verdadeiramente o Cristo:

> "Voltem e anunciem a João o que vocês estão ouvindo e vendo: os cegos vêem, os mancos andam, os leprosos são purificados, os surdos ouvem, os mortos são ressuscitados, e as boas novas são pregadas aos pobres; e feliz é aquele que não se escandaliza por minha causa" (Mt 11.4-6; cp. com Lc 4.18,19).

Em cumprimento às promessas do AT, o tempo havia chegado para que Deus visitasse os proscritos. O perdido, o rejeitado, o entristecido, os coletores de impostos e os pecadores estavam sendo chamados. As boas-novas do Reino estavam sendo proclamadas aos "pobres". Jesus revelou isso tanto por suas palavras quanto por meio de suas ações por parábolas. A comunhão de Jesus à mesa com os proscritos não era acidental. Fez isso porque procurava conscientemente cumprir as profecias do AT, como a de Isaías 61.1,2 (cp. com Is 29.18).

Outro sinal da chegada do Reino de Deus eram as curas e exorcismos realizados por Jesus. É de consenso geral que Jesus via seus milagres como expressões e evidências de que o Reino de Deus fora inaugurado. Ao expulsar demônios, o Reino manifestava a si mesmo. O exorcismo que Jesus executou não foi simplesmente uma antevisão do Reino futuro, mas a evidência de sua chegada. Depois de refutar a idéia absurda de que seus milagres eram satânicos em sua origem, Jesus declarou: "Mas se é pelo dedo de Deus que eu expulso demônios, então chegou a vocês o Reino de Deus" (Lc 11.20). A derrota de Satanás em tais exorcismos (Lc 10.19) deve ser compreendida como uma indicação de que o Reino prometido de Deus era uma realidade presente.

Os milagres de cura e exorcismo presentes no ministério de Jesus (Lc 4.31-41) também foram vistos pelos autores dos Evangelhos como intimamente associados à proclamação da chegada do Reino de Deus (Lc 4.42-44). A cura de um cego foi expressamente associada à chegada do Reino (Mc 8.22-26; 10.46-52; cp. com Is 29.18; 35.5; tb. com 61.1 na LXX). A multiplicação dos pães para o grupo de 5 mil e para o grupo de 4 mil pessoas foram amostras do partir do pão no Reino de Deus. Mais tarde, por meio de sua ressurreição, Jesus demonstraria de maneira ainda mais poderosa que o fim dos tempos havia chegado (1Co 10.11): o Reino havia chegado.

Ligados ao cumprimento de várias promessas do AT, encontramos certos ensinamentos e ações de Jesus que envolvem o que alguns estudiosos chamam "restauração" de Israel. Podemos incluir vários eventos nessa categoria: o chamado dos Doze (v. cap. 8, subtítulo "O chamado dos discípulos"), a oferta antecipada de salvação aos gentios (Mt 8.5-13; Mc 7.24-30; cp. com Mc 13.10; 14.9), o estabelecimento de uma nova aliança (v. cap. 15, subtítulo "O significado da ceia do Senhor"), o julgamento do templo (v. cap. 14, subtítulo "O significado desse evento"), a reunião dos proscritos no Reino.

Não encontramos nos ensinamentos de Jesus qualquer indicação de que ele considerasse que seu ministério traria o cumprimento das esperanças nacionalistas e militares dos judeus. Se a chegada do Reino de Deus for definida assim — que Jesus proclamou como a "restauração" de Israel — então, por definição, Jesus ensinou tal "restauração". Contudo, isso exigiria uma definição do vocábulo "restauração" de forma tão diferente da compreensão do judaísmo do século I que isso não mais significaria a "restauração" de Israel. Tal ensinamento de Jesus sobre a destruição do templo e a queda de Jerusalém simplesmente não faria qualquer sentido para os judeus que estivessem esperando a "restauração" de Israel no primeiro século.

Também é evidente que Jesus não via a si mesmo como um reformador religioso buscando restaurar a pureza da religião do AT. Em determinadas ocasiões, ele realmente buscou desfazer as práticas religiosas corruptas (v. Mc 7.1-23; 10.2-12; Mt 5.21-48), mas não via sua missão com o objetivo principal de purificar a adoração de Israel. Com sua chegada, a fé do AT, a aliança que Deus fizera com Israel, estava sendo cumprida e transcendida. O Reino de Deus havia chegado. Não era suficiente certificar-se de que o remendo velho estava sendo colocado na roupa velha e que o vinho velho estava sendo colocado em vasilhas de couro velhas (Mc 2.21,22). Aqueles dias haviam chegado ao fim. O Reino de Deus havia chegado!

Pareceria melhor, portanto, compreender a chegada do Reino de Deus como o "cumprimento" das promessas de Deus conforme encontradas no AT. Não há certeza de que existam indicações nos ensinamentos de Jesus de que algum dia, num futuro mais distante, haveria uma "restauração" nacional de Israel. O significado de passagens como Mateus 19.28 e 23.39, usadas freqüentemente para apoiar essa perspectiva, não é claro.

Contudo existem passagens nas quais Jesus ensina que o Reino de Deus envolvia algum evento futuro, algo que ainda não havia ocorrido:

> "Pai! [...] Venha o teu Reino" (Lc 11.2)
>
> Nem todo aquele que me diz: "Senhor, Senhor", entrará no Reino dos céus, mas apenas aquele que faz a vontade de meu Pai que está nos céus. Muitos me dirão naquele dia: "Senhor, Senhor, não profetizamos em teu nome? Em teu nome não expulsamos demônios e não realizamos muitos milagres?" Então eu lhes direi claramente: Nunca os conheci. Afastem-se de mim vocês, que praticam o mal! (Mt 7.21-23; cp. com Mt 5.19,20; 8.11,12; 25.31-46; Mc 14.25; Lc 13.22-30 etc.)

Jesus ensinou nessas passagens que o Reino de Deus era, de alguma maneira, ainda futuro — era um "ainda não". Em alguns exemplos, o Reino de Deus é até mesmo sinônimo de vida eterna (Mc 10.17,23; Jo 3.3-5,15,16). A expressão *escatologia consistente* é freqüentemente usada para descrever essa idéia.

De acordo com a compreensão de Jesus, um grande número de eventos-chave estavam no futuro. Os mais importantes eram a ressurreição dos mortos (Mc 12.18-27) e o julgamento final (Lc 10.13-15; 11.31,32). Esses eventos aconteceriam quando Jesus retornasse como Filho do homem para julgar o mundo (Mt 13.41-43; Mc 8.38; 13.24-27). Naquele dia, as ovelhas seriam separadas dos bodes (Mt 25.31-46). Isso significa bênção para os justos (Lc 6.20-23), mas condenação para o ímpio (Mt 7.21-23; Lc 6.24-26). Naquele momento, a história tal como a conhecemos chegará ao fim, o tempo se tornará eternidade e o Reino de Deus será consumado. Quanto ao exato dia em que isso acontecerá, Jesus confessou que nem ele nem ninguém mais sabe. Somente Deus sabe sobre aquele dia (Mc 13.32). Conseqüentemente, Jesus repreendeu toda especulação sobre o assunto (cf. At 1.6,7).

Uma grande confusão resultou da natureza figurativa da linguagem usada por Jesus para descrever os acontecimentos futuros. Sua previsão do julgamento sobre Jerusalém está cheia de linguagem metafórica que, quando interpretada literalmente, leva a grande confusão. Não é de surpreender que Jesus tenha usado o mesmo tipo de linguagem e de imagens para descrever os acontecimentos futuros divinamente planejados, do mesmo modo como fizeram os profetas do AT. Desse modo, mesmo quando Isaías usou terminologia cósmica (Is 13.9-11) para descrever a derrubada do Império Babilônico, causada pelos medos (Is 13.1, 17-19; 14.4,22), e quando Jeremias usou tal terminologia (Jr 4.23-28) para descrever o julgamento de Deus sobre Jerusalém (Jr 4.3,5,10,11,31), Jesus usou linguagem similar para descrever os eventos futuros. Por isso, nem sempre é fácil separar a profecia de Jesus sobre a destruição de Jerusalém (Mt 22.2-10; Mc 13.5-23; Lc 19.41-44) e do templo (Mc 13.2,14; Lc 13.33-35) no ano 70 d.C. dos eventos associados à consumação do Reino no final da história (Mc 13.24-27; Lc 21.25-36).

Às vezes, os proponentes da idéia de "realizado" negam a autenticidade das passagens dos Evangelhos que ensinam uma perspectiva "consistente", e os proponentes da compreensão "consistente" negam a autenticidade das passagens que ensinam a perspectiva "realizada". Contudo, alguém pode simplesmente optar por aceitar um conjunto de passagens em relação a outro conjunto. Ambas as perspectivas estão presentes nos ensinamentos de Jesus. A confusão causada pela presença do "já" e do "ainda não" é agravada pela nossa tendência de compreender o "Reino" como uma entidade estática e espacial. Se o Reino de Deus envolve a vinda de algum tipo de território ou reino, como Jesus poderia afirmar que ele havia chegado durante seu ministério? No entanto, se entendia o termo "reino" dinamicamente, a envolver um "reinado" de Deus, então poderia incluir tanto o presente quanto o futuro. Essa é, de fato, a maneira como o AT e o NT entendem o vocábulo (cf. Mt 6.33; 20.20,21; Lc 10.9; 17.21; 19.12-15; 23.42).

De acordo com Jesus, o Reino/ reinado de Deus havia chegado de maneira singular em seu ministério. O prometido Espírito já estava em ação (v. cap. 6, subtítulo "O batismo de Jesus"), e, depois da ressurreição, ele "batizaria" todos os seguidores de Jesus, no Pentecoste. As profecias do AT estavam sendo cumpridas. Uma nova aliança fora inaugurada (Mc 14.24); a ressurreição dos mortos estava prestes a começar (1Co 15.20,23). Contudo, a consumação final de todas as coisas ainda reside no futuro. A fé ainda não se transformara naquilo que vemos e a ansiedade da Igreja para se assentar no banquete messiânico (Mc 14.25) ainda era um futuro pelo qual se orava fervorosamente: "Venha o teu Reino" (Mt 6.10; cp. com 1Co 16.22; Ap 22.20).

É fundamental manter um equilíbrio entre o "já" e o "ainda não" do Reino de Deus. Quando a tensão entre eles é perdida e um aspecto é mais enfatizado em detrimento do outro, dois erros principais acontecem. Perder a perspectiva do "ainda não" leva a um entusiasmo triunfal que acaba transformando-se em desapontamento. O caráter decaído deste mundo e nossa natureza pecaminosa verão isso. Perder a perspectiva do "já", por sua vez, leva ao derrotismo e à mentalidade defensiva que impedem a expansão do evangelho por todo o mundo. Mantido na perspectiva adequada, o ensinamento de Jesus leva a uma evangelização otimista e agressiva, bem como a uma consciência de que, nesta vida, ainda somos "estrangeiros e peregrinos na terra" (Hb 11.13).

UMA NOVA INTIMIDADE: DEUS COMO *ABA*

Em oposição aos nomes tradicionalmente usados para descrever ou se referir a Deus (Yahweh, Elohim, Adonai), Jesus optou por uma expressão diferente e mais íntima: o termo aramaico *Aba* ("Pai"). O conceito de Deus como um "pai" não é totalmente desconhecido dos contemporâneos de Jesus. Ele é usado no AT em 15 ocasiões (p. ex., Dt 32.6; Sl 103.13; Is 63.16), seis vezes nos apócrifos e oito vezes nos pseudepígrafos. Também é encontrado nos manuscritos do mar Morto (1QH 9.35s. e 4Q372). Em comparação a isso, porém, o termo "Pai" é usado mais de 165 vezes nos evangelhos e é encontrado em todas as camadas da tradição do evangelho (Marcos, Q, M, L, João). Assim, enquanto a literatura do

AT e de outras fontes judaicas usam essa metáfora ocasionalmente em referência a Deus, ela era a maneira preferida de Jesus para se referir a Deus.

Há muito debate acerca da singularidade de *Aba* como tratamento para Deus. Do mesmo modo que a metáfora "Pai" é pouco usada na literatura judaica para descrever Deus, é usada menos ainda como forma de tratamento. Ela não é encontrada nenhuma vez como forma de tratamento no AT e aparece apenas cinco vezes nos apócrifos e nos pseudepígrafos juntos. Não há certeza de que o termo *Aba* fosse usado como tratamento para Deus nos dias de Jesus. Se isso aconteceu, foram casos raros, Jesus usou metáforas com freqüência, mas o uso particular do termo *Aba* foi singular. A palavra *Aba* é usada três vezes no NT:

> E dizia: "*Aba*, Pai, tudo te é possível. Afasta de mim este cálice; contudo, não seja o que eu quero, mas sim o que tu queres" (Mc 14.36)
>
> E, porque vocês são filhos, Deus enviou o Espírito de seu Filho ao coração de vocês, e ele clama: "*Aba*, Pai" (Gl 4.6)
>
> Pois vocês não receberam um espírito que os escravize para novamente temerem, mas receberam o Espírito que os adota como filhos, por meio do qual clamamos: "*Aba*, Pai". O próprio Espírito testemunha ao nosso espírito que somos filhos de Deus (Rm 8.15,16).

Os dois últimos exemplos são especialmente significativos porque indicam que as comunidades eclesiásticas de fala grega na Galácia e em Roma (e, sem dúvida, em todos os outros lugares) continuavam a tratar Deus como *Aba*, embora não falassem aramaico. Só pode haver uma explicação para isso: era a maneira que Jesus havia ensinado seus seguidores a tratar a Deus, e a Igreja valorizou tanto esse hábito que lhe deu continuidade, embora fosse vocábulo de uma língua estrangeira. Para ter certeza, colocaram-no ao lado de seu equivalente grego, mas oravam como Jesus lhes havia ensinado: "*Aba*, Pai [*patēr*]".

Essa prática recebeu força adicional porque Jesus — em resposta ao pedido dos discípulos conforme registrado em Lucas 11.1-4 — ensinou-lhes uma oração conhecida como pai-nosso, que os identificaria como seus seguidores. Essa oração começa tratando Deus como "Pai nosso, que estás nos céus" (Mt 6.9). A igreja primitiva entendia a oração do pai-nosso como uma oração de identificação, pois o indivíduo repetia pela primeira vez essa oração no dia de seu batismo, depois de tomar parte pela primeira vez na ceia do Senhor.

O vocábulo *Aba* tem sido entendido como uma palavra infantil que pode ser mais bem traduzida por "papai". Contudo, embora as crianças pudessem e realmente tratassem o pai por meio dessa palavra, os filhos maiores também o tratavam dessa maneira. Assim, a melhor tradução é "Pai". Os escritores do NT compreendiam o termo dessa maneira. Conseqüentemente, usaram a palavra grega *patēr* para traduzi-la.

Jesus usou esse termo (*patēr*) em seu relacionamento com Deus, considerando *Aba* sua forma de tratamento favorita (Mt 11.25-27; 26.42; Mc 14.36; Lc 10.21,22; 23.34, 36; Jo 11.41; 17.1 etc.). A única exceção aconteceu na crucificação, quando ele clamou: "Meu Deus! Meu Deus! Por que me abandonaste?" (Mc 15.34). Nesse exemplo, tanto a circunstância de morrer como servo do Senhor (Mc 10.45) e sua citação de Salmos 22.1 exigiu dele esse tratamento diferente.

Por todo o seu ministério e obra, Jesus permitiu que seus seguidores compartilhassem de um relacionamento íntimo similar com Deus. Jesus convidou seus seguidores a ver e a experimentar Deus não como o "motor imóvel", "a causa inicial" ou "a força", mas como o Pai celestial que se importava com eles e os amava (Mt 6.25-34). Todavia, Jesus tinha consciência de que existia uma diferença entre seu relacionamento e o de seus discípulos com Deus. Ele era Filho de Deus por natureza, enquanto seus seguidores entraram pela fé num relacionamento adotivo com Deus como filhos e filhas (cf. Jo 20.17).

Um dos princípios fundamentais do liberalismo do século XIX era a crença na paternidade de Deus. Muitos ainda hoje acreditam que Jesus ensina uma paternidade universal de Deus e a doutrina paralela da irmandade de todos os homens. O apoio para isso é visto no uso freqüente que Jesus faz da metáfora "Pai" para se referir a Deus. No Sermão da Montanha, por exemplo, Jesus usa a expressão "Pai" 16 vezes. Contudo, num exame mais detalhado, fica claro que Jesus não ensinou a doutrina da paternidade universal de Deus. Suas referências a Deus como "Pai de vocês" deve ser entendida à luz do fato de que Jesus não estava ensinando as multidões, mas os discípulos (Mt 5.1,2). De maneira similar, a oração do Senhor não é apresentada como uma oração geral que todas as pessoas, em todos os lugares, devam fazer. Em vez disso, trata-se de uma oração apresentada aos seus discípulos (Lc 11.1,2).

Jesus não ensinou a paternidade universal de Deus. Jamais esse relacionamento com Deus como Pai foi baseado por Jesus em alguma coisa que pudesse se aplicar a todas as pessoas, tal como é aplicável o fato de Deus ser o Criador de todas as coisas. Muito ao contrário, Jesus até mesmo descreveu algumas pessoas que tinham o Diabo como pai (Jo 8.44; cp. com Mt 12.34). Só por meio da fé nele esse relacionamento com Deus era possível. "Quem, pois, me confessar diante dos homens, eu também o confessarei diante do meu Pai que está nos céus. Mas aquele que me negar diante dos homens, eu também o negarei diante do meu Pai que está nos céus" (Mt 10.32,33; cp. com 11.27; Mc 8.38; Jo 14.6).

Recentemente, algumas pessoas argumentaram que o uso da metáfora "Pai" como designação para Deus perpetua não só uma visão masculina de mundo, mas também a opressão às mulheres. Segundo eles, os cristãos devem abster-se de usar tal linguagem "sexista" ou, se esse termo for mantido, garantir que a terminologia feminina seja usada com ele. Contudo, poucos cristãos (se é que existe algum) que se refiram a Deus como "Pai" inferiram com base nisso que Deus possui órgãos sexuais masculinos. A expressão é simplesmente uma metáfora para Deus, que é Espírito e, assim, não possui qualquer "órgão sexual" nem mesmo qualquer coisa que seja material.

Deixar de chamar Deus de "Pai" é rejeitar a maneira ensinada por Jesus para que seus seguidores se refiram a Deus. Afirmar que, hoje, Jesus seria suficientemente sensível ao apelo das mulheres a ponto de não usar essa metáfora é assumir o que, antes de tudo, precisa ser provado. A sugestão de não se referir a Deus como "Pai" rejeita o único título que sabemos que Jesus ensinou seus seguidores a usar ao tratarem com Deus.

A importância de manter a expressão *Aba* como a maneira mais importante de tratar a Deus pode ser vista da seguinte maneira. 1) Ela é *a* maneira que Jesus usou para se referir a Deus e *a* maneira que ensinou seus seguidores a tratar a Deus. Portanto, na ausência de qualquer outra ordem em contrário, os cristãos devem seguir os ensinamentos e o exemplo de Jesus. 2) A importância e o valor dessa metáfora na vida e no pensamento da igreja primitiva são vistos no fato de que eles continuaram a chamar Deus de *Aba*, embora essa fosse uma palavra estrangeira. 3) Quando a comunidade cristã ora e diz "nosso Pai..." está se unindo aos cristãos de todos os continentes e nações, raças e cores, línguas e dialetos que, por 2 mil anos, vêm testemunhando sua fé em Jesus ao orar dessa maneira. Seria muito triste se a igreja cristã abandonasse esse aspecto de sua herança.

UM NOVO CORAÇÃO: A ÉTICA DO REINO

Os ensinamentos éticos de Jesus começam com um chamado à decisão. Esse chamado aparece de diferentes formas nos Evangelhos: arrepender-se, seguir, acreditar, negar a si mesmo, tomar a cruz, reconhecer a Jesus, cumprir as palavras de Jesus, tomar o jugo, perder a vida, deixar a família, arrancar uma mão ou um olho, vender tudo e dar aos pobres etc. Para os coletores de impostos e os pecadores (os pobres de espírito), o chamado à decisão foi visto como algo cheio de graça. Não foi uma decisão forçada, mas tomada com alegria (Mt 13.44). Jesus, porém, encorajou aqueles que o queriam seguir a considerar o custo de tal decisão (Lc 9.57-62; 14.28-33), pois ele não acreditava que a graça e a bondade de Deus envolvessem uma "graça barata".

De certa forma, os ensinamentos éticos de Jesus parecem paradoxais. Eles são ao mesmo tempo novos e velhos, diferentes e iguais. Sua similaridade com o AT deve-se ao fato de que os ensinamentos éticos da nova e da antiga alianças estão baseados no caráter imutável de Deus: "De fato, eu, o SENHOR, não mudo" (Ml 3.6). Contudo, também existe uma diferença, uma novidade, nos ensinamentos éticos de Jesus. Com base numa enorme quantidade de ensinamentos e tradições éticas, ele apresentou uma brilhante seleção daquilo que é mais importante. Numa época em que os ensinamentos do AT já estavam incrustados com camadas de tradição e casuísmo, Jesus apresentou de maneira simples e clara a essência da ética e da moralidade. Ensinamentos que foram úteis nos primeiros anos do povo de Deus (os aspectos cerimoniais da Lei) eram agora suplantados pela chegada do Reino. A corporificação desse ensinamento aconteceu na vida de Jesus. Se alguém quisesse saber o que significava o amor, bastava olhar para Jesus.

Com uma nova clareza no exemplo e nas palavras, veio também a criação de um novo coração. Jesus trouxe o dom do Reino. Enquanto João Batista batizava seus seguidores como uma antecipação da nova era na qual o Espírito seria derramado sobre todos os crentes, Jesus trazia consigo esse Espírito. Presente em sua pessoa e em suas ações durante seu ministério, o Espírito Santo prometido viria sobre todos os cristãos no Pentecoste, resultando numa nova criação (2Co 5.17).

Não é surpresa descobrir que os ensinamentos éticos de Jesus têm uma forte relação de continuidade com o AT. Além do mais, disse ele, "não pensem que vim abolir a Lei ou os Profetas; não vim abolir, mas cumprir" (Mt 5.17). E ele via assim o resumo da responsabilidade humana: "'Ame o Senhor, o seu Deus, de todo o seu coração, de toda a sua alma, de todo o seu entendimento e de todas as suas forças [e] Ame o seu próximo como a si mesmo'. Não existe mandamento maior do que estes" (Mc 12.30,31; cp. com Lc 11.42; 15.18,21; 18.2). Pelo fato de ele estar fazendo uma citação direta do AT (cf. Dt 6.4,5; Lv 19.18), a estrutura recorrente "Vocês ouviram o que foi dito [...] Mas eu lhes digo", em Mateus 5.21-48, não deve ser entendida como uma rejeição aos ensinamentos do AT. Em vez disso, Jesus destacava várias implicações desses mandamentos.

A obediência externa e o cumprimento dos mandamentos do AT devem ser acompanhados por uma atitude interna correspondente. Não é suficiente estar preocupado quanto a limpar a parte externa do copo; é preciso preocupar-se com a limpeza do interior (Mt 23.25,26). Comportamento adequado destituído de pureza de motivação resulta em sermos pouco mais do que uma bonita sepultura num cemitério. Na superfície, tudo é bonito, mas debaixo da terra estão os ossos e todo tipo de imundície (Mt 23.27,28).

Várias tentativas têm sido feitas para se sistematizarem os ensinamentos éticos de Jesus. Na maioria das vezes, ocorre a concentração em apenas um aspecto de seus ensinamentos, excluindo ou negligenciando os outros. As mais influentes tentativas são as interpretações católica, utópica, luterana, liberal, ética provisória e existencialista.

A interpretação católica. Essa linha entende que Jesus ensinava uma ética de dois níveis. O primeiro nível envolve uma ética que todos os cristãos devem seguir, tal como os Dez Mandamentos, os vários mandamentos de amor e a regra de ouro. O segundo nível é um "conselho evangélico", que os mais dedicados podem querer seguir. Isso envolve mandamentos tais como vender todas as posses, abandonar a família e rejeitar o casamento. Enquanto no catolicismo romano isso leva a uma diferenciação entre os leigos e o clero, no protestantismo conduz a distinções tais como ser justificado *versus* ser santificado, nascido de novo *versus* ser batizado pelo Espírito, ser um cristão carnal *versus* ser um cristão vitorioso, ter Cristo no coração *versus* tê-lo assentado no trono do coração e reconhecer a Jesus como Salvador *versus* reconhecê-lo como Senhor.

A interpretação utópica. Aqui, os ensinamentos de Jesus são vistos como algo direcionado a todos os cristãos com a intenção de formar uma nova sociedade de amor e paz sobre a terra. Normalmente, certos mandamentos são enfatizados: não julgue; afaste-se das intrigas; pratique a humildade; não faça juramentos; evite o casamento; rejeite instituições tais como polícia, exército, sistemas judiciais e autoridade civil.

A interpretação luterana. Essa interpretação vê os ensinamentos de Jesus como uma exigência inflexível rumo a uma perfeição ética inatingível. Os ensinamentos de Jesus, assim como os mandamentos do AT, são (de acordo com os ensinamentos de Paulo) simplesmente impossíveis de serem cumpridos. Qualquer tentativa séria de cumpri-los pode levar apenas à culpa e ao desespero. Mas esse é o propósito deles pois, em nosso desespero, somos levados a buscar a graça de Deus. Os ensinamentos éticos de Jesus não têm como objetivo levar à justiça pessoal.

A interpretação liberal. De acordo com esse ponto de vista, os ensinamentos de Jesus buscam implantar uma nova atitude dentro de nosso coração. Jesus não estava interessado em explicar leis ou mandamentos específicos. Isso só levaria ao legalismo. Jesus estava muito mais preocupado com aquilo que seus seguidores deveriam *ser* que com aquilo que eles deveriam *fazer*. Portanto a pessoa deve se preocupar em seguir os ensinamentos de Jesus que se concentram na condição interior do coração, em vez de naqueles que tratam de um comportamento exterior específico. Ações corretas fluirão de um coração cheio de amor.

A interpretação da ética provisória. Disseminada por Albert Schweitzer, essa interpretação vê os ensinamentos de Jesus como se envolvessem uma ética interina, emergencial. Essa ética temporária existe para o pequeno período de tempo que resta antes do fim da história. Como resultado da brevidade do tempo restante, não existe tempo para se preocupar quanto a buscar justiça nos tribunais, ficar preocupado com o casamento, resistir ao mal, e assim por diante. Schweitzer foi mais além e adiciona que, como o fim não chegou, a ética dos ensinamentos de Jesus estava errada. Eles representam um idealismo impraticável. Todavia, adicionou Schweitzer, a singularidade do foco e da dedicação heróica de Jesus a tal ética ainda pode ser admirada.

A interpretação existencialista. De acordo com esse ponto de vista, a ética de Jesus não consiste em um sistema de regras, mas em um chamado à decisão. É uma ética na qual o indivíduo é continuamente confrontado com a exigência de Deus e com o chamado a uma decisão total e radical. Desse modo, os ensinamentos de Jesus objetivam levar o homem a uma obediência radical que não precisa de mandamentos específicos nem de orientação.

Avaliando as interpretações. Embora essas interpretações compreendam vários aspectos dos ensinamentos éticos de Jesus, todas fracassam na tentativa de compreendê-los inteiramente.

A interpretação católica perde de vista o fato de que Jesus não chamou as pessoas a um discipulado de dois níveis. Pelo contrário, ele disse: "Se alguém quiser acompanhar-me, negue-se a si mesmo, tome a sua cruz e siga-me" (Mc 8.34) e "Se alguém vem a mim e ama o seu pai, sua mãe, sua mulher, seus filhos, seus irmãos e irmãs, e até sua própria vida mais do que a mim, não pode ser meu discípulo" (Lc 14.26). A conveniência dos dois estágios é mortalmente atingida diante dessas palavras.

A interpretação utópica afunda diante do fato de que Jesus jamais rejeitou o papel do governo civil na vida do cristão (Mc 12.13-17). Do mesmo modo, quando os vários ensinamentos usados em apoio a essa perspectiva são interpretados adequadamente à luz de sua forma literária (como hipérbole ou como metáfora), eles não mais apóiam essa interpretação.

A interpretação luterana entende corretamente que, tal como Paulo, Jesus ensinou que a vida de fé começa e se apóia na graça. Porém, ela perde de vista o fato de que esses ensinamentos éticos — que supostamente deveriam levar-nos na direção da graça — são direcionados àqueles que estão experimentando a graça de Deus e são seguidores de Jesus. O Sermão da Montanha, por exemplo, é direcionado àqueles que já eram discípulos (v. Mt 5.1,2).

De maneira similar, a interpretação liberal parece ignorar que, para Jesus, fazer e ser são coisas que andam lado a lado. A separação entre as ovelhas e os bodes no julgamento final (Mt 25.31-46) não se baseia no que a pessoa *é*, mas no que ela *faz*. "Toda árvore boa dá frutos bons, mas a árvore ruim dá frutos ruins [...] Assim, pelos seus frutos vocês os reconhecerão!" (Mt 7.17,20).

A interpretação da ética provisória não faz justiça ao fato de que Jesus baseou seus ensinamentos éticos na Criação (Mc 10.6-9), nos mandamentos do AT (Mc 7.9-13) e no caráter de Deus (Lc 6.36), em vez de baseá-los numa crise iminente.

Embora Jesus tenha ensinado a necessidade de uma decisão radical, não deixou seus seguidores sozinhos. Estava preocupado em guiar os discípulos que optassem por tal decisão para que soubessem como uma vida de obediência radical deve ser vivida. Desse modo, os ensinamentos éticos de Jesus não podem ser vistos como exigências de uma decisão sem conteúdo — como no caso da interpretação existencialista — pois ele acreditava que uma vida de obediência radical exigia orientação e direção. Como resultado, ministrou ensinamentos éticos que fornecem a direção para esta vida.

A interpretação do Reino. Para compreender os ensinamentos éticos de Jesus, devemos reconhecer que seus ensinamentos sobre o comportamento ético estão intimamente ligados à vinda do Reino de Deus. Como o Deus do Reino é o Deus de Abraão, Isaque, Moisés e os profetas, devemos esperar a continuidade dos ensinamentos éticos que Deus deu ao seu povo no AT. Esses ensinamentos baseiam-se no caráter moral do próprio Deus. Como resultado, a santidade ética na nova aliança corresponde à da antiga aliança. Contudo, com a chegada do Reino, a obtenção dessa santidade tem sido melhorada por causa do "já". Com a chegada do Reino de Deus, a "infância" da antiga aliança dá lugar à maturidade da "vida adulta" na nova aliança. Desse modo, certos ensinamentos relativos a coisas puras/ impuras dão lugar à liberdade (e à responsabilidade) encontradas na nova aliança (Gl 4.1-7). Embora tenha sido abordado de maneira inicial por Jesus (Mc 7.14-23), isso se tornaria mais claro para a Igreja depois da ressurreição (Rm 14.1-23; At 10 e 11).

No ministério de Jesus, é apresentada uma compreensão singular da graça e do amor de Deus. Agora se vê, como nunca antes, o que significa amar os proscritos, os pecadores e os inimigos. O chamado aos discípulos para que vivam como filhos de Deus é apoiado pela ciência que eles agora têm de que realmente são seus filhos e que o chamam de *Aba*. O chamado para perdoar é exercido na percepção de que foram perdoados e recebem perdão contínuo (Lc 11.4). Quando chamados a renunciar ao mundo, à carne e ao Diabo, eles percebem que Satanás foi derrotado e que são herdeiros do Reino. É verdade que a vinda do Espírito prometido ainda era futura, mas, até sua chegada, no Pentecoste, a ética do Reino deveria ser vivida na presença do Ungido. O Espírito chegaria em breve (Jo 16.5-15), e, em sua presença, a ética do Reino seria vivida com um novo coração e um novo poder (Rm 8.2-5). Desse modo, a ética do Reino, tal qual o próprio Reino, é entendida como "já".

CONCLUSÃO

O ministério de Jesus foi marcado pelo anúncio de que alguma coisa nova estava acontecendo. O dia esperado e desejado havia chegado. As promessas do AT estavam sendo cumpridas. O Reino de Deus havia chegado. O novo dia trouxe consigo tanta alegria e entusiasmo que o jejum seria algo inadequado. Pelo contrário, era um momento de celebração, tal qual um casamento (Mc 2.18,19).

Uma nova aliança fora inaugurada. Contudo essa nova aliança não era o repúdio à aliança passada, mas o seu cumprimento. Ela envolveu não uma nova religião ou um movimento, mas a plena percepção da aliança que Deus fizera muito tempo antes com o povo de Israel. Diferentemente de Marcião e de alguns líderes eclesiásticos posteriores, Jesus não via a chegada do Reino como o repúdio à aliança que Deus fizera com Israel. Também não era, como alguns argumentariam mais tarde, o conceito de que a nova aliança era idêntica à anterior. O fato de ser chamada "nova" (1Co 11.25) revela isso.

A chegada do Reino trouxe consigo certa similaridade, pois o Deus da nova aliança era o mesmo Deus da antiga aliança. O mesmo Deus era adorado em ambas, embora uma nova intimidade fosse evidente no uso do título *Aba*. Encontra-se em ambas a mesma ética baseada no caráter do Deus imutável, embora uma intenção mais profunda dessa ética e uma nova capacitação estejam presentes agora. Paradoxalmente, a ética que Jesus ensinou era, ao mesmo tempo, igual e diferente, antiga e nova!

REFERÊNCIAS BIBLIOGRÁFICAS

BARR, James. Aba Isn't Daddy. *Journal of Theological Studies*, n. 39, p. 28-47, 1988.

BEASLEY-MURRAY, G. R. *Jesus and the Kingdom of God.* Grand Rapids: Eerdmans, 1986.

CARAGOUNIS, C. C. Kingdom of God/Heaven. In: GREEN, Joel B.; MCKNIGHT, Scot; MARSHALL, I. Howard, orgs. *Dictionary of Jesus and the Gospels*. Downers Grove: InterVarsity Press, 1992, p. 417-30.

CHILTON, Bruce; J. I. H. MCDONALD. *Jesus and the Ethics of the Kingdom.* Grand Rapids: Eerdmans, 1987.

HARVEY, A. E. *Strenuous Commands*: The Ethic of Jesus. Philadelphia: Trinity, 1990.

HURST, L. D. Ethics of Jesus. In: GREEN, Joel B.; MCKNIGHT, Scot; MARSHALL, I. Howard, orgs. *Dictionary of Jesus and the Gospels*. Downers Grove: InterVarsity Press, 1992, p. 210-22.

JEREMIAS, Joachim. *New Testament Theology.* New York: Scribner's, 1971. (*Teologia do Novo Testamento*. Teológica, 2004.)

LADD, George Eldon. *Jesus and the Kingdom.* New York: Harper, 1964.

SCHRAGE, Wolfgang. *The Ethics of the New Testament.* Philadelphia: Fortress, 1988. (*Ética do Novo Testamento*. Sinodal, 1994.)

STEIN, Robert H. *The Method and Message of Jesus' Teachings*. Ed. rev. Louisville: Westminster/ John Knox, 1994, p. 60-114.

10

A pessoa de Jesus

"Quem é este que até os ventos e o mar lhe obedecem?"

Por todo o seu ministério, Jesus fez surgir a pergunta "Quem é este que...?" entre aqueles que testemunharam suas curas (Lc 5.21; Jo 5.12), seu controle sobre a natureza (Mc 4.41) e seu perdão de pecados (Mc 2.7; Lc 7.49). Essa pergunta foi feita por seus discípulos (Mc 4.41), por um João Batista questionador (Lc 7.18-23), por aqueles que desafiaram sua autoridade (Mc 11.28; Jo 8.25), por Herodes, o tetrarca da Galiléia (Lc 9.9), pelo sumo sacerdote no julgamento de Jesus (Mc 14.61) e pelo governador romano Pôncio Pilatos (Mc 15.2). Enquanto ensinava seus discípulos, o próprio Jesus levantou essa pergunta: "Quem o povo diz que eu sou?" (Mc 8.27).

Às vezes, Jesus desafiava as pessoas a refletir sobre *quem* ele era. No caso do jovem rico que o abordou de maneira frívola e chamou-o "bom mestre", Jesus perguntou: "Por que você me chama bom? Ninguém é bom, a não ser um, que é Deus" (Mc 10.18). Durante seu ministério, várias respostas foram dadas a essa pergunta: um mestre enviado por Deus; um profeta; "o" Profeta; Elias, Jeremias, João Batista ressuscitado dos mortos; o Cristo. Outros insinuaram que ele fosse um demônio, um falso profeta, um enganador, uma ameaça nacional à paz da nação.

A IDÉIA QUE JESUS TINHA DE SI MESMO

Jesus revelou de três maneiras o conceito que tinha de si mesmo: por meio de suas ações, de seu discurso e dos títulos que usou ou aceitou.

As ações de Jesus. É possível presenciar em suas ações uma afirmação singular de autoridade. Jesus via a si mesmo como alguém com autoridade sobre o templo (Mc 11.15-19; cp. com 11.27-33), sobre os demônios (Mc 1.27,32-34), sobre o príncipe dos demônios (Mc 3.27), sobre enfermidades e doenças (Mc 1.29-31,40-45), sobre a natureza (Mc 4.35-41), sobre o sábado (Mc 2.23-28) e até mesmo sobre a própria morte (Mc 5.21-43; Lc 7.11-17; Jo 11.1-44). Tais ações naturalmente levantaram a pergunta: "Com que autoridade estás fazendo estas coisas? Quem te deu autoridade para fazê-las?" (Mc 11.28; Jo 2.18). Tal comportamento trazia consigo uma clara declaração cristológica.

Às vezes, Jesus executava certas ações que eram prerrogativa exclusiva de Deus. Quando perdoou os pecados de um paralítico, os escribas protestaram: "Por que esse homem fala assim? Está blasfemando! Quem pode perdoar pecados, a não ser somente Deus?" (Mc 2.7). De maneira similar, quando perdoou os pecados de uma mulher, alguns dos presentes reagiram: "Quem é este que até perdoa pecados?" (Lc 7.49). Várias tentativas têm sido feitas para interpretar essas ações ("os seus pecados estão perdoados", [Mc 2.5]) como exemplos de "passivos divinos" — uma maneira reverente de evitar o uso do nome de Deus, lançando-se mão da voz passiva. De acordo com essa perspectiva, as palavras de Jesus deveriam ser interpretadas como "Deus perdoou seus pecados", em vez de "Eu pessoalmente estou perdoando seus pecados". É evidente que nem Marcos nem Lucas as entendiam desse modo.

A platéia de Jesus também não entendia suas palavras dessa maneira, pois todos ficaram grandemente perturbados. As pessoas acreditavam que Jesus estivesse exercendo uma prerrogativa que pertencia unicamente a Deus. Os relatos posteriores não dão a menor indicação de que Jesus tenha procurado explicar sua declaração a oponentes que não houvessem entendido aquela atitude. Não existe indicação de Jesus ter dito:"Vocês não entenderam. Eu estava simplesmente usando o 'passivo divino' e afirmando que Deus perdoou aquela pessoa". Os relatos dos Evangelhos claramente retratam Jesus exercendo conscientemente uma prerrogativa divina e perdoando pessoalmente os pecados.

Outra ação de Jesus com significância cristológica é sua atividade de realização de milagres. Os milagres de Jesus dão testemunho de sua singularidade. O evangelho de João até mesmo se refere a eles como "sinais" que revelaram quem ele era (Jo 2.11). Embora Jesus tenha rejeitado a apresentação de sinais como defesa de seu ministério, seus milagres funcionaram como sinais de sua singularidade. Os milagres naturalmente levantaram perguntas: "Quem é este que controla o vento e as ondas?" (v. Mc 4.35-41). "Quem é este que pode curar o incurável e até mesmo ressuscitar o morto?" (v. Mc 5.1-43). A reação provocada pela cura do homem cego de nascença é típica. Em nenhum momento, desde a criação do mundo, havia sido realizado um milagre assim (cp. com Jo 9.32).

Saquear o domínio de Satanás e libertar os endemoninhados exigia alguém mais forte que Satanás (Mc 3.27). Além disso, Jesus fez isso sem lançar mão de encantamentos, rituais complicados, palavras mágicas nem emitir expressões orais sem sentido (os termos aramaicos encontrados nos evangelhos não são palavras mágicas: possuem significado simples e direto). Em seus exorcismos, Jesus não buscava tirar vantagem de forças impessoais ou demoníacas nem manipulá-las. Pelo contrário, dava ordens aos demônios apenas por palavras (Mc 9.25). Tal autoridade naturalmente levantou um questionamento sobre quem era aquele que dava ordens aos espíritos imundos (Mc 1.27).

É verdade que, no passado, outros haviam realizado milagres. Podemos pensar em Moisés e Elias. Jesus até mesmo reconheceu que alguns de seus contemporâneos podiam expulsar demônios (Lc 11.19). Contudo, a extensão dos milagres de Jesus era tamanha que tanto os oponentes quanto os amigos se maravilhavam e diziam: "Nunca vimos nada igual!" (Mc 2.12). Os milagres não eram apenas sinais da chegada do Reino de Deus, mas uma manifestação do Reino (Lc 11.22). Diferentemente de João Batista, o ministério de Jesus é pontificado por milagres.

Os Evangelhos registram 34 diferentes milagres de Jesus. Com esses, existem 15 textos nos Evangelhos que se referem à atividade de Jesus operar milagres. Além disso, encontramos outros relatos nos quais Jesus é objeto de atos milagrosos, tais como a concepção virginal, os eventos envolvidos no batismo e na transfiguração, sua ressurreição e sua ascensão.

Não é possível ler os Evangelhos sem que se levante a pergunta: "Quem é este homem, que domina a natureza, as doenças e até mesmo a morte?". As pessoas viam nas ações de Jesus a ousada declaração de uma autoridade singular. Do mesmo modo como o príncipe vestido de mendigo inconscientemente revela quem é, graças a seu comportamento, do mesmo modo Jesus, a despeito de suas vestes simples e de sua ocupação, revelou o conceito que tinha de si mesmo por meio de suas ações.

As palavras de Jesus. Outra maneira de Jesus revelar a maneira como via a si mesmo foi por meio de seu discurso. Jesus afirmou que possuía autoridade sobre o maior tesouro de Israel, a Lei de Deus (Mt 5.31,32,38,39; Mc 10.2-12). Contradizer ou minimizar até mesmo o menor detalhe da Lei era algo considerado condenável (*b. Sanhedrin* 99a), mas Jesus sentiu-se livre em certas ocasiões para revisar e até mesmo anular vários aspectos da Lei (Mt 5.31,32; Mc 7.1-23). Sua justificativa para agir assim não dependia da tradição ou da lógica. Isso acontecia por causa de *quem* ele era, o que o tornava capaz de fazer tais pronunciamentos. A justificativa para tais ações era simplesmente: "Mas eu lhes digo...".

Outro aspecto do discurso de Jesus com significância cristológica é encontrado no uso da expressão *Amēn* (traduzida por "verdadeiramente" na ARA e "em verdade" na ARC e por expressões como "asseguro-lhes", "garanto-lhes" e outras na NVI). Essa expressão era bastante nova e sem paralelo. Alguns até mesmo viram nessa simples palavra uma "cristologia resumida". Por meio do uso singular desse termo, Jesus afirmava que suas palavras possuíam uma certeza absoluta. Essa certeza não se baseava no apoio escriturístico do AT nem na grande quantidade de escritos rabínicos. Não se baseava numa lógica impecável. Não, a certeza daquilo que estava dizendo baseava-se no fato de que ele dissera. "Eu lhes asseguro" (Mt 6.5) ou "digo-lhes a verdade" (Mc 10.29,30) deve ser entendido como "você pode ter certeza do que estou dizendo, *porque sou eu quem está dizendo!*". Não há surpresa alguma, portanto, no fato de as multidões se terem maravilhado diante do ensinamento de Jesus, pois "ele as ensinava como quem tem autoridade, e não como os mestres da lei" (Mt 7.28,29; cp. com Mc 1.27).

Em diversas ocasiões, Jesus comparou-se aos grandes homens do passado. Jesus via a si mesmo como maior que Jonas e Salomão (Mt 12.38-42). Quando surgiu a pergunta: "Você é maior do que o nosso pai Abraão?" (Jo 8.53), o autor do evangelho esperava que seus leitores respondessem; "Sim, ele é. Jesus é singular e maior que todos os outros". Ele é maior que Jacó (Jo 4.12). Jesus diz que sua vinda traz algo maior que o próprio templo (Mt 12.6). Tais palavras realmente carregam dentro de si uma cristologia elevada.

Em seu ensinamento, Jesus via a si mesmo como o revelador da sabedoria divina. Ensinou usando as formas dos mestres de sabedoria do passado: provérbios, enigmas, poesia, paradoxos, parábolas etc. Seus dizeres freqüentemente lembram palavras antigas de sabedoria (cp., p. ex., Mt 5.42 com Ecl. 4.4-6; Mt 24.28 com Jó 39.30; Mc 4.25 com 2Esdras 7.25). Contudo, Jesus não via a si mesmo simplesmente como mais um mestre de sabedoria. Ele era o derradeiro porta-voz da sabedoria. Trazia uma sabedoria maior que a de Salomão (Mt 12.42). Seu relacionamento singular com Deus (Mt 11.25-27) fez dele o grande Sábio. Desse modo, a rejeição a ele e a seus ensinamentos traria um terrível julgamento (Mt 23.29-39), pois agindo assim as pessoas rejeitavam a própria personificação da sabedoria.

Acima de tudo, é nessas falas sobre o destino humano que a visão elevada de seu chamado e de sua pessoa estão mais evidentes. Enquanto seus contemporâneos concentravam sua atenção no ritual e na Lei, Jesus afirmava que a questão decisiva que determinava o futuro de alguém se concentrava na atitude para com ele. Jesus sustentava que a felicidade futura de uma pessoa dependia do relacionamento dela com ele. Céu ou inferno, bênção ou maldição — o destino eterno da pessoa é determinado pela aceitação ou rejeição a Jesus! (Mt 10.32,33; 11.6; Mc 8.34-38; 9.37). É na pessoa de Jesus que as pessoas são confrontadas com a salvação ou com o julgamento.

A natureza "totalitária" de fidelidade exigida por Jesus não deve ser desprezada nem comprometida. Requerer lealdade maior que a devida ao pai ou à mãe, à esposa ou aos filhos (Lc 14.26) é exigir o tipo de fidelidade que apenas Deus pode pedir. À luz de tudo isso, não se pode evitar perguntas como: "Quem é esse homem que acha que o mundo gira em torno dele? Um louco egomaníaco? Um falso profeta? Ou é possível que ele realmente seja o Rei dos reis e o Senhor dos senhores?".

Os títulos de Jesus. O que está implícito nas ações e nas palavras de Jesus se torna mais explícito nos títulos cristológicos que ele usou ou aceitou como descrições de si mesmo. Durante seu ministério, tais títulos foram reconhecidos por Jesus em particular e com grande reserva devido à má interpretação popular que os cercava.

Alguns de seus contemporâneos viam-no como Filho de Davi (Mt 9.27; 15.22; Mc 10.47,48; 11.1-10), e, em suas genealogias, Mateus (1.1,6) e Lucas (3.31) viam-no claramente como o sucessor prometido e o cumprimento da dinastia davídica. Embora reconhecesse esse título, Jesus evitava a designação devido às dimensões políticas associadas a ela. A conotação que o título evocava para a maioria dos contemporâneos de Jesus tinha pouco em comum com a idéia que ele mesmo tinha de seu papel e de sua missão.

Um título que tanto aceitou quanto usou foi "profeta" (Mt 21.11,46; Mc 6.4,14,15; 8.27,28; Lc 7.39; 24.19). O fato de Jesus ser visto por alguns como o retorno de Elias (Mc 8.28) ou de Jeremias (Mt 16.14) indica que as pessoas o viam não apenas como outro profeta, mas como um profeta escatológico. Jesus não era simplesmente outro profeta que pregava arrependimento e proclamava profecias: ele era "o" profeta (Dt 18.15) que trazia consigo aquilo que os profetas anteriores predisseram. Jesus não apenas anunciou a chegada do Reino de Deus; ele o trouxe consigo. Ele não apenas predisse a destruição do templo; provocou-a (Mc 15.29). Desse modo, o título "profeta" é ao mesmo tempo correto e inadequado. Diferentemente dos profetas do passado, a autoridade das palavras de Jesus não residia na frase "assim diz o SENHOR", mas na expressão "eu lhes asseguro".

Outro título usado e aceito por Jesus era "Senhor" (*mar* em aramaico). "Senhor" podia ser usado em sinal de respeito, como em português, ou podia expressar uma dimensão mais nobre, tal como a usada com relação a Deus (Mt 7.21-23; Lc 6.46; cp. com 1Co 16.22). Os títulos que desempenham os maiores papéis na autocompreensão de Jesus, porém, são "Filho de Deus", "Messias/Cristo" e "Filho do homem".

1. Filho de Deus. O título "Filho de Deus" ocorre com freqüência na Bíblia e na literatura intertestamentária. É usado com relação a anjos, reis, o povo de Israel e na forma presente em 2Esdras (7.28; 13.32,37,52; 14.9) e Enoque (105.2) como um título para o Messias. É também usado como tal nos manuscritos do mar Morto em passagens como Salmos 2.7 e 2Samuel 7.14. No NT, é usado para descrever o cristão (Rm 8.14; Gl 3.26; 4.5,6). Nos Evangelhos, Jesus é tratado como Filho de Deus por demônios, por Satanás, pelos discípulos, por um centurião romano e pela voz vinda do céu, além de o próprio Jesus usá-lo como autodesignação.

Provavelmente, o mais importante exemplo do uso desse título por Jesus como uma autodesignação está em Marcos 13.32. Refletindo sobre a consumação final de todas as coisas, Jesus afirma: "Quanto ao dia e à hora ninguém sabe, nem os anjos no céu, nem o Filho, senão somente o Pai". A natureza histórica dessa frase recebe enorme apoio pelo fato de Jesus, como Filho de Deus, confessar ignorância sobre o futuro. Esse claramente não é o tipo de frase que a igreja primitiva teria criado e colocado nos lábios do Filho de Deus. Isso é fácil de ser entendido ao verificar-se a tendência de a igreja primitiva nos evangelhos apócrifos destacar a dimensão divina da vida de Jesus (v. cap. 2, subtítulo "Fontes cristãs", item "Fontes extrabíblicas"). A dificuldade que essa expressão cria (como é possível o Filho de Deus não saber isso?) dá-nos garantia de ser autêntica. Essa frase revela que

Jesus via a si mesmo como possuidor de um relacionamento singular com Deus. Ele diferencia-se de outros seres humanos ("ninguém") e até mesmo dos anjos. Ele é o "Filho". Em vários outros lugares, Jesus usa esse título para indicar sua singularidade.

Na parábola dos lavradores maus, Jesus retrata a si mesmo diferenciando-se dos profetas do AT. Eles eram "servos". Ele, por sua vez, era o "filho amado" (Mc 12.6). A autenticidade dessa parábola é apoiada pelo fato de que o "filho" é morto, e seu corpo, jogado fora da vinha, aparentemente para apodrecer. Não há referência à ressurreição nesse relato. Seria muito estranho se a narrativa ou a referência ao Filho fosse invenção da igreja primitiva. É duvidoso achar que pudessem ter criado a parábola sem se referir de alguma maneira ao filho ressuscitado dos mortos.

Outra passagem significativa na qual Jesus deixa transparecer um relacionamento singular com Deus como Filho está em Mateus 11.25-27:

> Naquela ocasião Jesus disse: "Eu te louvo, Pai, Senhor dos céus e da terra, porque escondeste estas coisas dos sábios e cultos, e as revelaste aos pequeninos. Sim, Pai, pois assim foi do teu agrado. Todas as coisas me foram entregues por meu Pai. Ninguém conhece o Filho a não ser o Pai, e ninguém conhece o Pai a não ser o Filho e aqueles a quem o Filho o quiser revelar".

Aqui, mais uma vez, Jesus indica que mantém com Deus um relacionamento diferente de qualquer outro. Na condição de Filho, não havia semelhante. Verdadeiramente, seus seguidores, por meio da fé nele, poderão tornar-se "filhos" de Deus por adoção (Gl 4.4-7). Mas a filiação de Jesus é singular. Ele é o Filho de Deus por natureza. A diferença no relacionamento não é simplesmente quantitativa; ela é qualitativa. Jesus via a si mesmo como o "Filho Unigênito" (Mc 12.6; Jo 3.16).

2. Cristo. Outro importante título que Jesus usou como autodesignação é "Messias" (em hebraico) ou "Cristo" (em grego). Devido às conotações políticas e militares associadas a esse título, porém, Jesus evitou usá-lo abertamente. Alguns estudiosos defendem que Jesus nunca usou esse título como autodesignação. Depois de os discípulos terem acreditado que Jesus havia ressuscitado dos mortos, esse título foi compreendido como parte do ministério de Jesus. Contudo, nem a tumba vazia nem as aparições posteriores à ressurreição demonstraram que Jesus era de fato o Messias. E certamente a crucificação não fez nascer essa visão. O título estava associado a Jesus porque, em seu ministério, ele reconheceu que era o Ungido, o Messias/ Cristo esperado pelo povo judeu e por ter sido crucificado como rei do judeus. Depois de sua morte e ressurreição, esse título

(At 5.42; 17.3) ficou tão associado a quem ele era que se tornou parte de seu nome — Jesus Cristo.

Durante seu ministério, porém, Jesus evitou usar o título publicamente, pois isso teria atrapalhado sua missão e trazido uma confrontação imediata com Roma. O governo romano não poderia tolerar um líder popular e habilidoso que andasse dizendo que era o Rei prometido de Israel, o Filho de Davi, pois, de acordo com o pensamento popular, o Cristo libertaria o povo de Israel do fardo romano e restabeleceria a monarquia davídica. O uso público desse título seria compreendido como um chamado à revolução e à guerra e não poderia ser ignorado por Roma. Tentativas da parte de Jesus de qualificar o título e de refutar as más interpretações associadas a ele provavelmente teriam passado despercebidas e seriam sufocadas por uma mobilização para uma grande guerra de libertação.

Em particular, Jesus realmente reconheceu em algumas ocasiões que ele era o Messias prometido. Compartilhou tal revelação com a mulher samaritana (Jo 4.25,26). Algum tempo depois, falou sobre isso aos seus discípulos perto de Cesaréia de Filipe (Mc 8.27-30), mas advertiu-os que não o anunciassem a ninguém. Várias tentativas têm sido feitas para argumentar, com base nessa passagem, que Jesus rejeitou esse título como autodesignação, em Cesaréia de Filipe, ou que Marcos, em seus relatos, ensina que Jesus rejeitou esse título, mas não há evidência nos textos para apoiar tal conceito (v. cap. 11, subtítulo "A confissão de Pedro", em que há uma discussão mais profunda sobre esse incidente).

Mais tarde, quando foi colocado sob juramento pelo sumo sacerdote durante seu julgamento e quando lhe foi exigida uma resposta, Jesus reconheceu que era o Cristo. Mateus e Lucas revelam, porém, que ele fez isso com reserva. Sua resposta à pergunta quanto a ser "o Cristo, o Filho de Deus" (Mt 26.63) foi afirmativa: "Tu mesmo o disseste" (v. 64). Imediatamente, porém, adicionou: "Mas eu digo a todos vós: Chegará o dia em que vereis o Filho do homem assentado à direita do Poderoso e vindo sobre as nuvens do céu". Jesus reconhecia que, devido à má interpretação associada com o título "Messias", não lhe era possível simplesmente afirmar seu messiado. No entanto, não poderia negá-lo. Por causa disso, respondeu "sim... mas..." (no cap. 17, subtítulo "Eventos que envolveram o julgamento", há uma discussão mais aprofundada sobre essa passagem).

Jesus deu uma resposta similar à pergunta de Pôncio Pilatos. Quando lhe foi indagado: "Você é o rei dos judeus?", respondeu: "Tu o dizes" (Mc 15.2). No relato joanino do julgamento, Jesus qualificou sua resposta dizendo: "O meu Reino não é deste mundo. Se fosse, os meus servos lutariam para impedir que os judeus me prendessem. Mas agora o meu Reino não é daqui" (Jo 18.36). Durante seu julgamento e crucificação, zombaram dele por ter afirmado ser o Messias (Mc 15.18,32; Lc 23.35-39). O apoio histórico mais evidente quanto a Jesus ter usado esse título como autodesignação está na placa colocada sobre sua cruz. Era costumeiro exibir a acusação pela qual a vítima estava sendo executada. A acusação, registrada de várias formas, era "o rei do judeus". Fica claro, com isso, que Jesus foi condenado à morte por Roma com bases políticas, por afirmar ser o Messias. Nenhuma outra explicação para sua crucificação é convincente.

3. Filho do homem. A mais importante autodesignação de Jesus é o título "Filho do homem". Isso fica evidente por causa da freqüência com que o título aparece (69 vezes nos evangelhos sinópticos e 13 vezes em João), porque é encontrado em todas as camadas dos Evangelhos (Marcos, Q, M, L, João) e porque, com apenas duas exceções, é encontrado exclusivamente nos lábios de Jesus (mesmo nas duas exceções [Lc 24.7; Jo 12.34], aqueles que usaram o título fazem-no em resposta a uma menção anterior feita por Jesus). Assim, está claro que essa era a maneira favorita de Jesus descrever sua pessoa e sua obra. Apesar da importância desse título, porém, existe muito desacordo quanto ao seu significado.

No AT, a expressão "filho do homem" é encontrada em Salmos (8.4; 80.17; 144.3), Ezequiel (93 vezes) e em Daniel 7.13. Nos salmos, refere-se a um "homem" ou a um "ser humano" e em Ezequiel é o termo que Deus usa para tratar com o profeta. Em Daniel, assim como em Enoque 37-71 e em 2Esdras 13, a expressão é um título aplicado ao Messias (a questão se as referências de Enoque e 2Esdras são pré-cristãs ou revelam uma compreensão pós-cristã do título é muito discutível). Atualmente, muito do debate se concentra na idéia de a expressão aramaica para "Filho do homem" (*bar enasha*) ter sido ou não usada como um título. Teriam os ouvintes de Jesus interpretado essa expressão como uma circunlocução para "eu" (Jesus se referindo a si mesmo) ou como uma referência geral a um "ser humano"?

Quando as tradições dos evangelhos foram traduzidas do aramaico para o grego, a expressão *bar enasha* foi entendida como um título. Essa tradução foi feita logo no início da vida da Igreja, pela presença de judeus cristãos de fala grega (compare-se com os helenistas de At 6). Além do mais, ela foi empregada no ambiente bilíngüe de Jerusalém. É bem improvável que, sob tais circunstâncias, um *bar enasha* não titular tivesse sido traduzido, de maneira incorreta, para o "Filho do homem" titular que encontramos nos Evangelhos. Parece mais razoável presumir que esses tradutores, muitos dos quais eram testemunhas oculares (Lc 1.2), compreenderam que essa expressão aramaica era usada por Jesus como um título.

Além disso, em vários lugares (Mt 10.23; 19.28; 25.31; Mc 8.38; 13.26; 14.62) Jesus usou essa expressão com relação a Daniel 7.13, referindo-se a um indivíduo em particular. O fato de esse não ser um título messiânico claramente conhecido no judaísmo da época de Jesus nem ser um título usado pela igreja primitiva para descrever a pessoa de Jesus (ocorre apenas quatro vezes no resto do NT e apenas uma vez, em Atos 7.56, com o sentido usado por Jesus,) é forte argumento para apoiar que seu uso como título nos Evangelhos se deve ao fato de Jesus ter usado essa autodenominação.

Uma das razões de Jesus ter escolhido essa expressão como sua autodesignação favorita foi por causa da ambigüidade. Como destacamos, Jesus evitava o uso aberto de títulos messiânicos conhecidos como "Filho de Davi" e "Messias/Cristo". A confusão em torno do título "Filho do homem" foi muito útil para Jesus. Ela funcionava quase como uma parábola. Para aqueles que o seguiam, revelava o chamado messiânico de Jesus; para os de fora, funcionava como enigma (Mc 4.10-12). Para estes, talvez ela fosse compreendida como uma circunlocução ou como uma referência geral a Jesus como ser humano. Isso serviu admiravelmente aos propósitos de Jesus. Poderia usá-la abertamente sem temer e, ainda, na privacidade, explicar seu significado aos discípulos (Mc 4.34). "O Filho do homem veio..." explicava muito bem que ele viera de Deus e que havia uma "distinção" com relação a ele. Também explicava que, embora o Reino de Deus se tivesse estruturado na sua vinda, a consumação do Reino ainda residia no futuro. Sua concretização final ainda aguardava a chegada do Filho do homem com "as nuvens dos céus" (Dn 7.13; Mc 13.26; 14.62).

O ENTENDIMENTO DE JESUS SOBRE SUA MISSÃO

No início de seu ministério, Jesus anunciou que o Reino de Deus havia chegado. Ele viera "para pregar boas novas aos pobres [...] para proclamar liberdade aos presos e recuperação da vista aos cegos, para libertar os oprimidos e proclamar o ano da graça do Senhor" (Lc 4.18,19). Veio para inaugurar uma nova aliança. Com essa nova aliança veio uma nova intimidade, o privilégio de tratar Deus como "Pai". Com essa aliança veio também o supremo Dom: o Espírito. Esses são os *resultados* do ministério e da obra de Jesus. O que não se afirma nesses pronunciamentos são os *meios* pelos quais Jesus realizaria tudo isso. Ele não presumiu que a chegada do Reino, a nova aliança e o Espírito seriam simplesmente resultados do correr natural da história. E também não acreditava que aconteceriam como resultado dos feitos da humanidade. Não acreditava que seriam o resultado natural do progresso evolucionista da história. A nova aliança e tudo o que estava associado a ela eram resultado daquilo que ele realizaria por meio de seu ministério.

O pensamento e a compreensão de Jesus desenvolveram-se numa cultura baseada na religião do AT. A exemplo de outros judeus, ele acreditava que a nova aliança trouxesse consigo o perdão dos pecados (v. Jr 31.31,34). O selo dessa aliança, além do mais, exigia o derramamento de sangue sacrificial. O reviver anual da aliança de Deus com Moisés e o povo de Israel na Páscoa tinha em seu cerne o sacrifício e o derramamento do sangue do cordeiro pascal. No início do ministério de Jesus, João Batista, como profeta, compreendeu essa dimensão da obra de Jesus quando se referiu a ele como "o Cordeiro de Deus, que tira o pecado do mundo" (Jo 1.29; cp. com v. 36; 1Co 5.7; 1Pe 1.19). Portanto, não é surpresa que Jesus tenha entendido que os meios pelos quais o Reino e seus benefícios poderiam ser alcançados envolviam entregar-se a si mesmo como sacrifício para selar a nova aliança.

Nas tentativas de se retratar Jesus como reformador social ou ativista político, perde-se o sentido dessa dimensão. Elas se concentram quase totalmente nas preocupações horizontais, lidando com o "próximo". Certamente, essa dimensão existe nos ensinamentos de Jesus: "Ame o seu próximo como a si mesmo" (Mc 12.31). Contudo, esse mandamento horizontal é precedido por um vertical, a saber: "Ame o Senhor, o seu Deus" (v. 30). O relato de Mateus ainda adiciona: "Este é o primeiro e maior mandamento" (Mt 22.38). Para Jesus, a preocupação quanto ao relacionamento de uma pessoa com Deus é de fundamental importância. O filho perdido pecou, acima de tudo, contra "o céu" (Lc 15.18,21); o juiz injusto não temia a Deus nem respeitava as pessoas (Lc 18.2; note tb. como o vertical e o horizontal caminham juntos em Lc 11.42). Para Jesus e seus contemporâneos, o perdão dos pecados era essencial (Mc 10.17; Jo 3.3), e o perdão estava associado ao sacrifício (Hb 9.22).

Enquanto Israel ansiava pela vinda do Messias para restaurar sua sorte política e para libertá-los dos inimigos, Jesus via a necessidade de Israel de maneira diferente. O que Israel precisava era de um sacrifício definitivo que resolvesse a mais profunda e mais importante necessidade de seu relacionamento com Deus. De que maneira o perdão humano poderia ser alcançado? Como esse estado de justiça diante de Deus, resultado desse perdão, poderia ser vivido na vida diária? Jesus viu que essa era a maior necessidade que se colocava diante do povo de Israel. Como resultado, compreendeu sua missão messiânica como a realização da nova aliança prometida pelos profetas por meio da oferta sacrificial de si mesmo. Assim viria a resposta à maior necessidade de Israel e de toda a humanidade: o perdão, que permitiria que pessoas pecadoras tivessem comunhão com o Deus santo. Isso também trouxe consigo o dom do Espírito de Deus, que os capacitaria a viver a ética divina.

Jesus não compartilhou essa compreensão com seus discípulos no início de seu ministério. No tempo oportuno, porém, fez alusões à sua morte. Explicou que o jejum seria inadequado naquele momento de alegria e celebração. Contudo, chegaria a hora em que seria tirado de seus discípulos (Mc 2.18-20). Naquele momento, o jejum aconteceria. O jejum e o luto parecem compatíveis somente num breve período da vida da igreja primitiva, entre a Sexta-feira Santa e a Páscoa, pois a igreja primitiva não se viu como se vivesse num tempo de luto. Por isso é improvável que essa frase tenha sido criada por aqueles cristãos e colocada de volta nos lábios de Jesus para justificar a prática do jejum. Jesus fez alusões à sua morte em outros lugares, quando comentou sobre o cumprimento de seu batismo de uma maneira que somente poderia ser entendida como uma referência à sua morte (Mc 10.38-39), não perecendo em outro lugar que não fosse Jerusalém (Lc 13.33) e ficando o Filho do homem três dias e três noites "no coração da terra" (Mt 12.40). A referência temporal nessa última passagem não se ajusta bem ao período entre a morte e a ressurreição de Jesus e, por isso, argumenta a favor de sua autenticidade.

Foi em Cesaréia de Filipe que Jesus começou a ensinar seus discípulos explicitamente sobre sua morte (Mt 16.21; Mc 8.31). Não há dúvida de que as predições da paixão de Jesus foram artisticamente organizadas por Marcos. Em 8.31—10.45, encontramos três predições sobre a paixão (8.31; 9.31; 10.33,34), cada uma delas seguida por um erro cometido pelos discípulos, o qual, por sua vez, é seguido por uma sessão de ensinamentos de Jesus sobre discipulado. Algumas das predições da paixão também podem ser mais detalhadas e "preenchidas" por aquilo que aconteceu em seguida. Contudo, os relatos dos Evangelhos indicam claramente que Jesus procurou preparar de antemão seus discípulos para sua morte iminente. Ele até mesmo fez em público alusão a ela, na parábola dos lavradores maus (Mc 12.1-12), e às dificuldades que teria com essa realidade no jardim do Getsêmani (Mc 14.32-50).

Jesus não entendia que precisasse dar explicações detalhadas da maneira pela qual sua morte traria perdão e selaria a nova aliança. Deixaria a explicação teológica por conta de seus seguidores (p. ex., Rm 3.24-26; 2Co 5.21; Tt 2.14; Hb 9.11-28; 1Pe 1.18,19; 2.24; 3.18; 1Jo 2.2). A própria compreensão que tinha de sua morte como sacrificial e como selo da nova aliança é encontrada basicamente em dois lugares: "Pois nem mesmo o Filho do homem veio para ser servido, mas para servir e dar a sua vida em resgate por muitos" (Mc 10.45); "Isto é o meu sangue da aliança, que é derramado em favor de muitos" (Mc 14.24). Na primeira referência, Jesus ensinou que sua missão culminaria com a oferta de sua vida em "resgate por muitos". Aqui estão presentes as idéias de sacrifício e de substituição. Com relação à última ceia, Jesus referiu-se à sua morte como o meio de perdão para o ser humano (Mt 26.28) e o selo da nova aliança. Esse ensinamento forneceria o núcleo sobre o qual se desenvolveria a interpretação posterior da Igreja sobre o significado da morte de Jesus.

Muitos críticos negam a autenticidade dessas referências à morte de Jesus e à sua natureza sacrificial. Esses pronunciamentos proféticos são todos compreendidos como *vaticinia ex eventu* (supostas profecias feitas depois do fato, criadas pela igreja primitiva e colocadas nos lábios de Jesus). Não há surpresa nisso, pois, se alguém nega o sobrenatural e, assim, a possibilidade da verdadeira profecia, essa é uma conclusão natural. Com freqüência a aversão a uma teologia que envolva sacrifício ou uma expiação substitutiva também causa rejeição à autenticidade dessas passagens. Contudo, Jesus deve ter encontrado problemas com a possibilidade da morte e do martírio. Afinal, ele estava consciente de que João Batista fora morto devido à animosidade daqueles que se opuseram à sua pregação. Como estava experimentando hostilidade e maquinação similares (Mc 3.6; 11.18; 14.1,2; Jo 11.49-53), deve ter refletido sobre a possibilidade de que aquilo que havia acontecido com João poderia acontecer com ele também. De fato, teria sido inacreditável Jesus não ver a possibilidade, se não a certeza, de seu martírio.

Além do mais, Jesus vivia numa cultura que acreditava que a morte do justo trazia expiação para os pecados da nação:

> Seja misericordioso para seu povo e deixe que nossa punição seja a satisfação em favor deles. Faço do meu sangue sua purificação e tome minha vida como resgate pela vida deles (4Mac 6.29; James H. CHARLESWORTH, org., *The Old Testament Pseudepigrapha* [Garden City: Doubleday, 1985], 2.552).
>
> Por meio do sangue destes justos e por meio da propiciação de sua morte, a divina providência resgatou Israel (4Mac 17.22; idem, ibidem, 2.563)

Como resultado, mesmo que Jesus nunca tivesse recebido uma revelação sobrenatural sobre seu papel como o Cordeiro de Deus, poderia muito bem ter antevisto a inevitabilidade de sua morte e tê-la entendido como carregada de significância redentiva. E onde mais era provável que isso acontecesse do que no quartel-general de sua mais vigorosa oposição, ou seja, em Jerusalém?

Os Evangelhos afirmam que, desde o início de seu ministério, Jesus tinha consciência do custo envolvido em seguir a vontade de Deus. Depois de sua última referência ao batismo que o aguardava (Mc 10.38,39), parece que sua rendição à vontade de Deus na época de seu batismo foi uma rendição rumo à morte, talvez até mesmo à morte de cruz. Nenhuma compreensão mais elaborada sobre isso é encontrada na maneira como os Evangelhos apresentam o ministério de Jesus. O momento exato em que Jesus tomou consciência de tudo isso está encerrado no mistério de sua encarnação. A especulação é possível, mas o valor de tal especulação é questionável, pois é essencialmente uma produção das pressuposições cristológicas de alguém. Uma leitura dos Evangelhos não canônicos sobre sua infância levanta sérios questionamentos quanto ao valor de tal exercício. Historicamente, não existe qualquer evidência que nos permita chegar a uma conclusão sobre esse assunto.

CONCLUSÃO

Os Evangelhos revelam que Jesus forneceu uma compreensão progressiva aos seus seguidores tanto de quem ele era quanto do que faria. Durante seu ministério, essa revelação causou grande confusão. Em alguns momentos, seus discípulos até mesmo se recusaram a aceitar esse ensinamento, porque conflitava com a compreensão em voga do papel messiânico. Com a ressurreição, isso foi remediado, e aquilo que não estava claro anteriormente e fora até mesmo rejeitado veio a ser compreendido como o poder e a sabedoria de Deus (1Co 1.18; 2.7).

REFERÊNCIAS BIBLIOGRÁFICAS

BAYER, Hans F. *Jesus' Predictions of Vindication and Resurrection.* Tübingen: J. C. B. Mohr, 1986.

BLACKBURN, B. L. Miracles and Miracle Stories. In: GREEN, Joel B.; MCKNIGHT, Scot; MARSHALL I. Howard, orgs. *Dictionary of Jesus and the Gospels.* Downers Grove: InterVarsity Press, 1992, p. 549-60.

BROWN, Raymond E. *The Death of the Messiah.* New York: Doubleday, 1994, p. 1468-91.

DUNN, James D. G. *Christology in the Making*. Philadelphia: Westminster Press, 1980.

KIM, Seyoon. *The "Son of Man" as the Son of God*. Tübingen: J. C. B. Mohr, 1983.

MARSHALL, I. Howard. *The Origins of New Testament Christology*. Ed.rev. Downers Grove: InterVarsity Press, 1990.

MEYER, Ben F. *The Aims of Jesus*. Londres: SCM Press, 1979.

SANDERS, E. P. *The Historical Figure of Jesus*. New York: Penguin, 1991, p. 238-48.

STEIN, Robert H. *The Method and Message of Jesus' Teachings*. Ed.rev. Louisville: Westminster/ John Knox, 1994, p. 115-51.

VERMES, Geza. *Jesus the Jew*. London: Collins, 1973. (*Jesus, o judeu*: uma leitura dos evangelhos, feito por um historiador. Loyola, 1990.)

WITHERINGTON, Ben, III. *The Christology of Jesus*. Minneapolis: Fortress, 1990.

11

Os acontecimentos em Cesaréia de Filipe

O ponto de transição

Num certo momento de seu ministério, Jesus fez uma jornada que o levou para fora dos limites da Galiléia, Judá e Samaria, para os territórios predominantemente gentios de Tiro, Sidom, Cesaréia de Filipe e Decápolis (uma federação de dez [gr. *deca*] cidades [gr. *polis*] gregas). A razão de Mateus (15.21—18.35) e Marcos (7.24—9.50) registrarem essa jornada é clara. Queriam demonstrar aos seus leitores gentios que, mesmo durante sua vida aqui na terra, Jesus estava preocupado com eles. Ele veio trazer as boas-novas não apenas aos filhos de Abraão, mas também aos gentios.

POSSÍVEIS RAZÕES PARA A JORNADA DE JESUS ENTRE OS GENTIOS

Quando se pergunta a razão de Jesus ter feito essa viagem, a resposta é incerta. Várias especulações têm sido feitas: pregar o evangelho aos gentios; encontrar privacidade e descanso; refletir sobre o sucesso de seu ministério; fugir da hostilidade de Herodes Antipas; ensinar seus discípulos.

Pregar o evangelho aos gentios. A jornada foi, de fato, uma missão aos gentios. Essa sugestão, porém, é difícil de se entender à luz do contexto que Marcos fornece sobre essa jornada: "Jesus saiu daquele lugar e foi para os arredores de

Tiro e de Sidom. Entrou numa casa e não queria que ninguém o soubesse; contudo, não conseguiu manter em segredo a sua presença" (Mc 7.24). Outras passagens indicam que Jesus não planejava uma "missão aos gentios" durante essa jornada nem mesmo durante o período de seu ministério terreno (Mt 10.5; Mc 7.27,28). Uma missão aos gentios realmente aconteceria, mas apenas depois de sua morte e ressurreição: em sua Grande Comissão (Mt 28.19,20; At 1.8) e na perseguição à igreja primitiva (At 8.1-4). É verdade que alguns gentios realmente ouviram as boas-novas durante essa jornada, mas não foi esse o propósito principal do empreendimento.

Encontrar privacidade e descanso. Essa possibilidade recebe apoio do texto de Marcos 7.24. Em alguns momentos, Jesus realmente procurou privacidade (Mc 4.34; 6.31,32), mas parece haver melhor alternativa para essa jornada.

Refletir sobre o sucesso (ou a falta dele) em seu ministério. Nesse momento, Jesus teria chegado à conclusão de que deveria ir para Jerusalém e morrer. Outros propõem que Jesus decidiu ir a Jerusalém para confrontar o povo e seus líderes com a necessidade de reconhecer que o Reino de Deus havia chegado e que ele era o herdeiro do trono davídico. Tais especulações não encontram apoio no texto, mas são exemplos da "psicologização" de Jesus, atitude popular no século XIX. Tais exemplos caminham na direção contrária daquelas passagens nas quais Jesus faz alusão à sua morte antes dessa jornada, e é importante argumentar que todas essas referências (p. ex., Mt 12.38-40; Mc 2.18-20; Jo 2.19-22; 3.14; 8.28; 10.11; 12.7,23,32) provêm de registros posteriores à morte de Jesus.

Fugir da hostilidade de Herodes Antipas, governador da Galiléia. O incidente registrado em Lucas 13.31-35, no qual alguns fariseus advertiram Jesus de que Herodes queria matá-lo, é freqüentemente citado para apoiar essa idéia. Essa passagem indica que Jesus não tinha medo de Herodes e acreditava que deveria dirigir-se a Jerusalém em vez de ir para o território gentio.

Ensinar seus discípulos e prepará-los para os acontecimentos futuros. Essa é a melhor sugestão. Foi nesse momento que a compreensão que os discípulos tinham de Jesus e de sua obra chegou a um clímax. Jesus extraiu deles uma confissão de seu messiado e começou a ensinar-lhes sobre a inevitabilidade e a necessidade de sua morte. Aquilo que fora aprendido durante essa jornada tornou-se o fundamento da pregação posterior deles.

Tanto Mateus (Mt 16.13) quanto Marcos (Mc 8.27) indicam que esse evento-chave, que marcou o ponto de transição do ministério de Jesus, aconteceu num lugar chamado Cesaréia de Filipe. Muitos governadores gostavam de construir cidades e dedicá-las ao imperador — César(éia). O resultado disso é que existiam diversas Cesaréias. Essa Cesaréia era chamada de Filipe para indicar que era a Cesaréia que Filipe, o Tetrarca, havia construído, e não a Cesaréia de Herodes, o Grande, cidade maior e mais importante, localizada na costa. Essa última era chamada simplesmente Cesaréia (comp. com At 8.40; 9.30; 10.1,24).

Cesaréia de Filipe estava situada na base sudoeste do monte Hermom, a maior montanha daquela parte do mundo, que se eleva a mais de 2.700 metros. Não existe nenhuma razão teológica clara ou óbvia para a menção de Cesaréia de Filipe nesse incidente. Parece ser uma reminiscência histórica associada a esse evento e serve como forte testemunho de sua historicidade.

A CONFISSÃO DE PEDRO

Como exímio professor, Jesus buscou levar seus discípulos a uma compreensão maior de quem ele era. Para extrair deles uma resposta correta, fez a seguinte pergunta: "Quem o povo diz que eu sou?" (Mc 8.27). Os discípulos repetiram algumas das especulações que haviam ouvido das multidões. Por educação, não repetiram as coisas negativas que os oponentes de Jesus diziam.

Entre as sugestões do povo estava a de que Jesus era João Batista. Essa identificação de Jesus com João Batista, talvez ressuscitado dos mortos (Mc 6.16; Lc 9.7), parece estranha pelo fato de Jesus e João Batista terem sido contemporâneos e seus ministérios serem sobrepostos. Não existe nenhum paralelo claro no judaísmo que apóie a idéia de que aqueles que sugeriram isso acreditavam que João Batista teria reencarnado, depois de sua morte, em Jesus de Nazaré. Parece melhor pensar que aqueles que acreditavam nisso achavam que o "espírito" de João Batista havia sido passado para Jesus, quase do mesmo modo como o "espírito" de Elias passou a estar sobre Eliseu (v. 2Rs 2.1-15).

Outros achavam que Jesus poderia ser o cumprimento da profecia em relação a Elias, que deveria retornar antes do dia do Senhor (v. Ml 4.5). A popularidade da crença sobre o retorno de Elias é vista nas referências feitas a ela pelos discípulos (Mc 8.28) e por Herodes Antipas (Mc 6.16). Jesus acreditava que essa profecia fora cumprida no ministério de João Batista (Mc 9.11-13), e João Batista, ao usar uma pele de camelo e um cinto de couro em volta da cintura, aparentemente acreditava que estava cumprindo esse papel (v. cap. 6, subtítulo "A vinda de João Batista"). Mais uma vez, a crença comum acerca do cumprimento dessa profecia deveria ser entendida como o cumprimento de um papel e de uma missão comuns e não como uma visão da reencarnação, de modo que o tipo de ministério manifesto por Elias seria visto mais uma vez.

Outras sugestões sobre quem era Jesus envolvem a idéia de ser "um dos profetas" (Mc 8.28) ou "Jeremias" (Mt 16.14). A volta de Isaías e Jeremias, ambos profetas do AT, é abordada em 2Esdras 2.18. Novamente, a explicação menos provável envolve uma crença em algum tipo de reencarnação. O mais provável é a crença de que os profetas mortos do AT poderiam reaparecer sobrenaturalmente na história ou a de que Deus pudesse levantar novos profetas como Isaías e Jeremias, seus herdeiros "espirituais", para levar adiante a missão divina.

Depois de os discípulos contarem alguns dos rumores que circulavam sobre quem era Jesus, este lhes perguntou: "Quem vocês dizem que eu sou?" (Mc 8.29). O texto grego contém uma ênfase na palavra plural "vocês". O que *eles* haviam aprendido e observado como resultado do tempo gasto com Jesus? Tinham visto seus milagres. Tinham observado sua autoridade e ouvido seus ensinamentos. O que haviam aprendido? Eram capazes de ver além das esperanças nacionalistas de muitos de seus contemporâneos? Pedro respondeu pelos discípulos: "Tu és o Cristo" (Lucas traz "O Cristo de Deus" [Lc 9.20], e Mateus adiciona "o Filho do Deus vivo" [Mt 16.16]). Depois de receber essa confissão, Jesus ordenou a seus discípulos que não dissessem nada a ninguém. Uma confissão tão aberta de seu messiado levantaria falsas esperanças nacionalistas entre muitos e levaria a uma confrontação imediata com Roma. A compreensão que Jesus tinha de seu messiado criava um grande contraste com a de seus contemporâneos e, como veremos, até mesmo com a de seus discípulos.

Alguns têm argumentado que Jesus ou o evangelista Marcos, em seu relato, rejeitaram o título "Messias" como uma descrição aceitável (fica evidente que Mt 16.17 não entende o relato dessa maneira). Argumenta-se que a ordem de Jesus para que silenciassem (Mc 8.30) deveria ser compreendida como uma rejeição desse título por parte de Marcos e interpretada como "não contem a ninguém essa tolice, essa idéia errada". Contudo, se Marcos estava procurando transmitir essa idéia, foi muito infeliz, pois ninguém jamais interpretou suas palavras dessa maneira até a segunda metade do século XIX.

A própria maneira pela qual Marcos começa seu evangelho — "Princípio do evangelho de Jesus *Cristo*" — indica que Marcos queria que seus leitores compreendessem que Jesus era realmente o Messias. Está claro que ele não rejeitou o termo "Messias" como título legítimo para descrever Jesus. Pelo contrário, é exatamente dessa forma que ele desejava que seus leitores entendessem Jesus.

Marcos queria que todo o resto de seu evangelho (Mc 1.2—16.8) fosse lido à luz do fato de que Jesus é o Messias/ Cristo. O texto de Marcos 8.30 em si mesmo também refuta tal teoria, pois, nesse versículo, Jesus não ordena a seus discípulos não dizerem às pessoas que ele é o Messias, mas a não dizerem qualquer coisa *sobre ele*, ou seja, estava se referindo ao fato de que era realmente o Messias.

É também difícil acreditar que nessa ocasião Jesus tenha rejeitado esse título, pois deparamos com o fato de que todos os evangelistas compreenderam essa confissão de maneira positiva. Eles realmente acreditavam que Jesus era o Messias. O fato de uma zangada rejeição do título por parte de Jesus ter-se transformado, mais tarde, na confissão favorita da Igreja ("Jesus é o Cristo") e que essa confissão se tenha tornado parte de seu nome ("Jesus Cristo") seria simplesmente inacreditável. A possibilidade de Jesus negar esse título como uma descrição pessoal tornaria a crucificação incompreensível. Ele foi crucificado por acusações políticas. Se não reconhecesse que era o Cristo, sua crucificação seria simplesmente inexplicável (v. cap. 18, subtítulo "Ali o crucificaram").

JESUS PREDIZ SUA PAIXÃO

Com a confissão dos discípulos de que ele era o Cristo, os acontecimentos de Cesaréia de Filipe foram um divisor de águas no ministério de Jesus por outra razão, o que se evidencia tanto em Mateus quanto em Marcos. Marcos destaca que, diante da confissão de Pedro, Jesus "*começou a ensinar-lhes* que era necessário que o Filho do homem sofresse muitas coisas e fosse rejeitado pelos líderes religiosos, pelos chefes dos sacerdotes e pelos mestres da lei, fosse morto e três dias depois ressuscitasse. Ele falou claramente a esse respeito" (Mc 8.31, 32). Mateus deixa esse ponto de transição no ministério de Jesus ainda mais explícito: "*Desde aquele momento Jesus começou a explicar aos seus discípulos* que era necessário que ele fosse para Jerusalém e sofresse muitas coisas nas mãos dos líderes religiosos, dos chefes dos sacerdotes e dos mestres da lei, e fosse morto e ressuscitasse no terceiro dia" (Mt 16.21).

Embora Jesus tenha feito alusão à sua morte em diferentes ocasiões, nesse momento de seu ministério procurava preparar os discípulos para tal evento. Daquele momento em diante, Jesus concentrou seu ensinamento nos discípulos, com o objetivo de prepará-los para sua paixão. Daqui em diante, as referências à sua morte se tornam cada vez mais claras e freqüentes (Mc 8.31; 9.9,31; 10.32-34,38,39,45; 12.1-12; 14.3-9,34; Lc 13.33).

Não há como negar que o arranjo e o uso das palavras nas predições sobre a paixão em Marcos (e, desse modo, em Mateus e em Lucas) revelam a habilidade editorial do evangelista. Marcos arranjou conscientemente esse material de modo que tivéssemos três predições sobre a paixão (Mc 8.31; 9.31; 10.32-34), sucedidas por três erros da parte dos discípulos (Mc 8.32,33; 9.33,34; 10.35-41), seguidos por três conjuntos de ensinamentos sobre o discipulado (Mc 8.34 — 9.1; 9.35-50; 10.42-45). Cada um dos evangelhos sinópticos destaca que, em várias ocasiões, Jesus ensinou aos discípulos que iria para Jerusalém, experimentaria rejeição pela liderança judaica, seria morto e ressuscitaria dos mortos três dias depois. Enquanto algumas dessas tradições podem ter sido arranjadas à luz dos fatos subseqüentes (v. Mc 10.33,34), outras predições parecem ter sido pouco alteradas por eles (v. Mc 9.31; 10.38,39). Por exemplo, os "três dias" de Mc 8.31 não se encaixam perfeitamente com os eventos, não têm a mesma precisão do mais tradicional "no terceiro dia" encontrado em Mateus 16.21; 17.23; 20.19; Lucas 9.22; 18.33; 24.7,46; Atos 10.40; 1Coríntios 15.4.

A necessidade de preparar os discípulos para a paixão era compreensível. É preciso observar a resposta de Pedro a esse ensinamento para saber o porquê. A despeito da precisão verbal de sua confissão anterior de que Jesus era o Cristo, a compreensão de Pedro quanto ao que essa confissão implicava estava errada. De acordo com seu modo de pensar — assim como no pensamento da maioria de seus contemporâneos — não havia espaço para o sofrimento, a rejeição e a morte dos quais Jesus falara. Jesus alterara em parte as pressuposições nacionalistas dos discípulos sobre a pessoa e a obra do Messias, mas não havia espaço para uma paixão messiânica dentro da compreensão deles. Conseqüentemente, Pedro começou a criticar e até mesmo a repreender Jesus por ensinar isso. Não é de surpreender que Jesus tenha ordenado aos discípulos que não dissessem a ninguém que ele era o Cristo. Se os discípulos ainda estavam confusos e tinham conceitos errados sobre a obra do Messias, tanto mais confusa deveria estar a multidão.

A rejeição de Pedro aos ensinamentos de Jesus deve ser destacada. Sua natureza realista e a subseqüente repreensão de Jesus dão credibilidade ao incidente. À luz do fato de que os outros discípulos estavam cientes da repreensão de Pedro, Jesus respondeu: "Para trás de mim, Satanás! Você não pensa nas coisas de Deus, mas nas dos homens" (Mc 8.33). A teologia sugerida pela repreensão de Pedro não emanava de Deus, mas deste mundo e do príncipe deste mundo. Um messiado sem a cruz não tem sua origem na sabedoria divina, mas no raciocínio falho deste mundo. Desse modo, Jesus repreendeu Pedro por estar representando Satanás e defendendo a perspectiva deste (não há necessidade de presumir que, de alguma forma, Satanás "entrou" no corpo de Pedro e estava falando pessoalmente por meio do apóstolo).

É muito difícil imaginar que esse incidente seja algo diferente da lembrança de uma experiência histórica. Quem na Igreja teria criado uma história na qual Pedro, um de seus maiores heróis, fosse chamado de Satanás? A glorificação dos apóstolos, encontrada nos evangelhos apócrifos, deixa claro quão improvável isso teria sido. A dureza da repreensão de Jesus é uma garantia da historicidade do incidente. Tentativas de interpretar o texto para concluir que Marcos nutria uma espécie de rancor contra Pedro e os outros discípulos são enganosas (v. Mc 16.7).

A importância de Jesus estar preparando os discípulos para sua morte também é vista no fato de que, apesar de seu ensinamento, a paixão pegou-os de surpresa e trouxe total confusão. Para aqueles acostumados com a história da ressurreição de Jesus, essa confusão pode parecer estranha. Alguns críticos até mesmo afirmam que a consternação e a confusão posteriores dos discípulos refutam a afirmação de que Jesus lhes havia contado anteriormente sobre sua paixão. Contudo tal confusão pode ser compreendida pelo aspecto estranho que essas predições tinham à luz de sua expectativa messiânica preconcebida. Um "Messias sofredor" não era uma doutrina teológica para eles, mas uma contradição. É impossível afirmar se os discípulos pensavam que Jesus tocaria na questão da forma de pensamento que tinham sobre o papel messiânico. Não podemos saber exatamente de que maneira os discípulos lidaram com os ensinamentos de Jesus sobre sua paixão, mas, em termos psicológicos, sua confusão posterior é compreensível.

PEDRO E A QUESTÃO DA "PEDRA"

No relato dos acontecimentos que envolviam a confissão de Pedro no livro de Mateus está um acréscimo com enorme influência na história da igreja cristã. Logo após a confissão de Pedro, Jesus responde:

> Feliz é você, Simão, filho de Jonas! Porque isto não lhe foi revelado por carne ou sangue, mas por meu Pai que está nos céus. E eu lhe digo que você é Pedro, e sobre esta pedra edificarei a minha igreja, e as portas do Hades não poderão vencê-la. Eu lhe darei as chaves do Reino dos céus; o que você ligar na terra terá sido ligado nos céus, e o que você desligar na terra terá sido desligado nos céus" (Mt 16.17-19).

Desde o começo do século III essa passagem tem desempenhado um papel importantíssimo na história da igreja cristã nas discussões sobre o governo eclesiástico. No catolicismo romano, esse tem sido o maior apoio textual para a instituição do papado. De acordo com tal ponto de vista, Jesus estabeleceu o apóstolo Pedro como seu vigário na terra até que ele voltasse. Esse papel de liderança foi então passado adiante, depois de sua morte, aos sucessores apostólicos, chamados "papas". Essa idéia pode ser vista por toda a arte da Igreja, pois nas pinturas e esculturas que retratam Pedro e os apóstolos, pode-se sempre reconhecer quem é Pedro. Ele é aquele que traz um molho de chaves no cinto. As exegeses ortodoxa e protestante dessa passagem têm negado tal interpretação.

No passado, era possível dizer se o comentarista do evangelho de Mateus era católico romano ou protestante simplesmente se observássemos de que maneira interpretava essa passagem da Escritura. Se a pedra fosse interpretada como uma referência a Pedro, o comentarista era católico romano. Se a pedra fosse interpretada como uma alusão à confissão de Pedro de que Jesus era o Cristo, então o comentarista era protestante. É triste quando a interpretação de um texto é determinada desde o início pela filiação religiosa do indivíduo. O pano de fundo religioso predispõe a maneira como a pessoa interpreta um texto como esse. Tal consciência deveria servir como primeiro passo na tentativa de ser mais objetivo.

A questão básica presente na interpretação desse texto envolve o substantivo "pedra". Existe um jogo de palavras entre o substantivo comum "pedra" e o nome "Pedro". Os dois provêm da mesma raiz grega: *petra* ("pedra") e *petros* ("Pedro"). Aqueles que negam a interpretação católica romana argumentam que a diferença entre essas duas palavras indica que elas não devem ser entendidas como um trocadilho. Pelo contrário, as palavras de Jesus deveriam ser interpretadas da seguinte maneira: "Você é Pedro, e sobre esta confissão — ou seja, a 'pedra' de que eu, de fato, sou o Cristo — edificarei a minha igreja". Podemos encontrar apoio para essa interpretação em diversas passagens do NT que indicam que Jesus é o alicerce ou o fundamento da Igreja: 1Coríntios 3.11; Efésios 2.20; 1Pedro 2.4-8; Apocalipse 1.18; 3.7.

A diferença entre "pedra" e "Pedro" no grego deve-se ao fato de que "pedra" é uma palavra feminina (primeira declinação, que exige o *a* desinencial), enquanto "Pedro" é palavra masculina (segunda declinação, que exige o *os* desinencial). Assim, a diferença entre as duas palavras não se deveu a uma decisão consciente da parte do evangelista, mas a uma necessidade da língua grega. Além disso, se alguém traduz os termos "pedra" e "Pedro" de volta para o aramaico — a língua de Jesus e dos discípulos —, não há diferença alguma entre eles. Os dois termos são traduzidos pela palavra *Kepha*. Assim, no aramaico encontramos também um jogo de palavras. Jesus diz: "Você é *Kepha*, e sobre esta *Kepha*...".

A maneira mais fácil de entender esse trocadilho consiste em presumir que Jesus está se referindo a Pedro como uma "pedra" devido ao papel futuro que desempenharia na Igreja. Pedro é aquele que serviria como o primeiro líder da Igreja; por meio dele, o evangelho seria proclamado em Jerusalém, Judéia (At 2.1—4.31) e Samaria (At 8.14-25) e os primeiros gentios ouviriam o evangelho e creriam (At 10.1—11.18). Portanto, existe um sentido real de que por meio do ministério de Pedro, o líder dos apóstolos, a Igreja seria estabelecida e cresceria.

Não se pode negar, porém, que o fundamento máximo da Igreja não é outro senão o próprio Jesus Cristo. Não há outro alicerce sobre o qual a Igreja possa ser edificada (1Co 3.11). Além disso, o comportamento de Pedro esteve longe de ser infalível durante o ministério de Jesus e até mesmo depois (Gl 2.11-21). A Igreja que venceria os portões do inferno precisava ser edificada sobre um alicerce mais firme do que Pedro. Contudo, não há necessidade de negar o papel de liderança do apóstolo dentro da igreja primitiva. Protestantes e ortodoxos podem unir-se aos católicos romanos em alegria sobre o presente que esse homem foi para a Igreja. No entanto, não há nenhuma indicação nesse texto ou no resto do NT que afirme que seu papel de liderança tenha sido passado adiante perpetuamente a um sucessor de qualquer tipo.

Embora o apóstolo traidor tenha sido substituído (At 1.21-26), os outros apóstolos não foram substituídos depois que morreram (At 12.2). Com respeito às "chaves" dadas a Pedro, também deve ser observado que, em Mateus 18.18, essa mesma autoridade de "ligar e desligar" é dada a todos os discípulos e, em Apocalipse 1.18, Jesus é retratado como aquele que definitivamente tem as chaves da morte e do Hades. Seja qual for o significado de "ligar e desligar", fica evidente que não era uma posse única do apóstolo Pedro.

A autenticidade dessa passagem foi questionada por várias razões (algumas delas são que o termo "igreja" não é encontrado em nenhuma outra passagem dos Evangelhos, a não ser em Mt 18.17, e que o grau de autoridade concedido a Pedro aqui não é encontrado em nenhum outro lugar do NT). Sua autenticidade recebe apoio da natureza semita da expressão. A importância dada a essa passagem na história da Igreja está, todavia, fora de proporção com o papel que desempenha no NT. Não é sábio construir um grande sistema ou estrutura teológica sobre uma única passagem da Bíblia. Assim como é tolice construir uma grande prática teológica sobre uma única e confusa referência ao batismo pelos mortos de 1Coríntios 15.29, do mesmo modo não é sábio construir um grande arcabouço eclesiástico em cima dessa única referência a Pedro como a "pedra".

CONCLUSÃO

Os acontecimentos de Cesaréia de Filipe foram indubitavelmente o divisor de águas e o ponto de transição do ministério de Jesus. É nesse momento que os discípulos passam a reconhecer, apesar de suas concepções erradas, que Jesus era realmente o Cristo. Depois de receber essa confissão, Jesus começa a preparar os discípulos para a paixão futura. Esse novo ensinamento causaria ainda mais confusão durante o ministério de Jesus, mas, depois da ressurreição, os discípulos seriam capazes de perceber claramente que a cruz não foi uma tragédia ou um erro, mas parte do mistério divino. A ressurreição não criaria uma nova concepção da pessoa e da obra de Jesus, o Cristo. Em vez disso, ela confirmaria aquilo que ele havia ensinado o tempo todo: Jesus de Nazaré era realmente o Cristo, o Filho de Deus, o Salvador do mundo.

REFERÊNCIAS BIBLIOGRÁFICAS

BAYER, Hans F. *Jesus' Predictions of Vindication and Resurrection.* Tübingen: J. C. B. Mohr, 1986.

BROWN, Raymond E.; Karl P. DONFRIED; John REUMANN, orgs. *Peter in the New Testament.* Minneapolis: Augsburg, 1973.

CARAGOUNIS, Chrys C. *Peter and the Rock.* Berlin: Walter de Gruyter, 1990.

CULLMANN, Oscar. *Peter:* Disciple, Apostle, Martyr. Philadelphia: Westminster Press, 1962. (*Pedro*: discípulo, apóstolo e mártir. ASTE, 1964.)

HOOKER, Morna D. *The Gospel According to Saint Mark.* Peabody: Hendrickson, 1991, p. 199-207.

LANE, William L. *The Gospel According to Mark.* Grand Rapids: Eerdmans, 1974, p. 287-304.

MARCUS, Joel. The Gates of Hades and the Keys of the Kingdom. *Catholic Biblical Quarterly*, n. 50, p. 443-55, 1988.

WILKINS, Michael J. *The Concept of Disciple in Matthew's Gospel.* Leiden: E. J. Brill, 1988.

12

A transfiguração

Um vislumbre do futuro

O relato da transfiguração está ligado aos acontecimentos de Cesaréia de Filipe por uma das poucas conexões cronológicas encontradas nos Evangelhos. De acordo com Marcos 9.2 e Mateus 17.1, a transfiguração aconteceu "seis dias depois" da confissão de Pedro em Cesaréia de Filipe. Em Lucas 9.28, o elo cronológico revela-se na expressão "aproximadamente oito dias depois" (Lucas pode estar considerando o período de tempo de maneira inclusiva, enquanto Marcos e Mateus pensaram de modo não inclusivo). A não ser pelos relatos sobre os fatos ocorridos entre o Domingo de Ramos e a Páscoa, não encontramos nenhuma indicação temporal tão específica assim.

Como teria sido impossível, no período da tradição oral, recontar uma história "seis dias depois..." sem que fosse levantada a pergunta "Seis dias depois de quê?", é bem provável que a transfiguração já estivesse ligada aos acontecimentos em Cesaréia de Filipe antes mesmo de Marcos escrever seu evangelho. (É duvidoso pensar que a indicação temporal tenha sido criada por Marcos, pois não encontramos indicações como essa em nenhum outro lugar de seu evangelho, a não ser na narrativa da paixão. Também pode ser o caso da referência de Lucas quanto a "aproximadamente oito dias depois" testemunhar uma tradição distinta desse elo cronológico.) Como veremos a seguir, qualquer interpretação daquilo que aconteceu na transfiguração deve conservar em mente os fatos em Cesaréia de Filipe.

O LOCAL

Em todos os três relatos, lemos que esse evento aconteceu num "monte" (Mt 17.1; Mc 9.2; Lc 9.28). Mateus e Marcos adicionam ainda que aconteceu num "alto" monte. Muito debate se tem levantado com relação ao "monte" ao qual os evangelistas se referem.

A perspectiva tradicional afirma que a transfiguração aconteceu no monte Tabor, localizado cerca de 16 quilômetros a sudoeste do mar da Galiléia. Ele é essencialmente uma colina arredondada na planície de Esdrelon; eleva-se cerca de 400 metros acima da planície e alcança cerca de 550 metros acima do nível do mar. Projetando-se sobre a planície no mais completo isolamento, sua aparência é impressionante. É tratado como um monte em Juízes 4.6,12,14 (v. tb. Jr 46.18; Sl 89.12). Contudo, é bastante difícil conceber que seja descrito como um "alto" monte. Se uma guarnição romana ocupava o monte Tabor nos dias de Jesus, como alguns sugerem, isso corroboraria negativamente quanto a esse ser o verdadeiro lugar da transfiguração (v. *GJ* 2.20.6 [2.573]; 4.1.8 [4.54-61]).

Uma segunda opinião afirma que a transfiguração aconteceu no monte Carmelo, no mar Mediterrâneo, próximo da atual Haifa. Também é chamado monte, embora sua altura, 531 metros, seja ainda menor que a do monte Tabor. Assim, também está longe ser um "alto" monte. Além do mais, há o problema de estar fora do caminho se considerarmos os acontecimentos e lugares que cercam a transfiguração: Betsaida (Mc 8.22), Cesaréia de Filipe (8.27), Galiléia (9.30) e Cafarnaum (9.33). Se a indicação desses lugares deve ser levada a sério, o monte Carmelo está longe demais das atividades de Jesus nesses lugares para ser aceito como o lugar da ocorrência da transfiguração.

A melhor sugestão é o monte Hermom, que se destaca naquela área e alcança uma altura de mais de 2.700 metros. Cesaréia de Filipe está localizada nas encostas dessa montanha, cujos picos nevados podem ser vistos a grande distância. O monte Hermom é verdadeiramente um "alto" monte, no pleno sentido da palavra. O fato de os acontecimentos anteriores à confissão de Pedro em Cesaréia de Filipe terem acontecido nessa grande e ampla montanha é um argumento a favor de ela ser a melhor possibilidade.

Em nossa busca para encontrar "o" monte, não devemos perder de vista o fato de que os evangelistas não estavam preocupados com a indicação do lugar exato do evento. Em seus relatos — e provavelmente na tradição oral antes deles — a descrição do lugar é simplesmente "um alto monte". Isso deve alertar-nos para o fato de que, embora tais questões geográficas sejam legítimas e interessantes, o cerne da história não está em sua localização geográfica. Naturalmente, se alguém considera esse relato como um mito por causa de sua natureza milagrosa, perguntar onde aconteceu não faz sentido. Contudo, mesmo para aqueles que aceitam a historicidade do relato, não é o "onde fica" o mais importante. É o "o que aconteceu" que importa.

A TRANSFIGURAÇÃO

Nessa ocasião, Jesus levou consigo três discípulos — Pedro, Tiago e João. Esses três formavam uma espécie de elite dos Doze. Estavam presentes com Jesus quando a filha de Jairo foi ressuscitada dos mortos (Mc 5.37), no Getsêmani (14.33) e, com André, no discurso apocalíptico de Jesus (13.3). Nenhuma razão é apresentada para Jesus ter escolhido esses discípulos nessas ocasiões, mas não parece que tenham desempenhado um papel de liderança hierárquica entre os Doze.

No monte, Jesus foi "transfigurado" diante dos discípulos. Esse termo é uma tradução da palavra grega *metemorphōtē* (Mc 9.2). Jesus experimentou uma transformação sobrenatural. Explicações naturalistas, tais como o sol a romper as nuvens e brilhar poderosamente sobre as roupas brancas de Jesus, não são plausíveis. Não só suas roupas resplandeciam (Mc 9.3), mas a aparência de seu rosto também mudou (Lc 9.29). Os evangelistas não entenderam isso como alguma força exterior que brilhasse sobre Jesus. Em vez disso, descrevem o brilho como uma radiância que vinha de dentro de Jesus. Jesus foi transfigurado, e sua face brilhou como um sol (Mt 17.2).

Lucas adiciona que Moisés e Elias "apareceram em glorioso esplendor" com ele. Os evangelistas entenderam isso como uma glorificação temporária de Jesus, e a visão foi tal que os discípulos ficaram "apavorados" (Mc 9.6). Desse modo, enquanto Moisés, em seu encontro com Deus no monte Sinai, irradiou a glória de Deus (Êx 34.29,30,35), nessa ocasião Jesus antecipou a radiância da própria glória futura.

Alguns têm tentado explicar a transfiguração como uma experiência visionária dos três discípulos. O apoio para isso está em Mateus 17.9, quando Jesus ordena que eles não falem a ninguém sobre o que tinham visto até o momento da ressurreição. Contudo, ele também pode referir-se a fatos históricos. Em

Êxodo 3.3 e em Deuteronômio 28.34,67, por exemplo, as "visões" históricas a que os autores se referem apresentam o mesmo vocábulo na tradução grega do AT que o presente em Mateus 17.9 (cp. com os "feitos" em Dt 4.34, uma tradução do mesmo vocábulo grego). O mais importante é que a tendência geral do relato não permite que o interpretemos como uma visão. As palavras de Pedro colocam-se no caminho de qualquer um que queira ver a transfiguração como uma visão ou um mito, função também exercida pela designação temporal.

Não há dúvida de que as similaridades entre o relato da transfiguração e os vários temas e incidentes do AT (Moisés sobre o monte, a face de Moisés brilhando, a presença de uma nuvem, talvez os "seis dias") foram destacados na narrativa, mas isso não quer dizer que o relato foi criado do nada por alguém que sonhou com ele. Pelo contrário, é muito mais fácil compreendê-lo como um incidente real na vida de Jesus relatado por meio de palavras semelhantes às do AT.

Outra explicação desse relato é que, originariamente, era uma história da ressurreição que foi relida como se fosse da vida de Jesus. O apoio para isso tem sido visto na referência a uma nuvem (comp. com At 1.9), um alto monte (Mt 28.16), a referência à glória de Jesus (1Pe 1.11,21), a idéia de que a descrença dos discípulos durante a vida de Jesus é inexplicável caso realmente tivessem testemunhado a transfiguração, a similaridade da vestimenta de Jesus com a dos anjos na tumba vazia, e assim por diante. Existem, porém, várias razões para que a transfiguração seja mais bem entendida como um relato que ocorreu durante o ministério de Jesus.

A primeira razão está em que todos os evangelistas compreenderam o evento dessa maneira. Isso também é verdade no que se refere ao relato de 2Pedro 1.16-18. A segunda razão é o uso do título "Rabi" (no original; traduzido por "mestre" em Mc 9.5), que seria realmente estranho num relato da ressurreição. É verdade que Mateus e Lucas usam os vocábulos "Senhor" e "Mestre", mas o uso de "Rabi" por Marcos indica claramente que o evangelista não recebeu a história da transfiguração por herança como se fosse da ressurreição. Fica também difícil compreender a presença de Pedro, Tiago e João se isso fosse originariamente uma história de ressurreição. Os três aparecem juntos como um grupo distinto durante o ministério de Jesus, mas não aparecem como um trio em nenhum dos relatos da ressurreição. Finalmente, as palavras impulsivas de Pedro quanto a fazer três tendas — uma para Jesus, outra para Moisés e mais uma para Elias — soariam estranhas depois da ressurreição. Uma equiparação tola como essa, igualando Moisés e Elias a Jesus, poderia ter sido feita nessa situação? Contudo, durante o ministério de Jesus, tal erro é concebível.

O que realmente aconteceu durante a transfiguração de Jesus? Uma das mais antigas explicações pode ser encontrada no próprio NT:

> De fato, não seguimos fábulas engenhosamente inventadas, quando lhes falamos a respeito do poder e da vinda de nosso Senhor Jesus Cristo; ao contrário, nós fomos testemunhas oculares da sua majestade. Ele recebeu honra e glória da parte de Deus Pai, quando da suprema glória lhe foi dirigida a voz que disse: "Este é o meu filho amado, em quem me agrado". Nós mesmos ouvimos essa voz vinda dos céus, quando estávamos com ele no monte santo (2Pe 1.16-18).

A transfiguração é vista nessa passagem como uma antevisão da glória de Jesus na *parousia* (sua segunda vinda). Essa é provavelmente a melhor maneira de interpretar as passagens difíceis que apresentam esse relato nos Evangelhos. Marcos compreendeu a transfiguração como o cumprimento da declaração de Jesus em 9.1: "Garanto-lhes que alguns dos que aqui estão de modo nenhum experimentarão a morte, antes de verem o Reino de Deus vindo com poder".

Também deve ser lembrado que esse versículo segue imediatamente o texto de Marcos 8.38, que se refere à vinda futura do Filho do homem em glória. A passagem de Mateus 16.28 conecta a transfiguração à *parousia* de maneira ainda mais forte ao dizer que eles não experimentariam a morte "antes de verem o Filho do homem vindo em seu Reino". Parece, portanto, que tanto o texto de 2Pedro quanto o dos autores dos Evangelhos entenderam a transfiguração como um vislumbre do esplendor futuro do Filho do homem em seu retorno glorioso.

Outra interpretação possível é a de que a transfiguração foi uma manifestação da glória preexistente do Filho de Deus. Alguns têm sugerido que João 1.14 (cp. com Jo 12.27-33) pode ser uma alusão a ela. De acordo com essa compreensão, o esvaziamento — ou *kenosis* — do Filho de Deus (Fp 2.7) desapareceu temporariamente nessa ocasião, o véu de sua humanidade foi perfurado e a glória da Palavra preencarnada irrompeu. À luz da clara associação da transfiguração com a *parousia* em 2Pedro e em Mateus 16.28, porém, parece-nos melhor interpretar a transfiguração basicamente como um vislumbre da glória futura de Jesus, o Filho amado.

A APARIÇÃO DE MOISÉS E ELIAS

Os três relatos dos evangelhos afirmam que Elias e Moisés (Mc 9.4) apareceram a Jesus na transfiguração. Os textos de Mateus 17.3 e Lucas 9.30 invertem a ordem dos nomes com o objetivo de fornecer um esquema cronológico mais correto — Moisés e Elias. A importância da presença deles é debatida. Estariam presentes porque representavam o cumprimento das Escrituras, a saber, a Lei (Moisés) e os Profetas (Elias)? Essa pode ser a compreensão de Lucas (v. Lc 16.29,31; 24.27). Mas, se for assim, Isaías ou Jeremias não representariam melhor os Profetas? Note, porém, o elo entre Moisés e Elias em Malaquias 4.4,5. Deve-se lembrar também que Elias é o primeiro grande profeta a aparecer nos Profetas Anteriores (os livros que vão de Josué a 2Reis).

Estariam Moisés e Elias presentes porque, de acordo com a tradição, ambos subiram ao céu? (Apesar do que diz Dt 34.5,6, a tradição judaica considera que Moisés subiu ao céu [*Ant.* 4.8.48 (4.326)]). Mas, se fosse essa a razão, não seria melhor que o parceiro de Elias fosse Enoque? Estariam eles presentes porque são os dois únicos santos do AT que testemunharam a teofania num monte (Êx 24; 1Rs 19)? Estariam ali com o objetivo de refutar a idéia de que Jesus pudesse, de fato, ser Elias ou um dos profetas (Mc 8.28; cp. com Dt 18.15)? Ou estão presentes porque se esperava que essas duas personagens do AT aparecessem antes da vinda da era messiânica? Possivelmente, esse papel escatológico dos dois explique melhor sua aparição na transfiguração de Jesus.

A transfiguração de Jesus e a aparição de Moisés e Elias fizeram com que Pedro sugerisse o levantamento de três "tendas". O erro de tentar sacralizar e perpetuar aquilo que é apenas temporário por meio da construção de tendas é um erro cristológico ainda mais sério do que igualar Moisés e Elias a Jesus. A confissão em Cesaréia de Filipe, entendida corretamente, deveria ter impedido Pedro de cometer tal erro, mas, como revela a repreensão subseqüente (Mc 8.31-33), Pedro e os discípulos careciam de uma compreensão maior das implicações dessa confissão. Marcos destaca que Pedro fez essa sugestão porque não sabia o que dizer (Mc 9.6; cp. com Lc 9.33).

A VOZ DO CÉU

Outro evento importante na transfiguração foi o pronunciamento da Voz do céu. A Voz deve ser entendida com relação à sugestão errônea anterior de Pedro aqui e em Cesaréia de Filipe. Em contraste com a Voz do batismo de Jesus, direcionada ao próprio Jesus (v. Mc 1.11; Lc 3.22), aqui a Voz se dirige a Pedro, a Tiago e a João.

A primeira parte — "Este é o meu Filho amado" — deve ser entendida como uma repreensão quanto à sugestão de se construírem tendas. Tem-se sugerido que o erro de Pedro aqui está em que ele desejava tornar permanente uma experiência transitória. Em breve, não haveria mais ninguém com eles no monte, "a não ser Jesus" (Mc 9.8). Mais importante, porém, é o erro de procurar construir tendas *igualmente* para Jesus, Elias e Moisés. Os grandes do AT eram servos, não "filhos". Jesus é o único Filho (compare essa distinção na parábola dos lavradores maus, em Mc 12.2-7). Moisés e Elias foram profetas por meio de quem Deus falou, mas Jesus é o "Filho, a quem constituiu herdeiro de todas as coisas" (Hb 1.2). O Jesus da transfiguração era muito maior que eles.

Pedro e os discípulos não compreenderam as implicações da confissão feita em Cesaréia de Filipe. A filiação de Jesus não envolvia apenas uma distinção quantitativa — de que Jesus era um profeta maior que Elias e Moisés. Existia uma distinção qualitativa também. O único a se transfigurar foi Jesus, não Elias nem Moisés. Até mesmo Lucas, que menciona que Moisés e Elias "apareceram em glorioso esplendor" (Lc 9.31), entendeu que havia diferenças significativas entre a aparição deles e a do Filho, que possuía glória própria (cp. com Lc 9.32 — "a glória de Jesus"; v. tb. 9.26).

A segunda parte da mensagem divina — "Ouçam-no!" — aponta mais uma vez para Cesaréia de Filipe. O relato aqui não se refere aos ensinamentos de Jesus e por isso devemos olhar para outro lugar a fim de entender quais palavras de Jesus eles deveriam ouvir. Por causa disso — também devido ao elo temporal com o relato anterior —, devemos olhar para trás, para aquilo que aconteceu em Cesaréia de Filipe. Ali, depois de sua confissão, quando Jesus começou a ensinar sobre sua paixão vindoura (Mc 8.31), Pedro repreendeu-o. Foi incapaz de aceitar o ensinamento de Jesus sobre o papel messiânico e não conseguiu modificar as próprias concepções messiânicas que, sem dúvida, eram mais políticas em sua natureza. Pedro não podia aceitar a idéia de Jesus de que seu chamado e missão divinos envolviam sofrimento e morte. Naquele momento, Jesus destacou que a rejeição de Pedro ao papel messiânico de seu Mestre era satânica. Para Jesus, essa questão foi resolvida no momento da tentação no deserto.

Na transfiguração, a Voz revisitou a rejeição de Pedro referente à predição da paixão de Jesus. A ordem "Ouçam-no!" foi uma repreensão a Pedro e aos discípulos. Eles tinham de compreender e aceitar o ensinamento de Jesus sobre seu papel messiânico. Agora, com a afirmação de Jesus de que a rejeição ao Messias sofredor era satânica, veio a Voz. Os leitores originais dos relatos da transfiguração naturalmente sabiam que a missão messiânica de Jesus envolvia sua prisão, julgamento, crucificação, ressurreição e ascensão. Tal compreensão tão abrangente, porém, não estava disponível a Pedro, Tiago e João no momento da transfiguração. O que poderiam saber e o que precisavam aceitar era que a transfiguração era uma mostra divina daquilo que fora confessado e predito em Cesaréia de Filipe. Era o selo de aprovação de Deus, a ratificação celestial dos ensinamentos de Jesus sobre seu chamado messiânico. Jesus era realmente o Cristo, o Filho de Deus (o elo entre esses dois títulos é feito de maneira explícita em Mt 16.16, mas cada um dos evangelistas entendia esses títulos como descrições adequadas e complementares de Jesus [v. Mc 1.1; 14.61; Lc 4.41; 22.67-71]). Precisamente por ser o Cristo, Jesus tinha de sofrer, morrer e ressuscitar no terceiro dia.

A Voz afirmou que os discípulos precisavam aceitar a idéia que Jesus tinha da própria missão, a qual envolvia sofrimento e morte. Independentemente de quais fossem as concepções que tinham anteriormente sobre o papel messiânico, elas deveriam dar lugar ao ensinamento do próprio Jesus. Os discípulos não deveriam forçar a missão de Jesus para fazê-la encaixar-se em sua maneira de pensar. Pelo contrário, deveriam"ouvi-lo". Não deveriam tentar fazer de Jesus um Messias que procurasse sua aprovação. Seus contemporâneos podiam afirmar que o Messias sofredor, aquele que passaria pela morte, seria um escândalo para a fé, além de uma total loucura (1Co 1.23). Aquele, porém, que estivesse disposto a ouvir a Voz saberia que, no sofrimento e na morte de Jesus, o poder e a sabedoria de Deus seriam de fato reveladas (v. 24).

A Voz ainda fala dessa maneira aos seguidores de Jesus. O que é sábio neste mundo pode, em última análise, ser loucura diante de Deus; aquilo que pode ser considerado loucura neste mundo (como a morte sacrificial de Jesus para reconciliar Deus e a humanidade) pode, por fim, ser sabedoria diante de Deus.

DO MONTE PARA JERUSALÉM

Cada um dos evangelhos sinópticos destaca que, depois da transfiguração, Jesus foi para Jerusalém. Mateus relata que Jesus chegou à Galiléia (Mt 17.22) e, em particular, a Cafarnaum (17.24), saiu da Galiléia indo para a Judéia, do outro lado do Jordão (19.1), subiu a Jerusalém (20.17), passou por Jericó (20.29) e, finalmente, entrou em Jerusalém (21.10). Marcos, tal qual Mateus, mostra Jesus passando pela Galiléia (9.30), entrando em Cafarnaum (9.33), indo para Judéia, cruzando o rio Jordão (10.1), subindo a Jerusalém (10.32), passando por Jericó (10.46) e, então, entrando em Jerusalém (11.11). Lucas destaca que, depois dos eventos em Cesaréia de Filipe e da transfiguração (Lc 9.18-36), Jesus voltou sua face deliberadamente em direção a Jerusalém (9.51). O que se segue é o maior bloco do material Q presente em seu evangelho (9.51—18.14), mas, mesmo dentro desse material, lemos sobre Jesus passando por Samaria (9.52), e aos poucos tomando seu rumo de volta para Jerusalém (13.22), viajando para Jerusalém pela fronteira entre Samaria e a Galiléia (17.11), chegando a Jericó (19.1), aproximando-se de Jerusalém (19.11) e finalmente entrando nessa cidade (19.41-45).

Como o arranjo de muitos trechos do material dos evangelhos se deve freqüentemente a motivações não cronológicas, é impossível postular quanto tempo depois dos eventos de Cesaréia de Filipe e da transfiguração Jesus chegou a Jerusalém. Tanto Mateus quanto Lucas colocam grandes coleções de material entre esses eventos (Mt 18.1-35, a quarta maior coleção de falas de Jesus em seu evangelho; Lc 9.51—18.14, a maior parcela de Q presente em seu evangelho). A colocação desses materiais deve-se a preocupações literárias. Desse modo, não podemos afirmar que essa jornada deva ter levado muito tempo até que Jesus tivesse ensinado tudo aquilo. A natureza não cronológica da colocação que Lucas faz dos ensinamentos de Jesus no trecho que se estende de 9.51 a 18.14 também é vista no fato de que muito desse material é encontrado em Mateus antes de seu relato dos eventos relacionados a Cesaréia de Filipe e à transfiguração.

Se levarmos a sério os evangelhos sinópticos, vemos que o foco do ministério de Jesus passou por um ponto de transição importante nesse momento. O período de ensino na Galiléia tinha chegado ao fim. Ainda haveria ensinamento no caminho até Jerusalém e na própria Jerusalém, mas isso era secundário para o cumprimento do propósito divino. "Era necessário que o Filho do homem sofresse muitas coisas e fosse rejeitado [...], fosse morto e três dias depois ressuscitasse" (Mc 8.31). Como resultado, Jesus procurou preparar seus discípulos para a paixão. Esse tema seria reapresentado a eles em diversas ocasiões (v. Mc 9.31,32; 10.33,34,45; 12.6-11; 14.6-9,18-25). Mesmo que consideremos que muito disso se deve ao trabalho editorial dos evangelistas, parece que Jesus procurou preparar os discípulos para a paixão, que estava para acontecer. Contudo, ainda muito mais importante era a necessidade de Jesus cumprir seu chamado. Seu rosto estava voltado para Jerusalém, "pois nem mesmo o Filho do homem veio para ser servido, mas para servir e dar a sua vida em resgate por muitos" (Mc 10.45).

CONCLUSÃO

A transfiguração de Jesus está intimamente ligada aos eventos em Cesaréia de Filipe. Isso é verdadeiro não apenas no aspecto temporal, mas também no aspecto teológico. O que ocorreu em Cesaréia de Filipe foi afirmado e suas implicações foram explicadas em detalhes. Aquilo que Pedro havia confessado fora agora confirmado pela Voz. Jesus não era Elias, Moisés, um profeta nem João Batista. A Voz afirmou aquilo que Pedro dissera. Jesus era o Messias/ Cristo, o Filho amado de Deus. Isso implicava que ele não tinha iguais. As pessoas não poderiam tratá-lo nos mesmos termos que tratavam Moisés e Elias — ele era muito maior.

O significado disso quanto à sua missão tinha de ser aprendido com o próprio Jesus. Anteriormente, Pedro procurara impor sua concepção messiânica sobre Jesus. O resultado foi uma compreensão satânica do papel messiânico. Na transfiguração, a Voz disse a Pedro e aos outros que deveriam "ouvir a Jesus". Somente ele podia e devia interpretar o papel messiânico que Deus planejara. Esse papel levou-o a Jerusalém e à cruz.

REFERÊNCIAS BIBLIOGRÁFICAS

BOOBYER, G. H. *St. Mark and the Transfiguration Story.* Edinburgh: T & T Clark, 1942.

CAIRD, G. B. The Transfiguration. *Expository Times,* n. 67, p. 291-94, 1955.

HOOKER, Morna D. What Doest Thou Here, Elijah? A Look at St. Mark's Account of the Transfiguration. In: HURST, L. D.; WRIGHT, N. T. *The Glory of Christ in the New Testament.* Oxford: Clarendon, 1987, p. 59-70.

LIEFELD, Walter L. Transfiguration. In: GREEN, Joel B.; MCKNIGHT, Scot; MARSHALL, I. Howard, orgs. *Dictionary of Jesus and the Gospels.* Downers Grove: InterVarsity Press, 1992, p. 834-41.

MCGUCKIN, John Anthony. *The Transfiguration of Christ in Scripture and Tradition.* Lewiston: Edwin Mellen, 1987.

MURPHY-O'CONNOR, Jerome. What Really Happened at the Transfiguration? *Bible Review* 3, n. 3, p. 8-21, 1987.

RAMSEY, Arthur Michael. *The Glory of God and the Transfiguration of Christ.* London: Longmans, Green, 1949.

STEIN, Robert H. Is the Transfiguration (Mark 9.2-8) a Misplaced Resurrection-Account? *Journal of Biblical Literature,* n. 95, p. 79-96, 1976.

13

A entrada triunfal

O Rei de Israel entra em Jerusalém

Depois dos eventos associados a Cesaréia de Filipe e à transfiguração, Jesus levou seus discípulos a Jerusalém. Para Jesus, o evento de coroação de sua missão estava muito mais próximo do que uma leitura superficial dos Evangelhos possa sugerir. Como já destacamos (v. cap. 12, subtítulo "Do monte para Jerusalém"), os evangelistas colocaram vários conjuntos de tradições nesse ponto de seus relatos, o que dá a impressão de que um período mais longo de tempo se tenha passado antes da chegada de Jesus a Jerusalém. Isso é especialmente verdadeiro com relação a Lucas, que colocou nesse momento sua maior coleção do material Q (Lc 9.51—18.14). Com a entrada triunfal, os evangelistas começam a concentrar sua atenção nos eventos da Semana da Paixão. Seis dos 16 capítulos do evangelho de Marcos (11—16) são dedicados a isso.

Os relatos presentes em Marcos e Mateus sugerem que a rota que Jesus tomou para chegar a Jerusalém começou na margem oriental do rio Jordão (Mc 10.1; Mt 19.1) por Jericó (Mc 10.46; Mt 20.29; cp. com Lc 18.35). Lucas sugere que parte dessa rota também incluiu Samaria (Lc 9.52; cp. com Lc 17.11). De Jericó (16 quilômetros a nordeste do mar Morto e cerca de 250 metros abaixo do nível do mar) subiram a estrada deserta chamada "A subida do sangue" por cerca de 22 quilômetros até Jerusalém (a 760 metros acima do nível do mar). Durante esse período, Jesus continuou ministrando às necessidades do povo e de seus discípulos. Para estes últimos, isso implicou ensinamento contínuo sobre sua paixão (Mc 9.31; 10.32-34,45). Para o povo, isso significou ensinamento e cura contínuos.

O EVENTO CONFORME ENTENDIDO POR JESUS

Para os evangelistas, a entrada de Jesus em Jerusalém foi de grande importância. Isso é evidente por tratar-se de um dos poucos eventos na vida de Jesus que são registrados nos quatro evangelhos. Os evangelhos sinópticos dão a impressão de que os eventos associados à entrada triunfal de Jesus aconteceram imediatamente à chegada de Jesus a Jerusalém. João, porém, sugere que Jesus passou primeiramente em Betânia (v. Jo 10.40; 11.1,6,7,17) e ficou numa área próxima antes de entrar em Jerusalém (Jo 11.54—12.19). João ainda indica que parte do entusiasmo pela entrada triunfal de Jesus em Jerusalém deveu-se ao milagre recente da ressurreição de Lázaro (Jo 12.9). Se, como será sugerido, o uso de um jumentinho para entrar em Jerusalém foi pré-arranjado por Jesus, tal atitude confere apoio adicional à idéia de que Jesus não entrou em Jerusalém no mesmo dia em que saiu de Jericó.

A entrada de Jesus em Jerusalém está associada a vários locais: Betfagé, Betânia e o monte das Oliveiras. O monte das Oliveiras é uma cadeia de colinas, das quais a mais alta está cerca de 900 metros acima do nível do mar. Ele fica exatamente a leste de Jerusalém e está separado dela pelo vale do Cedrom. A localização exata de Betfagé e Betânia é incerta. Alguns sugerem que Betfagé ficava no lado leste do monte das Oliveiras, cerca de 800 metros abaixo do topo, e que Betânia estava ainda mais a leste, a cerca de 3 quilômetros de Jerusalém.

No dia em que entrou em Jerusalém, Jesus enviou dois discípulos adiante até uma vila sem nome para encontrar um jumentinho sobre o qual ninguém havia montado. Deveriam soltá-lo e trazê-lo a Jesus. Se alguém perguntasse o que estavam fazendo, deveriam simplesmente responder: "O Senhor precisa dele e logo o devolverá" (Mc 11.3). Assim que chegaram à vila, encontraram o jumentinho, conforme Jesus dissera. Ao soltá-lo, foram questionados sobre o que estavam fazendo, mais uma vez como Jesus falara. Eles responderam como Jesus os havia orientado e receberam permissão para levar o jumentinho.

Já houve muita discussão sobre como exatamente entender esse episódio. Ele deve ser entendido basicamente como um exemplo do conhecimento sobrenatural antecipado que Jesus tinha dos eventos? Vários outros acontecimentos da vida de Jesus indicam que ele possuía tal conhecimento prévio, como no exemplo das predições de sua paixão. Teríamos aqui outro exemplo de tal conhecimento? Ou deveria ser entendido como um evento preparado com antecedência? Em outras palavras, Jesus teria arranjado antecipadamente que o jumentinho fosse deixado num determinado lugar, de modo que pudesse entrar em Jerusalém montado nele?

O argumento mais forte em favor de Jesus ter preparado tudo é o fato de que saber sobrenaturalmente que um jumento que nunca fora montado estava preso nas vizinhanças não explica o que aconteceu quando os discípulos o soltaram. Por que os presentes permitiram que os discípulos soltassem e levassem o jumentinho? O conhecimento prévio da presença do jumentinho não explica isso. Se Jesus tivesse arranjado tudo antecipadamente, porém, a atitude passaria a ser compreensível. Quando as pessoas perguntaram por que estavam soltando o jumentinho, os dois discípulos simplesmente disseram: "O Senhor precisa dele", e isso satisfez os questionadores. A resposta deles foi algo como: "Ah, tudo bem!". Isso sugere que aqui — assim como na hora de encontrar um cenáculo preparado para a última ceia — Jesus já havia preparado aquilo que estava prestes a acontecer. Várias tentativas têm sido feitas para explicar a resposta dos dois discípulos como se o termo "Senhor", usado na sua resposta, fosse uma referência ao dono humano do jumentinho, e que seu dono, um seguidor de Jesus, quisesse que o jumentinho lhe fosse trazido. A explicação, porém, comete uma violência contra a intenção autoral de todos os textos sinópticos. Para os escritores dos Evangelhos, está claro que "Senhor" aqui pode referir-se apenas ao "Senhor Jesus", e não ao dono humano do jumentinho.

A sugestão de que Jesus tinha pré-arranjado um jumento que não fora montado para ser preparado para seu uso carrega implicações cristológicas significativas. A tentativa de explicar o que aconteceu como algo relativo ao cansaço da parte de Jesus entende o evento de maneira completamente errada. De Betânia a Jerusalém são cerca de 3 quilômetros. É difícil acreditar que o Jesus que caminhou por toda a Galiléia, chegando a Tiro, a Cesaréia de Filipe, descendo a Jericó e subindo a Jerusalém tivesse, de repente, ficado cansado. Os escritores dos Evangelhos querem que compreendamos que Jesus conscientemente procurou entrar em Jerusalém não a pé, como os outros peregrinos faziam, mas dessa maneira específica.

Discussões sobre a entrada triunfal como um rito messiânico posterior, criado pela igreja primitiva numa tentativa de fazer cumprir profecias messiânicas do AT, são insatisfatórias. A razão para isso é que o relato mais antigo (o de Marcos) não possui qualquer referência explícita à citação de Zacarias 9.9 que, supõe-se, forneceu a base para o assim chamado relato mítico. Isso exigiria que a fonte que supostamente deu nascimento ao mito — a citação do AT com base no livro de Zacarias — tivesse sido omitida da história logo no início (Lucas também a omite). Mais tarde, em Mateus 21.5 e em João 12.14,15, a citação do AT supostamente ressurge.

Parece mais fácil ver nesse evento um ato simbólico e consciente de Jesus a revelar que via a si mesmo como o Cristo, o tão esperado Rei de Israel. Contudo, em contraste com o Rei messiânico de *Salmos de Salomão* (17.21-46), ele chegou sem ser reconhecido, com total humildade e mansidão. Nem mesmo seus discípulos entenderam completamente o significado daquilo que havia acontecido (Jo 12.16).

O jumento trazido a Jesus não fora montado por ninguém. Pelo fato de nunca ter sido montado, era adequado para a santa tarefa que estava prestes a realizar (cp. com 1Sm 6.7). Assim que o jumentinho chegou, os discípulos colocaram suas capas sobre ele. É difícil dizer se eles fizeram isso com o objetivo de fazer um tipo de "sela" para Jesus ou porque o estavam tratando propositadamente como uma personagem messiânica ou da realeza. A segunda opção não é impossível à luz da exuberância do momento. A colocação de roupas e ramos no caminho (Mc 11.8; comp. com 2Rs 9.13) sugere isso. Esse fato relatado nos Evangelhos será provavelmente mais bem interpretado se entendido como um ato messiânico, realizado de maneira consciente ou não pelos discípulos. (Mateus relata que os discípulos trouxeram dois animais a Jesus, a jumenta e o jumentinho, e que "sobre estes Jesus montou" [Mt 21.7]. É improvável que Mateus quisesse que seus leitores entendessem que Jesus havia montado em ambos os animais ao mesmo tempo, de modo que "estes" é com certeza uma referência aos mantos, mencionados na parte anterior desse versículo.)

Enquanto desciam o monte das Oliveiras rumo a Jerusalém, o povo trazia ramos consigo. (A expressão "Domingo de Ramos" advém da presença desse termo em todos os relatos da entrada triunfal, com exceção do texto de Lucas.) Eles eram levados pelas multidões. Já houve debates sobre a questão de os ramos serem ou não nativos de Jerusalém, devido ao clima frio do inverno. Contudo, em outras ocasiões, parece que os ramos puderam ser encontrados em Jerusalém (1Mac 13.51). É bastante possível que crescessem palmeiras pelo menos nas encostas mais quentes a leste do monte das Oliveiras. Os ramos de palmeiras deram uma qualidade real e messiânica ao evento, pois eram sinal do nacionalismo judaico, em especial do nacionalismo macabeu, e aparecem nas moedas cunhadas durante a revolta de Bar Kokhba, de 132 a 135 d.C.

À medida que prosseguiam, Jesus foi saudado com as expressões do salmo 118, usado para saudar peregrinos durante festivais tais como a Festa das Cabanas (ou dos Tabernáculos) e a Páscoa: "Hosana! Bendito é o que vem em nome do Senhor! Bendito é o Reino vindouro de nosso pai Davi! Hosana nas alturas!" (Mc 11.9,10). O termo *hosana* é, literalmente, uma oração pedindo socorro — "[por favor] salva-nos!". Contudo, com o passar do tempo, ela se tornou uma saudação muito semelhante à expressão "glória a Deus" que usamos hoje (cp. com *m. Pesaḥim* 5.7; 10.5-7). Lucas entendeu-a como uma saudação de louvor. Conseqüentemente, ele omitiu-a e introduziu as palavras desse salmo peregrino com a frase "toda a multidão dos discípulos começou a louvar a Deus alegremente e em alta voz" (Lc 19.37).

O fato de ser esse um salmo peregrino e de ter sido cantado para peregrinos em geral explica como Jesus pôde receber esse tipo de boas-vindas em Jerusalém sem levantar suspeita ou reação de Roma. Sem dúvida, as boas-vindas dadas a Jesus foram mais entusiásticas que as dispensadas a qualquer outro peregrino (Lc 19.39,40). Afinal de contas, ele era um mestre famoso e era visto por muitos como um profeta (Mt 21.11). Para alguns de seus seguidores no meio da multidão, Jesus não era um simples peregrino que chegava a Jerusalém, mas "o" Peregrino, seu Mestre e seu Senhor. É até mesmo possível que houvesse na multidão quem acreditasse ser ele realmente "aquele que vem" (note como essa expressão adquire tonalidades messiânicas em Mt 11.3 e 23.39).

Para Jesus, essa entrada foi realmente messiânica por natureza. De maneira intencional, fez os arranjos necessários para que um jumento nunca antes montado fosse preparado para ele. Sua natureza virginal indica que o jumento serviria para um uso especial. Ele era adequado para o rei de Israel. De maneira intencional, entrou na Cidade Santa em cumprimento à profecia de Zacarias 9.9, pois era o Messias de Israel. Ao entrar em Jerusalém, foi saudado, como se relatou anteriormente, com um tradicional salmo peregrino. Mesmo aqueles que o saudavam assim, de maneira entusiástica, não compreendiam plenamente o que estava acontecendo, pois Jesus não era apenas um peregrino nem mesmo um peregrino especial. Em vez disso, era "o que vem em nome do Senhor". Aquilo que estava implícito na cena original, os autores dos Evangelhos procuraram tornar explícito mais tarde. As passagens de Mateus 21.5 e João 12.15 fazem isso ao citar Zacarias 9.9, enquanto Lucas 19.38 e João 12.13 o fazem adicionando as expressões "o rei" e "o Rei de Israel".

O EVENTO CONFORME ENTENDIDO PELA MULTIDÃO

Para as multidões, o que aconteceu na entrada triunfal foi entendido de maneira diferente. Para eles, o evento foi mais semelhante às boas-vindas naturais e tradicionais dadas a um peregrino famoso que chegasse a Jerusalém. A saudação tradicional do salmo 118 foi pronunciada em alta voz a Jesus e àqueles que vinham com ele. No meio da entusiasmada multidão que chegava com Jesus, estavam seus discípulos e seguidores, além de um grande número de peregrinos galileus. Sua atitude positiva e sua devoção a Jesus somaram-se ao fervor e ao espírito da ocasião. O ato de colocar as vestes e os ramos no caminho diante dele foi certamente um ato de boas-vindas superior ao que um peregrino comum recebia.

Num certo sentido, portanto, aqueles que afirmam que a entrada triunfal não foi nada mais que uma animada recepção de boas-vindas a um peregrino famoso que, mais tarde, foi interpretada como um evento messiânico em cumprimento ao AT estão parcialmente corretos. Na mente da maioria das pessoas que compunham a platéia de Jesus naquele dia, esse evento foi essencialmente uma cerimônia de boas-vindas a um peregrino, Jesus de Nazaré. Contudo, para alguns dos seguidores de Jesus, havia "mais" coisas envolvidas nesse ato. O que "mais" havia, porém, não está claro. Embora a multidão do evangelho de João diga: "Hosana! Bendito é o que vem em nome do Senhor! Bendito é o Rei de Israel!" (Jo 12.13), o evangelista comenta mais adiante: "A princípio seus discípulos não entenderam isso. Só depois que Jesus foi glorificado, eles se lembraram de que essas coisas estavam escritas a respeito dele e lhe foram feitas" (v. 16). Os outros evangelistas também revelam essa ambigüidade referente ao que aconteceu.

Aquilo que Jesus planejara realmente era messiânico e cumpria Zacarias 9.9 (Mt 21.4,5). Mas apenas em Lucas 19.38 e em João 12.13 encontramos um claro título messiânico proclamado durante o evento. João, como mencionamos, destaca que os próprios discípulos não entenderam completamente tudo o que estava envolvido naquele evento. Assim, se alguns dos presentes naquele dia (sem dúvida, uma minoria) viram esse evento como messiânico, a maioria não o viu dessa maneira. Em sua mente, o que estava acontecendo era uma fervorosa e entusiasmada saudação aos peregrinos, feita ao profeta Jesus de Nazaré, que chegava a Jerusalém.

CONCLUSÃO

Para Jesus, a entrada triunfal foi um ato messiânico cuidadosamente orquestrado. Foi um ato parabólico que pôde ser percebido por aqueles que tinham olhos para ver, mas que ficou oculto aos demais. Sua entrada messiânica estava envolta no mesmo tipo de segredo que caracterizou seu ensino, sob forma de parábolas, sobre o Reino de Deus e o uso que fez do título "Filho do homem". Num cumprimento consciente da profecia do AT encontrada em Zacarias 9.9, ele fez com que um jumento que nunca fora montado estivesse à sua disposição. Tendo encontrado o animal, cavalgou rumo a Jerusalém. Não entrou na cidade caminhando, como os outros peregrinos faziam; entrou cavalgando. Contudo, Jesus não estava montado num garanhão de guerra, pois era manso e humilde. Cavalgou rumo a Jerusalém não para se sentar no trono real, mas para cumprir a missão de seu Pai. Majestosamente, ele cavalgou — para a morte!

As multidões compreenderam muito pouco (se é que tinham alguma compreensão) de tudo isso. A ocasião festiva e a chegada de uma celebridade somaram-se para inspirar uma saudação bem animada ao peregrino. Não há dúvidas de que seus seguidores e a multidão vinda da Galiléia contribuíram grandemente para esse entusiasmo. Porém, a saudação nesse salmo peregrino enquadrou-se muito melhor à situação do que eles imaginaram. Aquele que "vem em nome do Senhor" estava, na verdade, vindo para "salvar" (*hosana*). Contudo, tanto aqui quanto em Cesaréia de Filipe, a confissão ou a saudação do povo não foi compreendida. Ele foi saudado como "Jesus, o profeta de Nazaré da Galiléia" (Mt 21.11), não como Messias ou Rei. A idéia do povo e as esperanças messiânicas eram radicalmente diferentes; as pessoas não poderiam compreender esse evento. Não há dúvida de que isso estava dentro da vontade divina. As conseqüências das boas-vindas messiânicas feitas abertamente a Jesus teriam levantado uma confrontação imediata com Roma. O governo romano não poderia tolerar qualquer Messias ou Rei de Israel. Não há espaço para César e o Messias de Deus existirem ao mesmo tempo.

No julgamento — quando testemunhas procuraram condenar Jesus e justificar a ação política romana — não é feita nenhuma menção quanto à entrada triunfal. Fica claro que, na mente de Roma e da liderança judaica, esse evento não foi compreendido como uma afirmação ou um desafio messiânicos. Isso refutaria aqueles que viessem a interpretar a entrada de Jesus em Jerusalém como um ato político carregado de um propósito revolucionário típico dos zelotes. Também não devemos entender a entrada triunfal como uma lenda posterior, criada pela Igreja sob a influência do estudo de Zacarias 9.9. Aparentemente, o texto de Zacarias 9.9 não foi interpretado messianicamente no judaísmo até o século IV de nossa era.

A entrada triunfal foi um evento real que Jesus arranjou propositadamente e levou adiante em cumprimento à sua missão divina. Dentro de pouco tempo, a saudação entusiástica feita a Jesus naquele dia se transformaria no hostil "Crucifica-o!" (Mc 15.13,14). Contudo, esse era o seu dia. Era adequado receber as entusiasmadas boas-vindas. De fato, se as multidões e os discípulos não tivessem agido assim, se tivessem permanecido calados, "as pedras [teriam clamado]" (Lc 19.40).

REFERÊNCIAS BIBLIOGRÁFICAS

CATCHPOLE, D. R. The "Triumphal Entry". In: BAMMEL, E.; MOULE, C. F. D. orgs. *Jesus and the Politics of His Day*. Cambridge: Cambridge University Press, 1984, p. 319-34.

GUNDRY, Robert H. *Mark*: A Commentary on His Apology for the Cross. Grand Rapids: Eerdmans, 1993, p. 623-34.

GUTHRIE, Donald. *Jesus the Messiah*. Grand Rapids: Zondervan, 1972, p. 267-70.

HARRISON, Everett F. *A Short Life of Christ*. Grand Rapids: Eerdmans, 1968, p. 165-75.

LOSIE, Lynn A. Triumphal Entry. In: GREEN, Joel B.; MCKNIGHT, Scot; MARSHALL, I. Howard, orgs. *Dictionary of Jesus and the Gospels*. Downers Grove: InterVarsity Press, 1992, p. 854-9.

SANDERS, E. P. *Jesus and Judaism*. Philadelphia: Fortress, 1985, p. 306-8.

14

A purificação do templo

A casa de Deus — um covil de ladrões

Vemos nos evangelhos sinópticos que a purificação do templo está intimamente associada à entrada triunfal. No evangelho de Marcos, ela acontece "no dia seguinte" (Mc 11.12). Em Mateus e em Lucas, acontece imediatamente depois da entrada triunfal (note que "Jesus entrou no templo e expulsou..." [Mt 21.12], sem nenhum outro relato entre a entrada triunfal e a entrada no templo, e "então ele entrou no templo e começou a expulsar..." [Lc 19.45]). Pode ocorrer que Marcos tenha colocado intencionalmente a purificação do templo em sua posição atual para ajudar o leitor a compreender de que maneira deveria interpretar esse evento. Em seu evangelho, em várias ocasiões Marcos "espreme" um incidente no meio de um relato (v. p. ex., Mc 3.22-30, colocado entre v. 19-21 e 31-35; 5.25-34, colocado entre v. 21-24 e 35-43; 6.14-29, colocado entre v. 6-13 e 30s.; 14.3-9, colocado entre v. 1,2 e 10,11). Como veremos a seguir, Marcos "espremeu" a purificação do templo (11.15-19) no relato da maldição lançada contra a figueira (v. 12-14 e 20-25), de modo que seus leitores pudessem compreender que a "purificação" não era simplesmente um ato de limpeza ou reforma, mas de julgamento.

O PROBLEMA DA NARRATIVA DE JOÃO

Um problema maior surge quando se compara a narrativa da purificação do templo nos evangelhos sinópticos com o mesmo relato no evangelho de João. A importância desse incidente na vida de Jesus é atestada pelo fato de ser um dos poucos eventos registrados nos quatro evangelhos. A localização dessa história no capítulo 2 de João, porém, levanta imediatamente um problema: a purificação do templo aparece no início do ministério de Jesus, enquanto nos evangelhos sinópticos ela aparece durante a última semana.

Tem-se destacado em diversas ocasiões que os evangelhos canônicos não foram escritos com o foco em considerações basicamente cronológicas. Marcos (bem como Mateus e Lucas, que se utilizaram de Marcos) organizou seu evangelho de maneira geográfica. O ministério de Jesus na Galiléia e as tradições associadas ao seu ministério ali aparecem no início do evangelho, e seu ministério em Jerusalém surge no final. Como a missão de Jesus em Jerusalém começa em Marcos 11.1, a purificação do templo só pode ser localizada em algum lugar depois desse versículo. Para João, que relata Jesus indo e vindo da Galiléia para Jerusalém, a purificação do templo poderia ser inserida em diversos lugares.

Na tentativa de se fazer a harmonização dos evangelhos, tem sido bastante comum falar de duas purificações separadas do templo. Uma supostamente ocorreu logo no início do ministério de Jesus (em João) e outra no final (nos evangelhos sinópticos). Essa explicação é certamente possível. Dois fatores, porém, argumentam contra ela. Um é a grande similaridade entre os relatos (a venda de animais para o sacrifício e o ato de derrubar as mesas dos cambistas). Outra é que, tanto em João quanto nos evangelhos sinópticos, há uma grande proximidade entre esse evento e o questionamento da autoridade de Jesus (cp. Mc 11.27-33 com Jo 2.18-22). Contudo uma diferença significativa entre os relatos está em que somente João afirma que Jesus "fez um chicote" (Jo 2.15) para expulsar aqueles que estavam comprando e vendendo no templo.

Se realmente aconteceu uma purificação do templo — como a maioria dos estudiosos acredita — é mais provável que ela tenha acontecido no final do ministério de Jesus. Provavelmente, João colocou esse episódio da vida de Jesus no início de seu evangelho como exemplo da hostilidade que Jesus enfrentou por parte da liderança religiosa. Assim, sua localização no evangelho de João pode se dar primariamente por considerações literárias. Ao colocar o relato nesse ponto de seu evangelho, João fornece aos seus leitores uma visão antecipada bastante útil daquilo que aconteceria no ministério de Jesus. Como resultado, fica evidente desde o início que a morte de Jesus era inevitável por causa da hostilidade do judaísmo oficial contra ele.

A PURIFICAÇÃO DO TEMPLO

Nos dias de Jesus, o templo de Jerusalém era uma estrutura magnífica. Cercado a leste e a oeste pelos vales de Cedrom e de Tiropeão, ao sul pela velha Cidade de Davi e ao norte pela fortaleza Antônia, o templo ocupava uma área de quase 150 mil metros quadrados. A área não formava um quadrado perfeito: tinha a forma trapezoidal, cujos lados norte e oeste eram um pouco maiores que o sul e o leste.

A área do templo foi a maior desse tipo de construção no mundo antigo. A plataforma era cercada por grossas paredes que apoiavam a grande quantidade de material usado para nivelar a área, assim como o grande peso do templo e de suas outras estruturas. Os muros penetravam mais de 15 metros abaixo do nível do chão e apoiavam-se numa base sólida. Eles também se elevavam mais de 20 metros acima do nível da rua. Muitas das pedras usadas no muro eram enormes. Algumas delas, visíveis hoje, têm mais de 12 metros e pesam mais de 100 toneladas. Josefo menciona pedras ainda maiores usadas na construção do templo, algumas tão grandes a ponto de medir o equivalente a um paralelepípedo de 20,25 metros de largura por 2,25 metros de altura e 2,7 metros de comprimento (*GJ* 5.5.6 [5.224]). Em outros lugares, relata que as pedras mediam 11,25 metros de largura, 3,6 metros de altura e 5,4 metros de comprimento (*Ant.* 15.11.3 [15.392]. Mesmo as de menores dimensões mostram que eram pedras enormes.

O templo dos dias de Jesus foi resultado de trabalho contínuo e de alterações. Depois de ter sido destruído pelos babilônios em 587 a.C., o templo de Salomão foi reconstruído pelos exilados que voltaram sob a liderança de Zorobabel em 538 a.C. Esse templo foi continuamente modificado, mas a obra mais importante e monumental aconteceu sob o governo de Herodes, o Grande. No ano 20 a.C., ele deu início a uma enorme reforma que abrangeu toda a plataforma, os muros e o templo. Cerca de 10 mil trabalhadores, mil carruagens e mil sacerdotes foram envolvidos na reconstrução (*Ant.*, 15.11.2 [15.390]). Esses sacerdotes foram especialmente treinados em várias técnicas de construção, para poder executar o trabalho necessário nas áreas sagradas do templo, fora do alcance do público em geral. A obra no templo continuou depois da morte de Herodes, até pouco antes de sua destruição, no ano 70 d.C.

Em sua maior parte, o templo era coberto de ouro. O que não recebeu essa cobertura era de pedras brancas brilhantes. O telhado possuía pregos de ouro para impedir que os pássaros os estragassem. Sob a luz do sol, o reflexo do templo era tão intenso que não era possível olhar diretamente para ele. A magnificência do templo era tal que podia ser comparado satisfatoriamente a qualquer uma das sete maravilhas do mundo antigo.

Diversas portas davam acesso à área do templo. No sul, estavam as portas de Hulda 1 e 2; no lado norte, estava a porta Norte; no oeste, ficavam as portas hoje conhecidas como porta Warren, porta Barclay, Arco Wilson e porta Ocidental; a porta Dourada permitia o acesso pelo leste. Todas as portas levavam a uma grande área chamada pátio dos Gentios, que compunha a maior parte da área do templo. Ao lado dos muros do templo, havia passagens cobertas, também chamadas pórticos. No meio da área do templo havia uma cerca de pedra — ou balaustrada — que levava ao templo propriamente dito. Essa barreira marcava o fim do pátio dos Gentios e separava-o do pátio interior do templo. A balaustrada de pedra tinha cerca de 1,5 metro de altura. Todas as portas que davam acesso à balaustrada e dali para o pátio interior do templo traziam inscrições em grego e latim, advertindo aos não-judeus que estavam proibidos de entrar ali, sob pena de morte.

Depois de passar pela balaustrada, havia um acesso de 14 degraus que levava a outro muro. Esse muro tinha mais de 10 metros de altura. Nove portas desse muro levavam a outro pátio. O terço leste desse pátio era chamado pátio das Mulheres. A parte ocidental do pátio, maior, era chamada pátio de Israel (o pátio dos homens). Como não era permitido aos gentios entrar no pátio interior do templo, do mesmo modo não era permitido às mulheres entrar no pátio de Israel. A partir do pátio de Israel, era possível entrar no pátio dos Sacerdotes, onde estava o altar das ofertas queimadas e o templo propriamente dito. Esse último pátio, saindo do leste e indo para oeste, continha o pórtico que levava ao templo, ao Lugar Santo e ao Santo dos Santos.

Quando entrou na área do templo, provavelmente pela porta Dourada, que ficava de frente para o monte das Oliveiras, Jesus presenciou no pátio dos Gentios a venda de animais para os sacrifícios e o câmbio de dinheiro. A cada ano, próximo da Páscoa, todo judeu adulto do sexo masculino tinha de pagar meio siclo, ou duas dracmas (cf. Mt 17.24-27), como imposto do templo. Isso se baseava no texto de Êxodo 30.13-15:

> Cada recenseado contribuirá com seis gramas, com base no peso padrão do santuário, que tem doze gramas. Os seis gramas são uma oferta ao SENHOR. Todos os alistados, da idade de vinte anos para cima, darão ao SENHOR essa oferta. Os ricos não contribuirão com mais, nem os pobres darão menos que seis gramas, quando apresentarem a oferta ao SENHOR como propiciação por sua vida.

Como muitas das moedas dos tempos antigos possuíam imagens e terminologia idólatras, a única moeda aceitável para o imposto do templo era o meio siclo de prata de Tiro (tecnicamente, a didracma de prata de Tiro). Para facilitar o pagamento das taxas, no 15.º dia do mês anterior à Páscoa (o mês de adar), montavam-se mesas de câmbio nas províncias ao redor de Jerusalém e, no 25.º dia, elas eram montadas no pátio dos Gentios, no templo (*m. Shqalim* 1.3). A troca de dinheiro não era feita "sem fins lucrativos" (*m. Sheqalim* 1.6). O ágio cobrado variava entre 4% e 8%.

Dentro do mesmo pátio, Jesus também viu a venda de animais para os sacrifícios. Sob certa perspectiva, essa prática, aliada ao câmbio de dinheiro, era um serviço oferecido aos peregrinos que chegavam a Jerusalém, ainda que mediante o pagamento de uma taxa (*m. Bekorot* 4.5,6). Trazer um animal apropriado para os sacrifícios seria um processo tedioso e, mesmo que a pessoa trouxesse seu próprio sacrifício, este precisaria ser examinado pelo sacerdotes para garantir que não possuía qualquer defeito. E o que faria a pessoa se o animal trazido para o não fosse aceito? Desse modo, a venda de animais sacrificiais e a troca de moeda podiam ser vistos como uma tentativa dos sacerdotes de "facilitar" as coisas para aqueles que chegavam ao templo. Sob outra perspectiva, porém, essa prática podia ser vista como a transformação do templo de lugar de adoração em um tipo de bazar sacerdotal. Longe de colaborar para que o templo funcionasse como uma casa de oração para todos os povos, o cheiro dos animais, seus excrementos, seus balidos e tudo o mais desviavam a atenção do propósito ordenado por Deus.

Também fica evidente que, para a liderança sacerdotal, tais atividades "comerciais" eram bastante lucrativas. O *Talmude* registra um incidente no qual se cobrava um preço absurdo pelos pombos:

> Certa vez, em Jerusalém, um par de pombos custava um *denar* de ouro. Rabban Simeon b. Gamaliel disse: Pelo Templo! Não se passará uma noite antes de eles custarem nada mais que um *denar* [de prata]. Ele foi até o pátio e ensinou: Se uma mulher sofreu comprovadamente cinco abortos ou menstruou comprovadamente cinco vezes, ela precisa trazer apenas uma oferta e poderá

então comer das ofertas de animais; ela não é obrigada a oferecer as outras ofertas. E no mesmo dia o preço de um par de pombos baixou para um quarto de *denar* (*m. Keritot* 1.7).

Esse incidente indica que, às vezes, o preço dos animais no templo era excessivo. Um *denar* de ouro valia cerca de 25 *denares* de prata. O incidente também revela o antagonismo de pelo menos alguns fariseus contra o sacerdócio saduceu e sua prática de vender sacrifícios. Conseqüentemente, o rabi Simeon b. Gamaliel decretou uma regra na qual ele interpretava a lei dos sacrifícios de maneira tal que menos sacrifícios seriam necessários. O resultado foi uma queda dramática no "mercado" de sacrifícios. O incidente também sugere que a ação de Jesus de purificar o templo pode muito bem ter recebido o apoio de alguns fariseus ali presentes.

Jesus ficou muito irritado com aquilo que viu no templo. Longe de cumprir a finalidade para a qual fora edificado e de ser uma "casa de oração para todos os povos", a venda de animais para os sacrifícios e o câmbio transformaram o templo num "covil de ladrões" (Mc 11.17). Ao descrever o templo dessa maneira, Jesus citou Isaías e Jeremias:

> E os estrangeiros que se unirem
> ao SENHOR para servi-lo,
> para amarem o nome do SENHOR
> e prestar-lhe culto,
> todos os que guardarem o sábado
> deixando de profaná-lo,
> e que se apegarem à minha aliança,
> esses eu trarei ao meu santo monte
> e lhes darei alegria
> em minha casa de oração.
> Seus holocaustos e demais sacrifícios
> serão aceitos em meu altar;
> pois a minha casa será chamada
> casa de oração para todos os povos (Is 56.6,7).
>
> Este templo, que leva o meu nome, tornou-se para vocês um covil de ladrões? (Jr 7.11).

(Mateus e Lucas omitem essa citação dupla. Isso pode ter acontecido porque escreveram seus evangelhos depois da destruição do templo e, assim, não viram um possível cumprimento dessas passagens.)

Alguns acreditam que o vocábulo "ladrões", presente em Marcos 11.17, refere-se a rebeldes revolucionários ou nacionalistas e que Jesus reclamava que uma mentalidade típica zelote estava dominando o templo. Contudo, esse é exatamente o vocábulo encontrado em Jeremias 7.11 e, assim, não deve ser considerado de modo diferente. Dentro do contexto apresentado, não existe nada que trate de revolução política. O que está em primeiro plano é a busca pelo lucro que acontece dentro do templo. Desse modo, o vocábulo "ladrões" é com certeza uma referência ao roubo no comércio de sacrifícios e no câmbio do dinheiro.

Tomado de uma justa indignação, Jesus purificou o templo. Interrompeu o negócio de câmbio ao derrubar as mesas dos cambistas. Expulsou aqueles que estavam no negócio dos sacrifícios. Até mesmo expulsou aqueles que procuravam comprar sacrifícios (note a expressão "começou a expulsar os que estavam comprando e vendendo" [Mc 11.15]), pois eles também contribuíam para essa vergonha. No relato joanino, a intensidade da ação de Jesus é descrita por meio do fato de ele fazer um chicote de cordas e de usá-lo como um tipo de açoite para expulsar os culpados (Jo 2.15).

É certo que o retrato de Jesus apresentado nos Evangelhos está longe de mostrar o Cristo fraco e efeminado que pode ser visto em vários exemplos da arte cristã. Nessa cena, Jesus é retratado como o justo Servo de Deus. Armado com o direito, fortalecido com o zelo por Deus, confiante na correção de suas ações, foi irresistível. Ninguém podia colocar-se contra sua ação profética, pois seu poder moral, sua virtude e sua ação santa desencorajavam qualquer um que quisesse resistir. Se os oficiais, tanto do templo quanto os romanos, testemunharam essa atividade numa parte do templo, não a viram como uma ameaça maior à ordem do lugar nem como uma tentativa de incitar o povo à rebelião. Talvez alguns judeus, como o rabi Simeon b. Gamaliel, possam ter até mesmo concordado com a atitude de Jesus.

Seria errado, porém, exagerar a extensão das ações de Jesus na purificação do templo. Os escritores dos Evangelhos destacam esse evento devido à sua importância teológica. Contudo apenas uma pequena parte da imensa área do templo foi afetada. O incidente provavelmente aconteceu numa escala menor que uma simples leitura dos Evangelhos possa sugerir.

O SIGNIFICADO DESSE EVENTO

A questão do que exatamente aconteceu na purificação do templo e se foi de fato uma "purificação" é grandemente debatida. A maneira pela qual os evangelistas interpretaram o evento tornam mais fácil compreendê-lo.

A compreensão dos evangelistas. A compreensão que os evangelistas tiveram desse incidente pode ser vista de maneira mais apropriada pelo modo como

Marcos o "espremeu" no meio de seu relato sobre a maldição que Jesus lançou sobre a figueira:

> No dia seguinte, quando estavam saindo de Betânia, Jesus teve fome. Vendo à distância uma figueira com folhas, foi ver se encontraria nela algum fruto. Aproximando-se dela, nada encontrou, a não ser folhas, porque não era tempo de figos. Então lhe disse: "Ninguém mais coma de seu fruto". E os seus discípulos ouviram-no dizer isso (Mc 11.12-14).

Depois de narrar o episódio da purificação (Mc 11.15-19), Marcos completa a história da maldição da figueira (v. 20-24). Ao colocar a purificação do templo no meio do relato da maldição, Marcos indica que seus leitores devem interpretar a purificação do templo à luz do que havia acontecido à figueira. A maldição da figueira não foi um exemplo da prática de horticultura correta. Não, foi uma parábola na prática. Até mesmo uma figueira (símbolo veterotestamentário muito conhecido de Israel) que não deu fruto foi julgada. Do mesmo modo o templo, que representava o judaísmo oficial, foi julgado porque não deu fruto.

Para ajudar seus leitores a compreender o aspecto do julgamento, Marcos adicionou o comentário "porque não era tempo de figos" (Mc 11.13). Esse comentário tem causado grande confusão aos intérpretes. Por que uma figueira deveria ser amaldiçoada por não ter frutos quando não era tempo de produzi-los? A dificuldade é reduzida quando entendemos esse comentário como algo dito aos leitores, para que não entendessem errado aquilo que acontecera no templo. Com esse comentário, Marcos está dizendo: "Aquilo que aconteceu não teve nada que ver com a questão de uma figueira dar frutos. Foi um ato figurativo de Jesus. Vocês devem entender o evento do templo à luz da maldição da figueira, e ele deve ser interpretado da seguinte maneira: o Filho de Deus chegou ao templo e, em vez encontrar fruto e adoração fiel, não encontrou nada além de forma vazia, simples folhas de roubo. Assim, julgou o Israel governamental e o templo". Marcos reforçou o tema do julgamento por meio do contexto no qual o colocou, o que inclui a parábola dos lavradores maus (12.1-11) e o discurso escatológico sobre a destruição de Jerusalém e do templo (cap. 13).

A perspectiva de Jesus. Existem diversas explicações quanto a definir com exatidão aquilo que Jesus estava fazendo quando purificou o templo. Algumas das mais importantes são apresentadas a seguir:

- Jesus considerou puramente religioso e reformador esse ato, buscando limpar o templo de suas impurezas ao remover a poluição comercial e o roubo praticado no comércio de sacrifícios e na troca de dinheiro.

- Jesus desejava assegurar o acesso dos gentios ao templo e mostrar que havia chegado o tempo em que as barreiras entre judeus e gentios seriam derrubadas, de modo que a plena inclusão do gentios na adoração de Israel pudesse efetivamente acontecer.
- Jesus procurou colocar um fim no sistema sacrificial em favor de um modo mais espiritual de adoração.
- Jesus profetizou por meio dessa ação a iminente destruição do templo e sua futura restauração.
- Jesus queria fazer uma declaração política e derrotar a liderança religiosa judaica, assim como o governo romano, conclamando, desse modo, a uma revolução.

Algumas dessas sugestões são de pouco valor. A terceira foi popular dentro do liberalismo teológico do século XIX, mas não encontra qualquer apoio dos Evangelhos. Pelo contrário, Jesus disse a um leproso que fora limpo que fosse ao sacerdote e oferecesse o sacrifício exigido (Mc 1.40-45). Em outra ocasião, ele disse a dez leprosos que fizessem o mesmo (Lc 17.11-19). Jesus admitiu a oferta contínua de sacrifícios por parte de seus seguidores (Mt 5.23,24). Disse aos seus discípulos que pagassem o imposto do templo (Mt 17.24-27). Não há evidências de que Jesus tenha feito oposição ao sistema sacrificial. Para ele, o templo era um lugar sagrado (Mc 11.16), e a essência da adoração no templo era a oferta de sacrifícios a Deus.

De maneira similar, não há nada nos relatos da purificação do templo que sugira que Jesus estivesse tentando criar uma revolução política. A purificação do templo não foi um ato de rebelião. Se fosse, era de esperar uma intervenção dos soldados romanos alojados na fortaleza Antônia e da guarda do templo. É mais provável que a purificação tenha sido vista por eles como uma disputa religiosa interna dos judeus, na qual não deveriam interferir. Além do mais, se a intenção de Jesus fosse a incitação de uma rebelião, isso teria sido apontado em seu julgamento. Contudo, a despeito de todas as tentativas de se encontrar provas contra ele durante seu julgamento, jamais se disse alguma coisa sobre a purificação que fez do templo. Embora alguns estudiosos argumentem que a purificação do templo talvez tenha sido o evento crucial que levou Jesus à morte, a completa falta de qualquer menção a ele nas narrativas do julgamento refuta essa idéia. Certamente, se fosse essa a razão de Jesus ter sido levado a julgamento, seria de se esperar ver alguma coisa sobre esse fato nos relatos dos Evangelhos. O evento em si deve ter sido considerado tão inócuo e apolítico, tanto para os judeus quanto para a liderança romana, que não foi sequer considerado digno de menção.

A segunda explicação da purificação do templo — uma tentativa de tornar o judaísmo mais aberto e amigável aos gentios — carece de qualquer evidência que a apóie dentro dos relatos e de outras tradições dos Evangelhos. Estava chegando o tempo em que Jesus diria aos seus seguidores para irem ao mundo gentio pregar o evangelho, mas ele disse isso apenas aos seus seguidores — e não ao judaísmo oficial. Tal explicação parece ser uma moderna tentativa politicamente correta em favor do inclusivismo, do mesmo modo que a explicação de que Jesus estava procurando acabar com o sistema sacrificial representa o sistema de valores do liberalismo do século XIX.

Para compreender a motivação de Jesus para purificar o templo, precisamos observar que, nos relatos presentes nos quatro Evangelhos, a purificação está intimamente associada à expulsão daqueles que vendiam animais para o sacrifício e que faziam o câmbio financeiro. Jesus não se opunha a essas atividades em si. Pelo contrário, por meio de suas ações e ensinamentos, Jesus apoiava o sistema sacrificial. Jesus não procurou limpar o templo dos sacrifícios. Em vez disso, ele o purificou do abuso. O templo não deveria ser um "mercado" (Jo 2.16). Além do comércio na casa de Deus, Jesus tinha consciência de que a desonestidade estava infiltrada nessas atividades. O templo não apenas se tornara um mercado, mas um desonesto "covil de ladrões" (Mc 11.17). O comentário de Jesus é mais uma avaliação das transações financeiras envolvidas no comércio dos sacrifícios e no câmbio do dinheiro.

Existe um senso, portanto, de que Jesus realmente desejava purificar a casa de seu Pai. Marcos inclui um interessante comentário que reafirma isso: "E não permitia que ninguém carregasse mercadorias pelo templo" (Mc 11.16). Jesus ensinou que era errado usar o templo como atalho para ir de uma parte a outra da cidade. A casa de Deus era sagrada e deveria ser usada para o propósito original e santo da adoração. Portanto, ele não via uma linha reta através do pátio do templo como a menor distância entre dois pontos, mas como um desrespeito à casa de Deus (pode-se encontrar um interessante paralelo na *Mishná* [v. *m. Berakot* 9.5]).

Contudo, parece que a ação de Jesus envolveu mais que um simples desejo de purificar o templo. Também foi um ato figurativo, significando que o juízo cairia sobre o templo e sobre a nação. No evangelho de João, a purificação do templo está intimamente associada à predição de Jesus sobre a destruição do templo: "Então os judeus lhe perguntaram: 'Que sinal milagroso o senhor pode mostrar-nos como prova da sua autoridade para fazer tudo isso? [a purificação do templo]' Jesus lhes respondeu: 'Destruam este templo, e eu o levantarei em três dias' " (Jo 2.18,19). Essa mesma expressão é encontrada no julgamento de Jesus (Mc 14.57-59), em sua crucificação (Mc 15.29,30) e em Atos 6.13-15, quando testemunhas fazem referência a essas palavras de Jesus. Outros dizeres de Jesus também se referem a esse julgamento futuro do templo (Mc 12.1-12; 13.1-23; Lc 19.41-44).

Tal como os profetas do AT, Jesus enxergou na supervisão sacerdotal do templo uma corrupção do propósito planejado por Deus (v. Jr 8.10; 14.18; 23.11,33,34; 32.31,32; 34.18,19; Lm 4.13; Ez 22.26; Sf 3.4; Zc 14.21; cp. com *Testament of Levi* 14.1-8; *Ant.* 20.8.8 [20.181]; *Targum of Jeremiah* 7.1-11). Tal como os profetas do AT, Jesus profetizou a destruição do templo (v. Jr 4.5—5.31; 7.14; 25.1-38; 26.1-24; Ez 4.1—7.27; Mq 3.9-12). Tal como os profetas do AT, também ilustrou esse julgamento por meio de um ato simbólico, tanto na purificação do templo quanto na maldição da figueira (v. Jr 19.10; 27.2-7; Ez 4.9-17). A predição de Jesus, porém, vai além daquilo que foi feito pelos profetas do AT. Jesus não predisse simplesmente a destruição do templo e de Jerusalém. Como na maldição da figueira, aqui também Jesus trouxe a maldição/ julgamento. Ele mesmo veria que isso aconteceu. Criou o juízo sobre a situação e o consumou. Diferentemente dos profetas do AT, porém, Jesus predisse a destruição do templo sem dar uma indicação de que um novo templo seria construído no lugar. Por meio de seu ministério, tal templo seria desnecessário (Jo 4.21-23).

CONCLUSÃO

A purificação do templo é mais bem compreendida como um ato simbólico de Jesus no qual procurou purificar o templo e, ao mesmo tempo, proclamar o julgamento divino sobre ele. Foi um ato de purificação no qual repreendeu a comercialização que acontecia dentro da casa de Deus. O templo não deveria ser um mercado ou uma casa de câmbio. Não deveria ser um empreendimento que visasse ao lucro dos sumos sacerdotes. Conseqüentemente, a ação de Jesus deve ser compreendida, pelo menos em parte, como uma purificação. Sua referência ao templo como um "covil de ladrões" (Mc 11.17) e a proibição de usar o templo como atalho (Mc 11.16) demonstram isso.

A purificação, porém, envolveu mais coisas. Também foi um ato profético. Diferentemente dos profetas do AT, porém, Jesus não predisse simplesmente a destruição do templo. Suas ações não foram apenas um presságio daquilo que em breve aconteceria ao templo. Ele mesmo provocaria sua destruição. Jesus faria com que ela acontecesse.

As implicações cristológicas da purificação do templo realizada por Jesus ficaram evidentes não apenas aos evangelistas, mas também a todos aqueles que testemunharam esse evento. Conseqüentemente, perguntaram: "Com que autoridade estás fazendo estas coisas? Quem te deu autoridade para fazê-las?" (Mc 11.28); "Que sinal miraculoso o senhor pode mostrar-nos como prova da sua autoridade para fazer tudo isso?" (Jo 2.18).

O senso de autoridade de Jesus sobre o templo baseava-se em seu relacionamento único com o Deus do templo. Anteriormente, dissera aos seus pais: "Por que vocês estavam me procurando? Não sabiam que eu devia estar na casa de meu Pai?" (Lc 2.49). A purificação do templo revela que o Filho do homem tem autoridade divina na terra. Declarou sua autoridade de perdoar pecados (Mc 2.10) e demonstrou isso por meio da cura (Mc 2.11,12). Declarou sua autoridade sobre o reino de Satanás e sobre os demônios (Mc 3.27) e demonstrou isso ao expulsar demônios. Declarou que tinha autoridade sobre a vida e a morte (Jo 11.25,26) e demonstrou isso ao ressuscitar os mortos (Mc 5.21-43; Lc 7.11-15; Jo 11.43,44). Aqui, por meio dessa ação, Jesus declarou sua autoridade de purificar o templo e, ao pronunciar juízo sobre ele, demonstraria isso por meio dos eventos ocorridos no ano 70 de nossa era.

REFERÊNCIAS BIBLIOGRÁFICAS

BARRETT, Charles Kingsley. The House of Prayer and the Den of Thieves. In: ELLIS, E. Earle, org. *Jesus und Paulus*. Göttingen: Vandenhoeck & Rupprecht, 1978, p. 13-20.

CHILTON, Bruce. *The Temple of Jesus*: His Sacrificial Program Within a Cultural History of Sacrifice. University Park: Pennsylvania State University Press, 1992.

EPPSTEIN, Victor. The Historicity of the Gospel Account of the Cleansing of the Temple. *Zeitschrift für die neutestamentliche Wissenschaft*, n. 55, p. 42-58, 1964.

EVANS, Craig A. 'Jesus' Action in the Temple: Cleansing or Portent of Destruction? *Catholic Biblical Quarterly*, n. 51, p. 237-70, 1989.

GASTON, Lloyd. *No Stone on Another*: Studies in the Significance of the Fall of Jerusalem in the Synoptic Gospels. Leiden: E. J. Brill, 1970.

HERZOG, W. R., II. Temple Cleansing. In: GREEN, Joel B.; MCKNIGHT, Scot; MARSHALL, I. Howard, orgs. *Dictionary of Jesus and the Gospels*. Downers Grove: InterVarsity Press, 1992, p. 817-21.

HORSLEY, Richard A. *Jesus and the Spiral of Violence*: Popular Jewish Resistance in Roman Palestine. San Francisco: Harper & Row, 1987.

SANDERS, E. P. *Jesus and Judaism*. Philadelphia: Fortress, 1985, p. 61-76.

15

A última ceia

Jesus olha para o futuro

Na discussão sobre os eventos ligados ao Domingo de Ramos e à Páscoa, freqüentemente encontramos uma ordem detalhada daquilo que aconteceu durante a chamada Semana Santa. Uma cronologia popular para esse período está aqui:

Domingo de Ramos	Entrada de Jesus em Jerusalém (Mc 11.1-11)
segunda-feira	Purificação do templo (Mc 11.12-19)
terça-feira	Jesus ensina no templo e responde a perguntas (Mc 11.20—13.37); o plano de Judas para trair Jesus (Mc 14.1-11)
quarta-feira	Jesus descansa
quinta-feira	A última ceia, Getsêmani, traição de Judas e prisão de Jesus (Mc 14.12-52)
sexta-feira	Julgamento, crucificação e sepultamento
sábado	Jesus no túmulo
Domingo de Páscoa	Ressurreição

Embora tal cronologia seja clara e meticulosa, encontramos diversos problemas ao analisá-la mais de perto. Um desses problemas foi discutido no capítulo anterior: enquanto no evangelho de Marcos a purificação do templo acontece no dia seguinte à entrada de Jesus em Jerusalém, em Mateus e em Lucas parece acontecer no mesmo dia. Um outro problema é se Marcos e os outros evangelistas desejavam fornecer uma descrição cronológica dessa semana na vida de Jesus. É provável que, assim como em outros lugares dos Evangelhos, a ordem seja influenciada mais pelas considerações tópicas que pelas cronológicas. O material presente em Marcos 12.13-40, por exemplo, é similar em natureza. Consiste em histórias de controvérsia que envolvem os fariseus (v. 13-17), os saduceus (v. 18-27) e um escriba (v. 28-34), seguidas por uma contrapergunta da parte de Jesus (v. 35-40). O mesmo pode ser dito sobre a natureza não unificada do material escatológico presente em Marcos 13.3-37. Também não existem designações temporais explícitas entre Marcos 11.20 e 14.1. É provavelmente incorreto presumir que o material encontrado entre essas duas referências tenha ocorrido num mesmo dia. Outro problema que encontramos nessa cronologia está em saber se estamos lidando com a maneira judaica de contar o tempo (o dia começa e termina às seis da tarde) ou com a contagem moderna.

Basicamente, os escritores bíblicos querem que saibamos diversos fatos: a entrada de Jesus em Jerusalém aconteceu pouco antes de sua morte e ressurreição (a idéia de que a ressurreição aconteceu num domingo está baseada em Jo 12.1,12); a última ceia aconteceu pouco antes da crucificação (1Co 11.23); a crucificação aconteceu numa sexta-feira (Mc 15.42); e a ressurreição aconteceu num domingo (Mc 16.1).

O CENÁRIO HISTÓRICO

Na véspera da Páscoa, Jesus enviou dois de seus discípulos (Pedro e João, de acordo com Lc 22.8) a Jerusalém para prepararem a refeição da Páscoa. Jesus pediu-lhes que procurassem um homem que estivesse carregando um pote de água e o seguissem. A seguir, deveriam perguntar ao dono da casa na qual o homem entrasse se o salão estava preparado para que o "Mestre" e seus discípulos pudessem fazer ali a refeição da Páscoa. Naquele local, deveriam preparar a celebração.

Como carregar água era considerado "trabalho de mulher", seria bastante incomum um homem fazer isso. O ponto de vista que Jesus arranjou previamente essa reunião recebe apoio pela simples menção do termo "Mestre" ao dono da casa e do fato de que uma sala já estava à espera dele. Assim, do mesmo modo como no episódio em que os apóstolos foram buscar o jumentinho (v. cap. 13, subtítulo "O evento conforme entendido por Jesus"), o arranjo para que Jesus comesse a Páscoa com eles na "sala no andar superior" ou "cenáculo" (Mc 14.15) parece ter sido feito previamente.

Pedro e João deveriam preparar a refeição. É incerto que isso envolvesse o sacrifício e a preparação do cordeiro pascal ou a coleta e preparação de outras partes da refeição. É possível que o dono da casa já houvesse feito isso. Se foi assim, os dois discípulos deveriam certificar-se de que tudo estava pronto e cuidar de qualquer coisa que ainda precisasse ser feita.

Não é apresentada nenhuma razão para o segredo de tudo isso. Alguns sugerem que Jesus queria evitar que Judas soubesse de antemão onde ele estaria naquele momento. Assim, Jesus certificou-se de que a traição não aconteceria antes de ele partilhar a última ceia com seus discípulos (observe que a referência sobre Judas estar procurando uma oportunidade para trair Jesus é registrada imediatamente antes das instruções da preparação da última ceia [Mc 14.11,12]). Outros sugerem que a grande fama e a popularidade de Jesus exigia tal segredo. Somente dessa maneira ele poderia ficar sozinho com seus discípulos (cf. Mc 3.20; 6.30,31). As duas teorias são válidas, mas devemos reconhecer que não podemos ter certeza quanto à exata razão para o segredo.

Em João 13—17, encontramos vários incidentes ocorridos durante a refeição. O cenário e muitas das atividades tratadas nesses cinco capítulos são bastante similares aos relatos dos evangelhos sinópticos: o material presente em João 13—17 acontece na noite da traição de Jesus (13.2; 18.1-12); existe uma refeição (13.1-4); a refeição estava de alguma maneira associada à Páscoa (13.1); a tripla negação de Pedro é predita (13.36-38); Jesus fala de sua partida (14.1-14,28; 16.16-24); depois da refeição, Jesus e os discípulos dirigem-se a um jardim no vale do Cedrom chamado Getsêmani (18.1). Essas similaridades sugerem que os fatos de João 13—17 aconteceram durante a noite da última ceia. Contudo, João inclui uma grande quantidade de material não encontrado nos relatos dos evangelhos sinópticos: Jesus lavando os pés dos discípulos (13.3-20); ensinando-os sobre o amor (13.34,35; 15.12-17), a vinda do Espírito (14.15-17,26; 15.26; 16.4-15) e outros assuntos (14.8-14,18-24; 15.18—16.3); e a oração de Jesus por seus discípulos (17.1-26).

Em todos os relatos presentes nos quatro Evangelhos, Jesus prediz a traição que sofreria por um de seus discípulos. A razão para Jesus ter dito isso aos discípulos é incerta. É mais fácil compreender por que os autores dos Evangelhos a registraram. Para eles, não foi apenas para fornecer outro exemplo cristológico da singularidade de Jesus. Esse registro fornece um retrato de Jesus como um profeta que antevia o futuro e o que estava prestes a acontecer. Mais importante para os evangelistas, porém, foi seu desejo de mostrar que a cruz não fora uma tragédia ou um acidente. Em vez disso, ela fazia parte do plano e da vontade de Deus desde o início. Queriam mostrar aos seus leitores que a cruz era a razão da vinda de Jesus. A crucificação não foi um erro trágico ou um deslize humano dentro daquilo que Deus planejara. Pelo contrário, como Jesus ensinou na última ceia, a traição que o levou à cruz estava inteiramente dentro do plano soberano de Deus. Jesus foi para a cruz por vontade própria, sabendo que esse era o plano de Deus. Sua hora havia chegado.

A DATA DA ÚLTIMA CEIA

Os quatro Evangelhos concordam em que a crucificação de Jesus aconteceu na sexta-feira (Mt 27.62; Mc 15.42; Lc 23.54; Jo 19.31,42). De acordo com a contagem de tempo judaica, isso significa algum momento entre as seis da tarde de quinta-feira e as seis da tarde de sexta-feira. Duas grandes questões surgem com respeito à datação da última ceia. A primeira envolve o texto de Marcos 14.12, e a segunda refere-se à questão de a última ceia ter sido uma celebração da Páscoa ou uma refeição que antecedeu a Páscoa.

O problema de Marcos 14.12. Ao contar a história da última ceia, Marcos afirma que Jesus pediu aos seus discípulos que preparassem a Páscoa "no primeiro dia da festa dos pães sem fermento, quando se costumava sacrificar o cordeiro pascal" (Mc 14.12). O problema é que, na verdade, o cordeiro pascal era sacrificado na tarde do dia 14 de nisã, enquanto a Páscoa, que era o primeiro dia da festa dos pães sem fermento, começava tecnicamente no dia 15.

Essa aparente discrepância é mais bem explicada se virmos aqui uma diferença entre a compreensão popular de quando a Páscoa começava e a descrição técnica de seu início. Na mente da maioria das pessoas, a celebração da Páscoa começava no dia 14 de nisã, quando eliminavam todo o fermento da casa e matavam o cordeiro pascal. Compare isso com a nossa celebração moderna do Natal. Para muitos cristãos, ela começa na véspera, quando os presentes são trocados, quando a história do Natal é lida ou quando acontece o culto nas igrejas (ou até mesmo antes, quando é feita a decoração nas casas). Tecnicamente, é claro, o Natal começa à zero hora do dia 25 de dezembro. De maneira similar, para a maioria dos judeus, a Páscoa "começava na véspera" do dia da Páscoa, no dia 14 de nisã (v. *Ant.* 14.2.1 [14.21]; 17.9.3 [17.213]; 18.2.2 [18.29] e *GJ* 2.1.3 [2.10]; 5.3.1 [5.98,99], onde podem ser encontradas referências ao início da Páscoa em 14 de nisã).

A última ceia e a Páscoa. O problema mais sério na datação da última ceia envolve sua ligação com a celebração da Páscoa. De acordo com os evangelhos sinópticos, a última ceia aconteceu em associação a uma refeição pascal: "Aonde queres que vamos e te preparemos a refeição da Páscoa?" (Mc 14.12; cf. v. 14,16). No final da refeição, Lucas registra esta fala de Jesus: "Desejei ansiosamente comer esta Páscoa com vocês antes de sofrer" (Lc 22.15). No entanto, em João parece que o julgamento e a crucificação aconteceram antes da Páscoa: "Em seguida, os judeus levaram Jesus da casa de Caifás para o Pretório. Já estava amanhecendo e, para evitar contaminação cerimonial, os judeus não entraram no Pretório; pois queriam participar da Páscoa" (Jo 18.28; v. tb. 13.1,29; 19.31). Aqui, a Páscoa é retratada como se ainda não tivesse chegado.

Afinal, a última ceia estava associada à refeição da Páscoa (como nos evangelhos sinópticos) ou ela precedeu a Páscoa (como em João)? Várias tentativas têm sido feitas para responder a essa pergunta. Alguns escolhem uma perspectiva em detrimento da outra.

Uma sugestão é que os evangelhos sinópticos estão corretos e que a última ceia foi, de fato, parte da celebração da Páscoa. Aqueles que defendem esse ponto de vista sugerem que o termo "Páscoa" presente em João 18.28 não se refere à Páscoa em si, mas a outras refeições e celebrações associadas à festa dos pães sem fermento (cp. com 2Cr 30.22). O problema está na dificuldade de se interpretar o termo grego *pascha* ("Páscoa") em João 18.28 como se tivesse significado diferente da refeição da Páscoa.

A sugestão alternativa é que João está correto. A última ceia não foi parte da refeição da Páscoa, mas foi comida cerca de um dia antes. De acordo com essa perspectiva, Jesus celebrou a Páscoa antecipadamente porque sabia que estaria morto na época da Páscoa. Contudo, é bastante improvável que essa celebração particular da Páscoa — de acordo com a escolha pessoal de alguém — fosse permitida no judaísmo.

Por isso, alguns acreditam que Jesus celebrou um tipo diferente de refeição festiva. O apoio para isso pode ser encontrado no fato de não haver nenhuma menção do cordeiro pascal na última ceia e de a palavra usada para "pão" (*artos*) não ser a palavra normalmente usada para pão sem fermento (*azyma*).

Essa linha de raciocínio, porém, não é convincente. Seria de esperar que apenas aqueles aspectos importantes da celebração da última ceia fossem mantidos ao recontar-se a tradição. Aqueles que não fossem fundamentais, como o cordeiro pascal, seriam omitidos. Quanto ao vocábulo *artos* e seu equivalente hebraico, eles são usados no AT, na LXX, na *Mishná* e nos *Targuns* para descrever o pão da Presença (ou da proposição), que consistia em pão sem fermento. Filo, o estudioso judeu do século I, refere-se explicitamente ao pão sem fermento da Páscoa como *artos* (v. *De Specialibus Legibus* 2.158). A principal dificuldade dessa sugestão alternativa está em que os escritores dos evangelhos sinópticos foram claros em querer que suas declarações fossem entendidas como uma indicação de que a última ceia foi parte da celebração da Páscoa (v., p. ex., Mc 14.12,14,16; Lc 22.15).

Talvez tanto João quanto os evangelhos sinópticos estejam corretos. Várias sugestões têm sido buscadas para chegar-se a esse meio-termo:

- No ano da crucificação de Jesus, a Páscoa caiu num sábado, de modo que os fariseus a celebraram um dia antes (como Jesus, de acordo com os evangelhos sinópticos), enquanto os saduceus a celebraram no dia normal, que foi um dia depois (como os sacerdotes, em Jo 18.28).
- Naquele ano, levantou-se uma questão sobre quando realmente começava o mês de nisã e, como os fariseus acreditavam que começasse um dia antes da data considerada pelos saduceus, eles (e Jesus) celebraram a Páscoa um dia antes dos saduceus (e dos sacerdotes).
- Exigiam-se tantos cordeiros para a celebração da Páscoa que foram necessários dois dias para matá-los e, como resultado, os galileus (e Jesus) celebraram a Páscoa um dia antes dos judeus (e dos sacerdotes).
- Dois calendários diferentes estavam em uso naquela época. Um deles era o calendário solar (Cunrã) e o outro era o lunar (o resto do judaísmo), e a diferença entre João e os evangelhos sinópticos deve-se ao uso de diferentes calendários.

Existem outras sugestões, mas cada uma traz dificuldades inerentes e, nesse momento, deve-se admitir que não há uma solução satisfatória entre as que foram oferecidas.

A ÚLTIMA CEIA COMO REFEIÇÃO PASCAL

A tarefa de conciliar os relatos dos Evangelhos sobre a última ceia permanece não resolvida. Porém, por várias razões, parece que a refeição que Jesus fez com seus discípulos na noite de sua traição foi realmente a Páscoa.

Em primeiro lugar, Jesus e os discípulos não voltaram para Betânia naquela noite, como haviam feito outras vezes. Ao contrário, permaneceram ali, dentro da cidade murada de Jerusalém, para fazer essa refeição. Isso é mais bem explicado pelo fato de que a Páscoa tinha de ser comida dentro de Jerusalém.

Em segundo lugar, Jesus e os discípulos fizeram essa refeição reclinados. A expressão está presente em Marcos 14.18 (a NVI retrata com mais fidelidade o sentido do texto original). Normalmente as pessoas se sentavam para fazer uma refeição. Somente em refeições festivas, como a Páscoa, inclinavam-se, com almofadas debaixo dos braços, diante de uma mesa baixa (isso explica por que a mulher de Lc 7.36-50 foi capaz de lavar os pés de Jesus e de ungi-lo. Nas refeições festivas, os participantes reclinavam-se na direção da mesa e sentavam-se sobre as pernas e pés dobrados (v. tb. Jo 12.1-8).

Em terceiro lugar, as pessoas normalmente faziam duas refeições durante um dia comum. A primeira refeição acontecia entre as dez e onze da manhã, e a segunda, no final da tarde. A refeição associada à última ceia foi consumida à noite (Mc 14.17; 1Co 11.23). De acordo com Êxodo 12.8, a refeição pascal precisava ser comida à noite.

Em quarto lugar, a última ceia terminou com um hino (Mt 26.30; Mc 14.26). Era costumeiro terminar a Páscoa cantando a última parte dos salmos do Halel (Sl 113—118).

Em quinto lugar, durante a refeição da Páscoa, era costume interpretar o significado simbólico dos vários elementos da refeição (Êx 12.26,27). Isso foi feito na última ceia.

Por último, a noite da Páscoa precisava ser passada dentro de Jerusalém. Na época da Páscoa, a população normal de Jerusalém (de 25 mil a 30 mil pessoas) aumentava para 125 mil ou mais. Era impossível que todos os peregrinos encontrassem um lugar para passar a noite dentro da cidade murada. Como resultado, Jerusalém foi redefinida e passou a incluir todas as colinas que se voltavam para a cidade. Assim, embora a refeição pascal precisasse ser comida dentro da cidade murada, todos poderiam dormir à noite na "grande Jerusalém". O jardim do Getsêmani ficava na encosta ocidental do monte das Oliveiras, de face para Jerusalém. Na noite da última ceia, Jesus e os discípulos não voltaram para Betânia, mas permaneceram no Getsêmani, que fazia parte da "grande Jerusalém". Isso se encaixa perfeitamente na questão de a última ceia estar associada à refeição pascal.

À luz dessas e de outras razões, parece melhor concluir que a última ceia aconteceu no final de uma celebração pascal. Se foi assim, isso nos dá um melhor contexto para compreendê-la. A refeição pascal, que exigia a presença de dez pessoas, consistia essencialmente de seis elementos, todos eles possuidores de significância simbólica:

1. O cordeiro pascal só podia ser assado sobre o fogo. Todas as suas partes precisavam ser comidas naquela noite. Nada podia ser guardado. O que sobrasse precisaria ser queimado. O cordeiro lembrava aos participantes o momento do Êxodo, quando, à noite, o anjo da morte visitou todos os primogênitos no Egito. Somente os lares protegidos pelo sangue do cordeiro pascal escaparam.

2. O pão sem fermento lembrava que a libertação do Egito foi tão rápida que eles não tiveram tempo de assar os pães.

3. A tigela de água salgada lembrava a tristeza e as lágrimas do cativeiro, assim como a passagem pelo mar Vermelho.

4. As ervas amargas lembravam a amargura do cativeiro no Egito.

5. O *charosheth*, um tipo de purê de frutas, lembrava o barro usado para fazer tijolos durante o cativeiro no Egito.

6. Por fim, quatro copos de vinho tinto eram misturados com água. Esses quatro copos lembravam as promessas que Deus fizera em Êxodo 6.6,7. É possível que o terceiro desses copos tenha sido usado por Jesus na última ceia (Lc 22.20; 1Co 10.16; 11.25). O quarto e último copo era seguido por uma bênção e pelo cântico de um salmo.

No final da refeição pascal, era costume que alguém (normalmente o filho mais novo) fizesse a pergunta: "Por que esta noite é diferente das outras noites?". O anfitrião então explicaria o significado da refeição e contaria a história do Êxodo, usando o simbolismo dos vários elementos enquanto narrava. A história era contada do ponto de vista dos participantes. "*Nós* fomos escravos no Egito [...] Deus preparou *para nós* um libertador, Moisés [...] Pragas [...] Páscoa [...] Libertação...". Como anfitrião do banquete, Jesus seria quem contaria a história. À luz desse contexto histórico, certos paralelos entre a Páscoa e a última ceia ficam bastante claros:

A Páscoa	A ceia do Senhor
Deus lembrou-se de sua aliança com Abraão	Uma nova aliança é estabelecida
Escravidão no Egito	(Escravidão ao pecado?)
Libertação do Egito	Perdão dos pecados (Mt 26.28)
Sangue do cordeiro pascal	Sangue de Cristo, nossa Páscoa (1Co 5.7), o Cordeiro de Deus (Jo 1.29,36)
Interpretação dos elementos da Páscoa	Interpretação dos elementos da ceia do Senhor
Chamado para uma celebração contínua	Chamado para uma celebração contínua

À luz desse contexto, os ensinamentos da última ceia assumem significância ainda mais profunda.

O SIGNIFICADO DA CEIA DO SENHOR

Muitos termos diferentes têm sido associados à ceia do Senhor. Alguns são tirados de descrições bíblicas: "partir do pão" (At 2.42; cf. 2.46; 20.7,11), "eucaristia" (da expressão grega equivalente a "dar graças" em Mt 26.27; Mc 14.23; Lc 22.17,19; 1Co 11.24), a "mesa do Senhor" (1Co 10.21), "comunhão" (1Co 10.16, ARA e ARC), a "ceia do Senhor" (1Co 11.20). As expressões a seguir, ao contrário, não estão baseadas em textos bíblicos: "missa" (da palavra latina do final do rito *Ite, missa est* — "ide, a palavra foi enviada") e "última ceia". O NT contém um grande número de referências e alusões à ceia do Senhor (Mc 6.42; 8.6; Lc 24.30; At 2.42,46; 20.7,11; 27.35; Jo 6.25-59; 1Co 10.1-22; 11.20-22). As mais importantes, porém, estão em Mateus 26.26-29; Marcos 14.22-25; Lucas 22.14-20 e 1Coríntios 11.23-26.

Os quatro últimos relatos encaixam-se em dois grupos diferentes e representam duas tradições diferentes sobre a ceia do Senhor:[1]

[1]Para estabelecer as diferenças de maneira fiel, essa tabela segue o original grego (Nestle-Aland), e não as versões em português ou inglês [N. do E.].

Mateus e Marcos	Lucas e 1Coríntios
"abençoou" o pão	"dar graças" pelo pão
"tomem"	[ausente]
"isto é o meu corpo"	"isto é o meu corpo" + "dado em favor de vocês"
[ausente]	"façam isto em memória de mim"
"deu graças"	[ausente]
"isto"	"este cálice"
"bebam dele todos vocês"	[ausente]
"meu sangue da aliança"	"nova aliança no meu sangue"
"que é derramado em favor de muitos"	Lucas traz "derramado em favor de vocês", mas está ausente em 1Coríntios

O relato de Lucas é bastante incomum, pois somente ele faz referência ao beber do cálice e à vinda do Reino de Deus antes da referência ao pão (Lc 22.17,18). Existe também um sério problema textual associado à versão de Lucas da última ceia. Alguns importantes manuscritos gregos (em especial o *Códice Beza*, ou D) e vários manuscritos latinos antigos omitem o trecho de Lucas 22.19b-20: " 'Façam isto em memória de mim'. Da mesma forma, depois da ceia, tomou o cálice, dizendo: 'Este cálice é a nova aliança no meu sangue, derramado em favor de vocês' ". Contudo, provavelmente esses manuscritos representam a obra de um escriba que estava confuso com a seqüência cálice-pão-cálice presente em Lucas e que acabou omitindo a segunda referência ao cálice.

O significado da última ceia concentra-se em quatro frases: 1) "Isto é o meu corpo"; 2) "Façam isto em memória de mim"; 3) "Isto é o meu sangue da aliança, que é derramado em favor de muitos"; (4) "Não beberei deste fruto da videira até aquele dia em que beberei o vinho novo com vocês no Reino de meu Pai".

"Isto é o meu corpo." Todos os quatro relatos contêm essa primeira frase, embora Lucas e 1Coríntios adicionem uma segunda: "dado em favor de vocês". Não há certeza se essa última frase é do próprio Jesus ou se simplesmente deixa explícito o que estava implícito no ensinamento dele. Através dos séculos, tem havido grande debate sobre o significado da forma verbal "é". Deveria ser entendida literalmente, querendo dizer que o pão e o cálice são verdadeiramente o corpo e o sangue de Cristo? Essa é essencialmente a posição sustentada há vários anos pelas igrejas Católica Romana e Luterana. Os católicos afirmam que, durante a ceia, quando o padre diz as palavras em destaque, o pão e o vinho transformam-se no corpo e no sangue de Cristo (transubstanciação), embora tenham ainda a aparência e o gosto de pão e vinho. Os luteranos, numa variação da transubstanciação,

sustentam que o pão e o vinho continuam sendo pão e vinho, mas que, em torno e por meio dos elementos, o corpo e o sangue verdadeiros de Cristo estão presentes (consubstanciação).

Será que as palavras deveriam ser compreendidas metaforicamente? Essa segunda idéia enfatiza o substantivo "memória" em vez da forma verbal "é": "Isto é o meu corpo, que é dado em favor de vocês; façam isto em memória de mim" (1Co 11.24). Uma das linhas de interpretação dessa idéia entende o que está acontecendo como se fosse essencialmente um memorial no qual os cristãos relembram a vida e os feitos de Jesus. Essa posição é defendida por Zuínglio, pelos congregacionais, pelos batistas e pelos metodistas. Outra versão desse ponto de vista — a perspectiva calvinista e da Igreja Reformada — é que, pela fé, Jesus está espiritualmente presente no comer do pão e no beber do vinho.

À luz do uso freqüente que Jesus fez de metáforas e de várias outras figuras de linguagem, não há necessidade de insistir numa interpretação literal de suas palavras aqui. Em outros lugares, Jesus falou de si mesmo como sendo o vinho, a porta, o bom pastor, e assim por diante, sem que desejasse que essas metáforas fossem entendidas literalmente. O fato de os elementos da ceia do Senhor ainda serem chamados "pão" e "cálice" depois de os presentes terem tomado parte neles (1Co 11.26-28) também sugere isso. Se durante a participação dos discípulos naquela refeição lhes fosse indagado: "Onde está o corpo de Jesus?", é improvável que apontassem para o pão. Eles teriam apontado para Jesus, seu anfitrião. Como veremos a respeito da terceira frase, é ainda mais improvável que os discípulos tivessem pensado que o vinho presente no cálice fosse o verdadeiro sangue de Jesus.

Com a primeira palavra, "corpo", Jesus ensinou que veio para dar seu "corpo", ou seja, dar dele mesmo como pessoa (cf. Rm 12.1; Fp 1.20; 1Co 9.27) em nosso favor. A plena compreensão do que isso significa não estava disponível aos discípulos naquele momento. Mais tarde, porém, à medida que a Igreja passou a entender mais plenamente que Jesus viera do Pai (Jo 1.1-14; Fp 2.6-8), perceberam que o pão relacionava-se com a Palavra, que se fez carne e que levou nossos pecados em seu corpo (1Pe 2.24). O pão da ceia do Senhor aponta para a encarnação do Filho de Deus e a doação de si mesmo para a redenção do mundo.

"Façam isto em memória de mim." Pelo fato de essa frase não ser encontrada nos relatos de Marcos nem de Mateus, alguns estudiosos têm questionado sua autenticidade. Contudo, ela está presente no mais antigo relato sobre a ceia do

Senhor (1Co 11.23-26). Nesse relato, escrito em meados da década de 50 do século I, Paulo faz uma referência a ter "recebido" e "entregue" a tradição da ceia do Senhor aos cristãos de Corinto durante sua primeira missão entre eles. As palavras "recebi" e "entreguei" são termos técnicos que descrevem o recebimento e a transmissão de uma tradição oral. Embora Paulo afirme que sua tradição veio, em última análise, "do Senhor", ou seja, das palavras de Jesus na última ceia, recebeu-a por meio da tradição oral da Igreja (cf. Lc 1.2; 1Co 15.3). É impossível dizer se Paulo recebeu essa tradição da igreja em Antioquia, na metade da década de 50 do século I, ou da igreja em Damasco (At 9.19-25; 11.22-26; Gl 1.17) e em Jerusalém (At 9.26-30; Gl 1.18) no meio da década de 30. O que precisa ser reconhecido é que essa declaração é parte da forma mais antiga que possuímos da ceia do Senhor.

No contexto da celebração contínua da Páscoa, Jesus ensinou que, da mesma forma, a ceia do Senhor deveria ser lembrada. Assim como a "antiga" aliança tinha seu ritual simbólico da Páscoa, do mesmo modo Jesus, ao instituir uma "nova" aliança, também via a importância de uma repetição simbólica dos principais ensinamentos e verdades da aliança. O fato de a igreja primitiva desde o início celebrar a ceia do Senhor regularmente (At 2.46) faz sentido por Jesus ter dito algo como: "Façam isto em memória de mim". Como Israel celebrava a Páscoa com o objetivo de lembrar-se "da época em que saíram do Egito" (Dt 16.3), do mesmo modo a Igreja deve celebrar a ceia do Senhor com o objetivo de "lembrar" a nova aliança.

Tem-se levantado a questão sobre o que Jesus queria que seus seguidores lembrassem. Uma sugestão é que Jesus queria que seus discípulos pedissem a Deus que se lembrasse dele e que o libertasse. A ênfase dos quatro relatos, porém, não é para que os discípulos intercedam a Deus em favor de Jesus. Diante do atual contexto, essa interpretação não é possível. Uma maneira mais popular de compreender tal declaração está em vê-la como a instituição de um memorial constante no qual os cristãos devem refletir sobre a morte de Jesus. Ainda outra sugestão é a de interpretar a expressão "em memória de mim" com o significado de "proclamar". Isso se encaixa bem em 1Coríntios 11.26, onde Paulo afirma: "Porque, sempre que comerem deste pão e beberem deste cálice, vocês anunciam a morte do Senhor até que ele venha". Isso faz da ceia do Senhor basicamente uma proclamação das boas-novas. A melhor maneira de compreender essa declaração, porém, é vê-la como algo direcionado e destinado à Igreja como objetivo final. O mandamento é mais bem visto como uma ordem de celebração contínua e o relato da morte substitutiva de Jesus e de sua vinda futura. Assim como a Páscoa tinha o propósito de celebrar-recontar-recapitular o Êxodo, do mesmo modo a "memória" da ceia do Senhor tem o objetivo de celebrar-recontar-recapitular a morte de Cristo, nossa Páscoa, e sua vinda futura.

"Isto é o meu sangue da aliança, que é derramado em favor de muitos." Durante a Páscoa, depois de o terceiro cálice ser bebido, seguia-se a bênção tradicional: "Bendito és tu, Senhor nosso Deus, Rei do mundo, que criaste o fruto da vide". Depois de dar graças pelo cálice (Mateus, Marcos), Jesus afirmou: "Isto é o meu sangue da aliança, que é derramado em favor de muitos". Todos os quatro relatos associam o cálice ao "sangue" e à "aliança". Isso nos traz à mente as palavras de Êxodo 24.8, onde lemos que, depois de ratificar a aliança com sacrifícios, Moisés afirmou: "Este é o sangue da aliança que o SENHOR fez com vocês de acordo com todas essas palavras". Esse "sangue da aliança" também foi compreendido como expiação pelos pecados do povo (v. o comentário dos targuns de *Pseudo-Jônatas* e *Onqelos* sobre essa passagem). É Mateus quem vê mais claramente esse elo, quando adiciona o comentário "para perdão de pecados" (Mt 26.28). Aqui ele deixa explícito aquilo que está implícito na expressão "sangue da aliança" (cp. com Hb 9.20-22; 10.26-29).

As referências a uma aliança trazem à mente a promessa de Jeremias 31.31, onde o profeta fala de um tempo em que Deus faria "uma nova aliança com a comunidade de Israel e com a comunidade de Judá". Na ceia do Senhor, Jesus ensinou que essa nova aliança seria inaugurada e selada por meio de seu sangue, ou seja, com sua morte sacrificial. Nas versões de Lucas e de Paulo sobre a ceia do Senhor, é feita uma menção explícita ao cálice de uma "nova" aliança (Lc 22.20; 1Co 11.25). As versões de Marcos e Mateus não trazem esse adjetivo e, assim, não há certeza de que Jesus o tenha usado explicitamente. Mesmo que Jesus não tenha usado o termo, porém, ele está implícito em seu ensinamento.

A referência ao perdão de pecados associado com a nova aliança, feita por Jeremias (Jr 31.34), também está associada à aliança que Jesus instituiu. Vê-se isso na referência ao "perdão de pecados" de Mateus 26.28 e ao "sangue da aliança, que é derramado em favor de muitos" (Mt 26.28; Mc 14.24). Essa última expressão vem de Isaías 53.12, em que o servo sofredor leva sobre si "o pecado de muitos".

Na última ceia, Jesus revelou que entendia sua morte como algo que envolvia o "derramamento de sangue" em favor de seus seguidores. A morte assumia a doação voluntária de sua vida em sacrifício. As palavras de Jesus deveriam ser interpretadas à luz de passagens como Marcos 10.45 ("dar a sua vida em resgate por muitos"), 1Coríntios 15.3 ("Cristo morreu pelos nossos pecados, segundo as Escrituras") e 1Pedro 2.24 ("Ele mesmo levou em seu corpo os nossos pecados sobre o madeiro [...] por suas feridas vocês foram curados"). Jesus enxergava seu sacrifício como se concretizasse uma nova aliança que não era um repúdio à antiga, mas seu cumprimento. No contexto da maneira como Deus lida com seu povo, Jesus inaugurava um novo período na história da salvação.

Assim como acontece com o pão, no cálice também é difícil interpretar literalmente a forma verbal "é". A referência ao cálice como o "sangue da aliança" é mais bem compreendida de maneira metafórica. Devemos lembrar-nos do contexto da última ceia. Ela envolveu judeus que estavam muito bem familiarizados com a proibição do AT quanto a beber sangue (p. ex., Lv 3.17; 7.26,27; 17.14). Se os discípulos acreditassem literalmente que lhes estava sendo dito para beber sangue, era de esperar que tivessem protestado enfaticamente. Só é preciso lembrar do protesto de Pedro em Atos 10.9-16, ocasião em que lhe foi ordenado que comesse carne impura (não *kosher*), para ver quão difícil teria sido para os discípulos beber sangue verdadeiro. Eles, porém, não demonstraram qualquer inquietação ao beber o cálice que Jesus lhes dera. A igreja primitiva também não encontrou qualquer problema entre seus membros judaicos a esse respeito. Se Pedro tivesse acreditado que estava mesmo bebendo sangue, sua reação posterior ao mandamento divino "mate e coma" carne impura provavelmente seria menos resistente. É difícil imaginar Pedro dizer: "De modo nenhum, Senhor! Jamais comi algo impuro ou imundo! [embora eu beba sangue com regularidade]" (At 10.14). Além do mais, mesmo depois de beber do cálice, seu conteúdo continua citado na ceia do Senhor como o "fruto da videira" (Mc 14.25). Desse modo, é melhor compreender o ensinamento de Jesus aqui como: "este cálice, ou seja, o vinho que está dentro do cálice, simboliza a minha vida entregue em sacrifício, a qual sela a nova aliança que Deus está estabelecendo agora".

"Não beberei deste fruto da videira até aquele dia em que beberei o vinho novo com vocês no Reino de meu Pai." Todos os quatro relatos da ceia do Senhor fazem referência ao futuro. Assim como a Páscoa era uma antecipação e o anseio por aquele dia em que o povo de Deus participaria do banquete messiânico (Is 25.6-9; 55.1,2; 65.13), do mesmo modo a ceia do Senhor olha não apenas para trás, para a morte de Jesus, mas também adiante, para sua segunda vinda. Até mesmo a versão de Lucas contém tal referência, embora ela ocorra antes das três primeiras frases. Em 1Coríntios, a referência ao futuro vem não de Jesus, mas de Paulo:

"Porque, sempre que comerem deste pão e beberem deste cálice, vocês anunciam a morte do Senhor até que ele venha" (11.26).

Nos evangelhos sinópticos, essa antevisão assume a forma de participação no banquete messiânico, quando Jesus voltar. Esse tema aparece freqüentemente nos ensinamentos de Jesus (Mt 5.6; 8.11; Mc 7.24-30; Lc 12.35-38). É bem provável que os escritores dos Evangelhos tenham tido a intenção de que a alimentação dos 5 mil (Mc 6.30-44) e a dos 4 mil (Mc 8.1-10) fosse entendida como um antegozo da ceia do Senhor e do banquete messiânico (cp. "abençoar e partir" [Mc 6.41, ARA] e "partir e dar graças" [Mc 8.6, ARA] com "abençoar e partir" de Mc 14.22 [ARA]). Em alguns círculos judaicos, acreditava-se que a redenção futura de Israel viria na noite da Páscoa (*Mekilta Exodus* 12.42). Portanto, a celebração da Páscoa era altamente auspiciosa. De maneira similar, na última ceia Jesus apontou aos seus seguidores o momento em que a história chegaria à sua conclusão por ocasião de sua volta (1Co 11.26), e todos aqueles que o seguissem alegremente partilhariam com ele o banquete messiânico (Mt 26.29; Mc 14.25; Lc 22.16).

Jesus não via sua morte como um trágico erro humano ou como um equívoco do destino. A convicção de que essa era a vontade de Deus seria reforçada por sua experiência no Getsêmani. Agora, quando via sua hora chegar, ensinava a seus discípulos não apenas sobre a necessidade de sua morte, mas também sobre seu significado. Por meio de sua morte, Deus inauguraria a nova aliança prometida no AT. Ele falou de sua morte sacrificial em termos do AT, como um derramamento de seu sangue para promover a redenção e oferecer o perdão "para muitos". E ainda apresentou aos seus discípulos não apenas a iminente crucificação, mas apontou adiante desse evento, para a consumação futura de todas as coisas. O pão e o cálice, portanto, apontaram não apenas para o futuro imediato, mas também para um futuro mais distante, quando partilharia o banquete messiânico com seus discípulos no Reino consumado.

CONCLUSÃO

Consciente de que sua hora havia chegado, Jesus usou o contexto da celebração da Páscoa para instituir um novo "ritual". Nesse ritual-ordenança-sacramento, falou de seu propósito e de sua missão na vida, que envolviam um foco bidimensional. Assim como em seus ensinamentos sobre o Reino de Deus, tal foco consistia em um iminente "já" e um futuro "ainda não".

O "já" — que viria em apenas algumas horas — envolvia entrega pessoal em sacrifício para selar a nova aliança que Deus prometera. Pão e vinho foram investidos de significância simbólica eterna. Representavam o corpo que ele daria e o "sangue" — ou propósito sacrificial — pelo qual daria aquele corpo. Daquele dia até o fim da história, a ceia do Senhor lembraria à Igreja que a cruz não foi um acidente ou um infortúnio, mas o evento de coroação da redenção humana. Muitos podem vê-la como uma pedra de tropeço, como loucura ou como um infeliz ato da barbárie humana. Para os seguidores de Jesus, porém, a cruz foi e sempre será o objeto da fé e da esperança, o símbolo mais distintivo da fé cristã. O pão e o cálice apontam continuamente para a "rude cruz" e a redenção alcançada ali por Jesus.

A segunda dimensão da ceia do Senhor aponta para um futuro mais distante. Jesus olhava para a cruz com horror e com confiança. O horror da crucificação é claramente compreensível. A confiança de Jesus é vista nas suas últimas palavras. Ele vai para a cruz sabendo que será vitorioso. Ressuscitará dos mortos; ascenderá ao Pai; voltará mais uma vez em glória. Qualquer celebração da ceia do Senhor que se concentre apenas no horror da cruz é decisivamente não bíblica. A ceia do Senhor também evoca uma reunião gloriosa de Jesus com seus seguidores. Até mesmo um triste hino norte-americano como "Homem de dores, que doce nome", que fala de maneira sombria sobre a morte de Jesus, termina com os versos "Quando vier nosso Rei glorioso/para os remidos ao céu levar/ um novo canto, um som mavioso/em seu louvor havemos de cantar". A Igreja jamais deve perder de vista ou minimizar a dimensão da ceia do Senhor.

REFERÊNCIAS BIBLIOGRÁFICAS

BARCLAY, William. *The Lord's Supper.* Nashville: Abingdon, 1967.

BARTH, Markus. *Rediscovering the Lord's Supper.* Atlanta: John Knox, 1988.

GREEN, Joel B. *The Death of Jesus.* Tübingen: J. C. B. Mohr, 1988, p. 234-44.

JEREMIAS, Joachim. *The Eucharistic Words of Jesus.* London: SCM Press, 1966. (*O repartir do Pão Eucarístico segundo o Novo Testamento*. Loyola, 1984.)

KLAPPERT, Bertold. Ceia do Senhor. In: BROWN, Colin, org. *Dicionário Internacional de Teologia do Novo Testamento*. São Paulo: Vida Nova, 1989, v. 1, p. 397-415.

LEON-DUFOUR, Xavier. *Sharing the Eucharistic Bread.* Nova York: Paulist, 1987. (*Isto é o meu corpo*. Paulinas, 2001.)

MARSHALL, I. Howard. *Last Supper and Lord's Supper.* Grand Rapids: Eerdmans, 1980.

REUMANN, John. *The Supper of the Lord.* Philadelphia: Fortress, 1985.

STEIN, Robert H. Last Supper. In: GREEN, Joel B.; MCKNIGHT, Scot; MARSHALL, I. Howar, org. *Dictionary of Jesus and the Gospels*. Downers Grove: InterVarsity Press, 1992, p. 444-50.

WAINWRIGHT, Geoffrey. *Eucharist and Eschatology.* New York: Oxford University Press, 1981.

16

Getsêmani, traição e prisão

A vontade de Deus, a deslealdade humana e a maldade governamental

Depois de terem feito a refeição pascal e instituído a ceia do Senhor dentro de Jerusalém, Jesus e os discípulos foram para o jardim do Getsêmani (Mt 26.36; Mc 14.32). Saindo da cidade por um dos portões orientais, desceram para o vale do Cedrom e subiram o lado oeste do monte das Oliveiras. Localizado nas encostas mais baixas, que ficam de frente para a cidade, o Getsêmani localiza-se dentro da área que era considerada a "grande Jerusalém". Jesus planejou passar a noite ali, em vez de voltar a Betânia. Ao fazer isso, cumpriu os requisitos judaicos da celebração da Páscoa. Contudo não passaria toda a noite no Getsêmani, porque sua "hora" havia chegado.

GETSÊMANI

Quando chegaram ali, Jesus levou consigo Pedro, Tiago e João e separou-se do resto do grupo para orar. Em pelo menos duas ocasiões anteriores, esses três homens acompanharam Jesus separadamente do resto do grupo. Estavam presentes na cura da filha de Jairo (Mc 5.37) e na transfiguração (Mc 9.2). Aqui, Jesus pediu que compartilhassem de sua agonia e vigiassem (Mc 14.34). Apelou aos três discípulos que orassem por ele, assim como por si mesmos, porque o julgamento deles também estava se aproximando (Mc 14.38). Em seu momento de luta e agonia, Jesus procurou o conforto e a compreensão de seus amigos fiéis (cf. 2Tm 4.9). Afastando-se um pouco dos três discípulos, mas permanecendo a uma distância na qual pudessem ouvi-lo (na ARA e na ARC, Lc 22.41 traz a expressão "cerca de um tiro de pedra"), Jesus agonizou em oração. É muito provável que nosso conhecimento sobre o conteúdo da oração de Jesus advenha dos três discípulos. Como era normal, Jesus sem dúvida orou em voz alta. As palavras usadas por ele foram ouvidas pelos discípulos durante o período em que estavam acordados.

Os relatos bíblicos enfatizam o grande tormento de Jesus naquele momento. Estava "aflito e angustiado" e "profundamente triste, numa tristeza mortal" (Mc 14.33,34). A informação de Lucas 22.44, que "seu suor era como gotas de sangue que caíam no chão" tem apoio textual questionável. Perceba-se também que a palavra "como" se refere a uma comparação, e não à realidade. O tormento de Jesus também é revelado no fato de que ele se "prostrou" (Mc 14.35; lit. "ele caiu sobre sua face"). É difícil imaginar que a tradição do Getsêmani seja de origem ficcional. Quem poderia ter criado tal relato na igreja primitiva? Possíveis alusões a essa experiência de Jesus são encontradas em Hebreus 5.7 e em João 12.27.

A oração de Jesus a Deus foi: "*Aba*, Pai, tudo te é possível. Afasta de mim este cálice; contudo, não seja o que eu quero, mas sim o que tu queres" (Mc 14.36). Depois de um tempo (a "uma hora" de Mc 14.37 não deve ser considerada com exatidão) Jesus voltou aos seus discípulos e encontrou-os dormindo. Advertindo-os para que "vigiassem" e orassem por causa da necessidade de estarem preparados para a tentação, deixou-os e foi orar novamente. Mateus e Marcos mencionam que ele orou com as mesmas palavras.

Sugere-se que foi dito aos discípulos para "vigiarem" por causa da chegada de Judas. Contudo, isso ignora o elo entre vigiar e orar (Mc 14.38; cp. com Lc 21.36; Ef 6.18; Cl 4.2) e que deveriam vigiar *com Jesus* enquanto ele orava (Mt 26.38,40). Quando retornou pela segunda vez aos discípulos, encontrou-os dormindo novamente. Voltou para orar e, de acordo com Mateus 26.44, fez a mesma oração (cf. 2Co 12.8). Quando retornou pela terceira vez, encontrou Pedro, Tiago e João ainda dormindo.

O retrato de Jesus no Getsêmani não é o de um estóico, enfrentando a morte, dotado de uma temerária falta de preocupação. O que Jesus temia? Várias sugestões têm sido apresentadas.

Uma delas é a de que ele temia a morte física. De acordo com essa perspectiva, Jesus sabia melhor do que ninguém que a morte física era uma maldição. No Getsêmani, percebeu que, em vez de ser parte da vida humana — como fora originalmente planejada — a morte era uma violação daquilo que Deus realmente planejara. Se, porém, era isso o que Jesus temia, é estranho que seus seguidores possam tão freqüentemente experimentar e até mesmo abraçar a morte física por causa dele, sem reclamar ou murmurar. O medo da morte assola a humanidade, mas a agonia de Jesus no Getsêmani deveu-se a algo além da morte física. Não existe indicação nos Evangelhos que apóie que aquilo que Jesus temia fosse a morte ou a dor físicas.

Outra sugestão é a de que Jesus temia a morte prematura. Alguns têm afirmado que Jesus temia ser morto antes de ser capaz de cumprir sua missão. Contudo, Jesus tinha fé em seu Pai e confiava que nem mesmo o menor pardal poderia cair no chão sem seu conhecimento. Tinha confiança de que, até que "chegasse a sua hora", Deus o protegeria da armadilha do inimigo (Sl 124.7; 141.9,10).

Uma terceira sugestão é a de que Jesus temia a culpa que sua morte traria sobre Judas, sobre Pôncio Pilatos e sobre os líderes da nação. Jesus sabia, porém, que sua missão era tal que separaria as ovelhas dos bodes, o trigo do joio. Em nenhum momento de sua carreira omitiu-se de sua missão porque as pessoas seriam culpadas por rejeitá-lo. Não havia nada que ele pudesse fazer para mudar o fato de que alguns amam mais as trevas que a luz.

A explicação sobre aquilo que Jesus temia deve ser entendida à luz da morte singular pela qual passaria. Não era a morte física que o entristecia. Era a idéia de "dar a sua vida em resgate por muitos" (Mc 10.45), de se tornar pecado, embora não tivesse pecado algum (2Co 5.21), de levar "em seu corpo os nossos pecados sobre o madeiro" (1Pe 2.24), de sofrer "pelos pecados uma vez por todas, o justo pelos injustos" (1Pe 3.18), de se tornar "maldição em nosso lugar, pois está escrito: 'Maldito todo aquele que for pendurado num madeiro'" (Gl 3.13). Sabendo que sua "hora" havia chegado, Jesus temeu as conseqüências de beber o "cálice" que Deus lhe ordenara que bebesse (Mc 10.38). Como em todos os outros lugares, esse cálice simboliza a experimentação da ira divina (Sl 11.6; 75.8; Is 51.17,22; Jr 49.12; Ap 14.10; 16.19; 17.4). Jesus, porém, não era merecedor desse cálice por pecado próprio, mas porque levaria sobre si os pecados dos outros.

Jesus temia a agonia de experimentar a ira de um Deus justo contra o pecado. Enquanto os cristãos passam pela experiência da morte com um senso real da presença de Deus, Jesus estava prestes a experimentar o abandono de Deus. Os cristãos que caminham pelo vale da sombra têm a segurança e a promessa de Deus: "Nunca o deixarei, nunca o abandonarei" (Hb 13.5). No entanto, Jesus sabia que se tornaria "maldito" exatamente durante a hora em que mais precisaria de Deus. Em nenhum outro lugar o horror e a tragédia do pecado se tornam mais evidentes que no clamor angustiado da cruz: "Meu Deus! Meu Deus! Por que me abandonaste?" (Mc 15.34).

Enquanto enfrentava isso no jardim, Jesus derramou seu coração diante de Deus e procurou outra maneira de cumprir sua missão. Jesus não era masoquista. Sua fé não era um tipo de encenação. Tal como o salmista, Jesus podia orar honestamente a Deus. Podia expressar seus sentimentos abertamente. Os escritores dos Evangelhos merecem elogios por sua honestidade em registrar essa tradição. Eles não colocam nos lábios de Jesus uma oração tola e superficial como: "Eu te agradeço, Pai, pela oportunidade que se apresenta diante de mim neste final de semana. Eu ouvi que a crucificação é uma experiência de aprofundamento". Pelo contrário, conhecendo a dor que estava prestes a experimentar, Jesus pôde orar ao Pai com total honestidade: "*Aba*, Pai, tudo te é possível. Afasta de mim este cálice". A fé e a confiança de Jesus no Pai, porém, é vista claramente quando ele adiciona a frase "contudo, não seja o que eu quero, mas sim o que tu queres" (Mc 14.36).

A fé e a dedicação de Jesus à vontade de Deus servem de padrão para seus seguidores. Tal como o salmista — e, acima de tudo, como o próprio Jesus —, os cristãos podem derramar seus verdadeiros sentimentos diante do Pai. Todavia, quando oram pedindo cura e libertação, devem concluir sua oração com fé, usando a mesma expressão — "contudo, não seja o que eu quero, mas sim o que tu queres" (cf. 2Co 12.7-9).

Surge uma interessante pergunta quanto à natureza da oração de Jesus no Getsêmani. Ele realmente acreditava que havia uma outra maneira de cumprir sua missão? Estaria ele realmente pedindo que Deus removesse seu cálice e realizasse a redenção humana de outra maneira? Ou, pelo contrário, sua oração foi uma expressão da grande angústia com aquilo que estava para acontecer? À luz das diversas predições que Jesus fez sobre sua morte, parece improvável que realmente acreditasse que aquilo que fora decretado nas Escrituras (a paixão, que estava para acontecer) pudesse ser alterado ou substituído. As Escrituras devem ser cumpridas. Isso só poderia significar que sua paixão deveria realmente acontecer. Assim, é melhor entender o clamor de Jesus "*Aba*, Pai, tudo te é possível.

Afasta de mim este cálice" não tanto quanto uma petição a Deus, mas como uma expressão agonizante de dor.

Uma tragédia não deve ser desprezada. Por todo o seu ministério, Jesus satisfez as necessidades, deu orientação e ensinou seus discípulos. No Getsêmani, vemos, talvez pela primeira vez, uma ocasião na qual Jesus precisou de seus discípulos. Quão encorajador teria sido para ele se, ao enfrentar a cruz, soubesse que seus seguidores haviam compartilhado de sua agonia no Getsêmani! Quão significativo teria sido para Jesus se, enquanto passava pelo sofrimento, tivesse se lembrado de que Pedro, Tiago e João haviam compartilhado de sua tristeza e orado ardentemente em seu favor! Mas eles o decepcionaram, pois "voltou aos seus discípulos e os encontrou dormindo" (Mc 14.37,40; cp. com 13.36). Anteriormente, os discípulos fracassaram em compreender os ensinamentos de Jesus referentes à sua morte (Mc 8.32; 9.32; 10.32). Agora, quando Jesus procurava sua ajuda numa hora tão crucial, falharam mais uma vez. Os discípulos estavam começando a esquecer-se dele (Mc 14.27-31).

A TRAIÇÃO

O entendimento da traição de Jesus concentra-se em duas questões: "*Por que* Judas traiu Jesus?"; "*O que* Judas revelou?".

O porquê. Existe muita especulação sobre *por que* Judas traiu Jesus. Uma explicação interessante é que isso aconteceu porque era o mais amoroso e dedicado dos discípulos de Jesus. De acordo com esse ponto de vista, Judas era o único discípulo suficientemente dedicado a ajudar Jesus a cumprir seu ministério. Embora odiasse fazê-lo, dedicou-se à horrível tarefa de trair Jesus. Foi o único disposto a ajudar Jesus a ser crucificado com o objetivo de cumprir o plano de Deus. Tal explicação, porém, não se sustenta à luz das palavras de Jesus em Marcos 14.21: "O Filho do homem vai, como está escrito a seu respeito. Mas ai daquele que trai o Filho do homem! Melhor lhe seria não haver nascido". Outros versículos do NT falam em termos negativos da "traição" de Jesus por Judas (p. ex., Mt 26.16,21,23; Mc 14.10,11,18; Lc 22.4,6,48; Jo 6.64,71; 12.4; 13.2,11,21; 21.20). Existe uma boa razão para os cristãos não colocarem em seus filhos o nome de Judas.

Outra sugestão é a de que Judas traiu Jesus com o objetivo de receber dinheiro (Mt 26.15). João até mesmo menciona que Judas "era ladrão" (Jo 12.6). Contudo, 30 moedas de prata não representavam uma grande soma de dinheiro; esse é o valor de um escravo (cf. Êx 21.32; Zc 11.13). Outros ainda buscam explicar que a traição de Judas aconteceu devido à desilusão causada pelo contínuo ensinamento de Jesus sobre sua morte.

Não sendo possível encontrar qualquer explicação clara no material bíblico, devemos admitir que simplesmente não sabemos por que Judas traiu Jesus. Todas as tentativas de encontrar a motivação psicológica de Judas são simplesmente especulativas. Os escritores bíblicos não estavam interessados em explicar os fatores humanos que o levaram a fazer isso. Seu interesse principal era enfatizar que, desde o início, isso estava traçado no plano divino.

O quê. A segunda pergunta, relativa ao *que* Judas traiu, é mais fácil de responder. Uma sugestão — a de que Judas traiu o "segredo messiânico" — pode ser eliminada logo de saída. De acordo com essa perspectiva, Judas delatou à liderança da nação que Jesus estava ensinando secretamente aos seus discípulos que ele era o Messias. Ao fazer isso, Judas forneceu as bases para que o Sinédrio buscasse a prisão e a morte de Jesus. Tal posição, porém, é refutada pelo fato de que Judas não estava presente no julgamento quando o Sinédrio procurava evidências para condenar Jesus. Se Judas fora pago para trair Jesus revelando que este afirmava ser o Messias judaico, então estaria presente no julgamento, como testemunha.

É bastante claro o que Judas traiu com base no relato dos Evangelhos: "Faltavam apenas dois dias para a Páscoa e para a festa dos pães sem fermento. Os chefes dos sacerdotes e os mestres da lei estavam procurando um meio de flagrar Jesus em algum erro e matá-lo. Mas diziam: 'Não durante a festa, para que não haja tumulto entre o povo'" (Mc 14.1,2). Judas revelou a maneira como os oponentes de Jesus poderiam apanhá-lo em particular, longe das multidões. Como os líderes judaicos não estavam dispostos a arriscar um tumulto ao prender Jesus em público, procuravam uma maneira de prendê-lo em secreto. Judas forneceu-lhes a oportunidade.

Saindo da última ceia mais cedo (Jo 13.27-30), forneceu a informação necessária: Jesus passaria a noite no Getsêmani. Ali, na escuridão, sem o conhecimento das multidões, poderiam prender Jesus. Em tudo isso, porém, Deus estava no controle. Existe um senso de que a "hora" dos oponentes de Jesus havia chegado (Lc 22.53). Contudo, num sentido ainda mais amplo, essa era a hora *de Deus*. Jesus afirma: "Chegou a hora! [Deus fez com que a hora acontecesse]. Eis que o Filho do homem está sendo entregue nas mãos dos pecadores [Deus está entregando seu Filho aos pecadores por meio da traição de Judas]" (Mc 14.41; cp. com Jo 12.27). Os verbos nesse versículo são exemplos do "passivo divino" — o uso da voz passiva para evitar o uso do nome Deus de maneira não reverente.

Deus estava no controle de tudo o que estava acontecendo. As Escrituras estavam sendo cumpridas.

A PRISÃO

Ciente de que Judas se aproximava com um grupo armado, Jesus saiu para encontrar-se com eles. O que vemos aqui não é uma fraqueza de Jesus. Seus inimigos não precisariam procurá-lo no jardim. Em vez disso, Jesus tomou a iniciativa e saiu para encontrar-se com eles. Não lemos nos relatos bíblicos a história de uma vítima derrotada, mas um Cristo vencedor que sai para encontrar-se com seus oponentes e derrotá-los por meio de sua cruz. Era a sua "hora", e ele estava no controle. Seus oponentes não tinham consciência de que estavam simplesmente cumprindo um plano preordenado do Pai e do Filho.

A descrição daqueles que vieram encontrar Jesus indica que havia um número considerável de pessoas. Marcos menciona que, com Judas, havia "uma multidão armada de espadas e varas, enviada pelos chefes dos sacerdotes, mestres da lei e líderes religiosos" (Mc 14.43). Lucas faz referência "aos chefe dos sacerdotes, aos oficiais da guarda do templo e aos líderes religiosos" (Lc 22.52) e João adiciona que havia "um destacamento de soldados e alguns guardas enviados pelos chefes dos sacerdotes e fariseus" (Jo 18.3). A quantidade de pessoas nesse grupo é grande, mesmo que não mencionemos o "destacamento" de João. Esse termo (*speira*) normalmente se refere a uma coorte, equivalente à décima parte de uma legião romana, isto é, cerca de 600 homens. Às vezes podia referir-se a um manípulo (200 homens). Que era realmente um "destacamento" de soldados romanos é confirmado pelo fato de o termo ser sempre usado no NT para se referir a tropas romanas que tinham sobre elas um "oficial" ou *chiliarchos*. Esse termo refere-se a um "tribuno" encarregado da *speira*. Mesmo que o destacamento fosse um manípulo, o grupo armado que veio para prender Jesus era impressionante. Eles estavam preparados para lidar de maneira rápida e eficiente com qualquer resistência que pudesse surgir. (A província romana de Judá abrigava cinco coortes romanas. Uma delas estava postada na fortaleza Antônia, em Jerusalém. As outras quatro estavam sediadas em Cesaréia. A Síria, porém, tinha quatro *legiões*, treinadas de maneira mais profissional.)

Com o objetivo de causar a menor perturbação possível, Judas concordou em destacar Jesus dos outros com um beijo. Isso era necessário no âmbito tático, pois, na escuridão, seria difícil reconhecer qual deles era Jesus. Lembre-se de que aquele era um tempo anterior à luz elétrica. As árvores do monte das Oliveiras estariam bloqueando a luz das estrelas e da lua e, assim, prejudicando a visibilidade. A última coisa que os oponentes de Jesus queriam era procurá-lo de grupo em grupo. Desse modo, Judas precisava apontar-lhes exatamente quem era Jesus.

Quanto ao beijo, essa era a maneira usual de um discípulo saudar seu mestre. O termo usado em Marcos 14.45 para descrever o fato de Judas beijar Jesus não é o comum. É uma forma mais intensa e sugere que ele pode ter exagerado na atitude. É difícil dizer se isso indica que Judas prolongou seu beijo só para assegurar-se de que todos vissem claramente quem deveria ser preso.

A resposta de Jesus à ação de Judas é cheia de ternura e pesar: "Judas, com um beijo você está traindo o Filho do homem?" (Lc 22.48). Em nenhuma sociedade e em nenhum momento da história, os "traidores" foram admirados. Dentro da cultura bíblica, o horror da traição era ainda mais desprezado e chocante. "Partir o pão" com alguém, partilhar de sua comida e de sua hospitalidade, tudo isso resultava num laço singular. Isso significava a aceitação (At 11.1-18) e até mesmo a responsabilidade de defender e proteger (Gn 19). Trair alguém que partilhou seu pão com você era um dos mais desprezíveis atos que alguém podia imaginar. Ter acompanhado Jesus, compartilhado de seus aposentos, ter partido o pão com ele, ter bebido de seu cálice, comido a refeição pascal com ele — e, então, traí-lo foi um ato verdadeiramente execrável. É por causa disso que Judas Iscariotes será lembrado para sempre.

A resposta de Jesus à multidão que vinha para prendê-lo é cheia de ironia, até mesmo de sarcasmo: "Estou eu chefiando alguma rebelião, para que vocês venham me prender com espadas e varas? Todos os dias eu estive com vocês, ensinando no templo, e vocês não me prenderam. Mas as Escrituras precisam ser cumpridas" (Mc 14.48,49). Jesus sabia que seus oponentes não tinham coragem de fazer na presença do povo aquilo que estavam prestes a realizar no jardim. Por isso os repreendeu.

A reação dos discípulos a tudo aquilo foi confusão e medo. Embora tivessem conhecimento prévio de que aconteceria, sua falta de compreensão sobre a morte sacrificial de Jesus e o rápido desenvolvimento dos eventos causou grande consternação. A aparição de tantos inimigos armados provocou medo e levou à reação natural de fugir. Talvez a única exceção tenha sido Pedro. Na confusão, procurou fazer aquilo que pareceu natural: lutou. Lançando mão de uma espada, cortou a orelha do servo do sumo sacerdote (Jo 18.10 afirma que o nome do servo era Malco e Lc 22.51 faz uma referência ao fato de Jesus curá-lo). Contudo, em vez de ser encorajado por Jesus, Pedro foi repreendido, pois todos os que empunham a espada pela espada morrerão. O resultado foi que, além de sentir-se confuso e temeroso, Pedro sentiu-se rejeitado por fazer a única coisa que lhe viera à mente. Portanto não é de surpreender que também tenha fugido.

Existe uma interessante história, associada à prisão, sobre um homem jovem presente à cena. Ele é descrito como alguém que estava usando um lençol de linho. A referência ao fato de o tecido ser "linho" sugere que ele era de uma família de posses. Quando tentaram prendê-lo, o jovem fugiu nu, deixando para trás sua vestimenta (Mc 14.51,52). A natureza enigmática dessa história tem feito com que muitos julguem que esse não foi um evento real, mas um mito que busca ensinar uma verdade espiritual. As tentativas de descobrir qual seria essa suposta verdade espiritual, porém, não são convincentes. Conseqüentemente, é difícil entender por que uma história como essa teria sido criada. Os primeiros comentaristas compreenderam essa passagem como autobiográfica em sua natureza. Eles acreditavam que Marcos, o autor, incluiu essa passagem pelo fato de ser ele aquele jovem.

CONCLUSÃO

Vemos o plano divino desenrolando-se nos eventos ocorridos no Getsêmani. A tragédia humana vista por meio desses eventos não deveria cegar-nos para o fato de que Deus estava no controle pleno de tudo. No Getsêmani, Judas traiu Jesus, exatamente como Jesus disse que aconteceria. Jesus foi entregue aos principais sacerdotes como disse que seria. Os discípulos abandonaram-no mais uma vez, exatamente como ele disse que aconteceria. Logo depois desses eventos, Pedro negaria a Jesus, como o Mestre havia anunciado. Em breve ele seria entregue aos governadores gentios e levado à morte e, depois de três dias, ressuscitaria dos mortos. Isso também foi predito por ele.

Diante do retrato da angústia de Jesus e de sua rendição à vontade de Deus, é impossível deixar de ver que Jesus estava plenamente no controle. Tudo o que havia predito estava acontecendo, e ele se manteve no controle. Sua hora havia chegado. Seu propósito e missão na vida estavam prestes a serem cumpridos. Tudo isso revela que ele foi um profeta verdadeiro. Contudo, foi muito mais que isso, pois, diferentemente dos profetas, somente ele poderia beber o cálice que traria a redenção da humanidade.

A profundidade e o horror do pecado humano são vistos claramente nesses eventos. Eles podem ser vistos na horrível e revoltante traição de Jesus por Judas e na fraqueza dos discípulos, que não foram capazes de vigiar e orar. É vista na fuga covarde deles. No próximo capítulo, veremos isso manifesto na injustiça e na brutalidade humana e governamental. Mas, acima de tudo, vemos a terrível natureza do pecado na angústia de Jesus. No Getsêmani, Jesus foi profundamente abalado pelo horror daquilo que experimentaria. Sua angústia e o horror da cruz revelam que o pecado e a depravação da humanidade não são simplesmente "defeitos" em nossa formação. Ao contrário, são tão sérios que merecem a ira de Deus. O Getsêmani adverte-nos a nunca minimizarmos o pecado ou suas conseqüências.

REFERÊNCIAS BIBLIOGRÁFICAS

BARBOUR, R. S. Gethsemane in the Tradition of the Passion. *New Testament Studies*, n. 16, p. 231-51, 1969.

BROWN, Raymond E. *The Death of the Messiah*. New York: Doubleday, 1994, p. 110-310.

GREEN, Joel B. Gethsemane. In: GREEN, Joel B.; MCKNIGHT, Scot; MARSHALL, I. Howar, orgs. *Dictionary of Jesus and the Gospels*. Downers Grove: InterVarsity Press, 1992, p. 265-68.

_____. Jesus on the Mount of Olives (Luke 22.39-46): Tradition and Theology. *Journal for the Study of the New Testament*, n. 26, p. 29-48, 1986.

HOLLERAN, J. Warren. *The Synoptic Gethsemane*: A Critical Study. Roma: Universita Gregoriana Editrice, 1973.

LOHSE, Eduard. *History of the Suffering and Death of Jesus Christ*. Philadelphia: Fortress, 1967, p. 55-68. (*A história da paixão e morte de Jesus Cristo*. Paulinas, 2001.)

STANLEY, David M. *Jesus in Gethsemane*: The Early Church Reflects on the Suffering of Jesus. New York: Paulist, 1980.

TAYLOR, Vincent. *The Passion Narrative of St. Luke*: A Critical and Historical Investigation. Cambridge: Cambridge University Press, 1972.

WILLIAMS, David John. Judas Iscariot. In: GREEN, Joel B.; MCKNIGHT, Scot; MARSHALL, I. Howar, orgs. *Dictionary of Jesus and the Gospels*. Downers Grove: InterVarsity Press, 1992, p. 406-8.

17

O julgamento

A condenação de um inocente

Os eventos que envolvem o julgamento de Jesus são muito debatidos pois muita coisa está em jogo. Não está em discussão simplesmente o que de fato aconteceu. Para alguns, o julgamento de Jesus é uma desculpa para praticar um feroz anti-semitismo. Como resultado, em alguns círculos existe uma pressão para não se enxergar de modo algum o envolvimento judeu no julgamento. De acordo com essa perspectiva, nunca aconteceu um julgamento diante do Sinédrio. O único julgamento aconteceu diante de Pôncio Pilatos.

Em ambos os exemplos, a "história" tornou-se um meio para apoiar um ponto de vista em particular. Nenhum escritor pode investigar os materiais e discutir o julgamento de Jesus sem ser influenciado por algum tipo de motivação. Eu não sou exceção. Minha "tarefa" particular está em reunir, se possível, os dados bíblicos para que formem um retrato harmonioso daquilo que aconteceu. Isso presume que os escritores dos Evangelhos são testemunhas confiáveis dos eventos que registraram.

Ao investigar os relatos dos Evangelhos, somos abençoados com um grande número de tradições. Talvez tenhamos três tradições separadas sobre o julgamento. Uma delas é encontrada nos relatos paralelos de Marcos e Mateus. As outras podem ser vistas em Lucas e João. Essa "bênção", porém, traz consigo sérios problemas, pois não é fácil harmonizar o material dessas várias tradições. O verbo "harmonizar" pode causar apreensão a alguns leitores, mas é perfeitamente adequado. No passado, várias "harmonizações" de relatos conflitantes foram inconcebíveis, absurdas. Conseqüentemente, todo processo de harmonização se tornou suspeito. Contudo, deve-se ao menos tentar ver se os diversos materiais e tradições dos Evangelhos podem, de fato, ser compatíveis. Não devemos fazer um julgamento negativo sobre as tentativas de harmonização. Em vez disso, deve-se apenas julgar se essas tentativas fazem ou não sentido.

EVENTOS QUE ENVOLVERAM O JULGAMENTO

Deve-se reconhecer que os relatos dos Evangelhos sobre o julgamento de Jesus parecem contraditórios com relação a locais. Ao contrário dos evangelhos sinópticos, João faz referência a Jesus diante de Anás (Jo 18.13). Somente Lucas se refere ao fato de Pilatos enviar Jesus a Herodes Antipas (Lc 23.7). Mateus e Marcos referem-se a dois "julgamentos", um à noite e outro pela manhã, enquanto Lucas cita apenas um. Em Lucas, lemos sobre a negação de Pedro *antes* da reunião do Sinédrio. Nos outros evangelhos, ela acontece *durante* a reunião *ou depois* dela. Em João, o flagelo acontece antes que em Mateus e Marcos e, embora Lucas faça alusão a ele (Lc 23.16,22), não o menciona.

Naturalmente, existem concordâncias significativas: Jesus apareceu diante de Caifás e da liderança judaica e foi considerado "culpado"; foi condenado por Pôncio Pilatos, o governador romano; um homem chamado Barrabás foi escolhido para ser liberto no lugar de Jesus; Jesus foi ridicularizado, e muitas mais. O que veremos a seguir é um possível arranjo de como os vários eventos se ajustam.

Jesus é levado a Anás. De acordo com João 18.13, depois de sua prisão, Jesus foi "primeiramente" levado à casa de Anás, o sumo sacerdote. O uso do termo "primeiramente" implica a existência de uma audiência subseqüente. Anás foi sumo sacerdote do ano 6 ao 15 d.C., e Caifás, o sumo sacerdote em atividade do ano 18 ao 36 d.C., era seu genro. Embora Anás não fosse mais o sumo sacerdote oficiante quando Jesus foi preso, ainda era chamado sumo sacerdote (Lc 3.2; Jo 18.19), pois o título e muitas das responsabilidades do sumo sacerdócio eram mantidas até a morte (*m. Horayot* 3.4; cp. com a maneira pela qual o título "presidente" tradicionalmente tem sido mantido ao referir-se a ex-presidentes de uma nação, como nos EUA e no Brasil, p. ex.). O propósito principal dessa averiguação preliminar pode ter sido dar tempo para que Caifás pudesse reunir o Sinédrio. O que aconteceu não foi um julgamento formal, mas um interrogatório preliminar em que se buscavam evidências que pudessem condenar Jesus. Depois de uma tentativa malsucedida de encontrar qualquer evidência contrária a Jesus, Anás enviou-o a Caifás (Mc 14.53; Jo 18.24).

O julgamento diante de Caifás e dos líderes judaicos. Aqueles que estavam presentes na casa de Caifás para "testar" Jesus são descritos como um grupo composto dos "chefes dos sacerdotes, os líderes religiosos e os mestres da lei" (Mc 14.53) e "todo o conselho" (*synedrion*, v. 55). Essa última expressão é uma referência ao Sinédrio, o governo dos judeus que, de acordo com *m. Sanhedrin* 1.6 consistia em 70 anciãos e no sumo sacerdote em atividade. Contudo, não há certeza de que a descrição do Sinédrio nessa passagem possa ser aplicada ao tempo de Jesus. Alguns estudiosos sugeriram que, na verdade, existiram dois Sinédrios nos dias de Jesus. Um deles era o Grande Sinédrio, conhecido como Beth Din, que lidava basicamente com questões religiosas e interpretações da Lei. O outro era o Sinédrio político. De acordo com essa idéia, foi o político, e não o Beth Din, que se envolveu no julgamento de Jesus. Tal reconstrução dos fatos, porém, não encontra apoio nas fontes, pois nunca mencionaram explicitamente dois sinédrios.

A impressão que se tem com Mateus e Marcos é que Jesus estava envolvido num julgamento formal. Procuravam-se evidências, pois o conselho estava "procurando depoimentos contra Jesus, para que pudessem condená-lo à morte" (Mc 14.55). Diversas testemunhas foram chamadas, mas seu testemunho foi contraditório e discordante. A única concordância das testemunhas estava em que Jesus dissera alguma coisa sobre "destruir o templo e reconstruí-lo em três dias", mas mesmo aqui, devido à natureza enigmática da declaração, seu testemunho não foi concorde. Nesse estágio do julgamento, o testemunho contra Jesus foi claramente insuficiente para condená-lo. Ao ser indagado sobre essas acusações, Jesus permaneceu calado.

Com o objetivo de encontrar provas para condená-lo, Caifás preferiu mudar a estratégia, direcionando suas perguntas a Jesus. Jesus, porém, recusou-se a responder. Num certo ponto, porém, ele rompeu o silêncio e respondeu às perguntas do sumo sacerdote. Por que a mudança? É Mateus quem explica a razão. Caifás colocou Jesus sob juramento: "Exijo que você jure pelo Deus vivo: se você é o Cristo, o Filho de Deus, diga-nos" (Mt 26.63). Diferentemente do sistema judicial que protege o acusado de ter de testemunhar contra si mesmo, a lei judaica desconhecia tal direito. De acordo com Levítico 5.1, "se alguém pecar porque, tendo sido testemunha de algo que viu ou soube, não o declarou, sofrerá as conseqüências da sua iniqüidade" (cp. com Pv 29.24; 1Rs 22.16; *m. Shebu'ot* 4.13). Por ser judeu, Jesus aceitou a legitimidade desse juramento bíblico. Como resultado, respondeu.

A resposta de Jesus à pergunta se ele era o Messias é registrada de maneira diferente nos Evangelhos. A passagem de Marcos 14.62 registra a resposta de Jesus como tendo sido um direto "eu sou". Mateus e Lucas, porém, registram sua resposta de maneira diferente: "Tu mesmo o disseste" (Mt 26.64) e "Vós estais dizendo que eu sou" (Lc 22.70). Cada um dos três autores afirma que Jesus, então, adicionou a frase "E vereis o Filho do homem assentado à direita do Poderoso vindo com as nuvens do céu" (Mc 14.62). Mateus e Lucas revelam que a resposta de Jesus ao sumo sacerdote foi uma afirmação reticente. Refutam-se as tentativas de interpretar essas palavras como uma negação ou rejeição ao título messiânico porque o sumo sacerdote e todas as pessoas ali entenderam a resposta como uma afirmação. Mateus certamente queria que seus leitores compreendessem dessa maneira. Antes, em seu evangelho, registra que Jesus falou sobre ser traído por um de seus discípulos. Quando Judas afirmou: "Com certeza não sou eu, Mestre!" (Mt 26.25), Jesus respondeu: "Tu o disseste" (cf. comentário da NVI e o texto direto da ARA e da ARC). A resposta aqui é idêntica à resposta de Jesus ao sumo sacerdote e deve ser entendida como um "sim".

É evidente que esses três redatores dos Evangelhos concordam em que Jesus afirmou ser o Messias, diante do sumo sacerdote. Parece que Marcos estava menos interessado em partilhar com seus leitores a hesitação de Jesus sobre essa pergunta. Seu relato, todavia, é correto. Jesus realmente respondeu de maneira positiva à pergunta do sumo sacerdote. Ele era o Messias. Mateus e Lucas, do mesmo modo, estão corretos em sua versão da resposta de Jesus. Contudo estavam mais preocupados em indicar que Jesus afirmou seu messiado com reservas. É bem provável que tenha feito isso porque a crença do sumo sacerdote e do Sinédrio sobre o papel messiânico era radicalmente diferente da maneira como Jesus o via. Desse modo, embora não pudesse e não quisesse negar que era o Messias, Jesus estava consciente de que sua declaração poderia ser mal interpretada. Viam o Messias como uma figura real, e havia todo tipo de implicação política associada a tal imagem. Com efeito, a resposta de Jesus parece ter sido: "Vocês me perguntam se eu sou o Messias, e não vou negar que sou, mas prefiro fazer referência a mim mesmo como o Filho do homem".

Depois da resposta de Jesus, Caifás "rasgou suas próprias vestes" e afirmou que as palavras de Jesus eram blasfêmia. O fato de o sumo sacerdote rasgar as próprias roupas não deve ser considerado um ato de fúria descontrolada. Não significa que "perdeu a calma". Pelo contrário, o ato de rasgar as roupas, quando realizado pelo sumo sacerdote, era um ato judicial formal indicando que o acusado era culpado. Era um ato minuciosamente regulado de acordo com a tradição (*m. Sanhedrin* 7.5). Todos os presentes concordaram com o veredicto. Jesus foi considerado culpado e merecedor de morte (Mc 14.64). Depois disso, foi alvo de zombaria e de ridicularização.

O que Jesus disse para fazer com que o Sinédrio o considerasse culpado de blasfêmia não está claro. Isso tem sido assunto de muita discussão. Não há certeza se simplesmente afirmar ser o Messias era uma atitude considerada blasfema, pois, na revolta judaica de 132 a 135 d.C., Bar Kokhba afirmou ser o Messias, e nenhuma acusação de blasfêmia foi lançada contra ele. Talvez a afirmação de Jesus de se sentar à direita de Deus tenha sido considerada blasfêmia, pois isso presumiria que ele era possuidor de um relacionamento singular com Deus.

Alguns acreditam que a blasfêmia de Jesus consistiu na afirmação de ser o Filho do homem (Dn 7.13,14) e de ter combinado isso com a afirmação de ser o senhor de Davi e que se assentaria à direita de Deus (Sl 110.1). Outra sugestão é que a resposta de Jesus — "Sou" (Mc 14.62) — foi considerada blasfêmia porque essa foi a maneira usada por Deus para descrever a si mesmo, conforme Êxodo 3.14. Contudo, se a verdadeira resposta de Jesus estava mais perto daquilo que Mateus e Lucas registraram, e não do registro de Marcos, essa sugestão deve ser rejeitada. Outras afirmações anteriores de Jesus — tais como o direito de perdoar pecados e a capacidade de ressuscitar dos mortos — sem dúvida também desempenharam um papel nesse veredicto. De acordo com *m. Sanhedrin* 7.5, "blasfêmia" era definida tecnicamente quando se pronunciava o nome sagrado YHWH. Parece, porém, que, nos dias de Jesus, a blasfêmia era compreendida de maneira mais ampla. No ambiente hostil do julgamento, as afirmações anteriores de Jesus e sua resposta ao sumo sacerdote foram suficientes, na mente deles, para condená-lo.

Durante esse questionamento, lemos que Pedro negou Jesus três vezes. Isso já havia sido predito, mas é por demais chocante a leitura do incidente. Com sua confirmação em todos os quatro evangelhos, a dificuldade de explicar de que maneira e por qual razão tal tradição surgiu durante a vida de Pedro garante sua historicidade. (Também temos, como apoio à historicidade desse relato, a referência comum em todos os evangelhos de que Pedro se aquecia diante do fogo no pátio.)

A questão que surge está relacionada ao momento exato em que esse evento aconteceu. Em Mateus e em Marcos, o relato está colocado depois das perguntas do sumo sacerdote e de Jesus ter admitido que era o Cristo. Em Lucas, acontece antes. A razão para isso reside menos numa confusão de tempo e mais no desejo de Lucas de colocar as tradições do julgamento numa ordem mais lógica (Lc 1.3). Em vez de saltar para trás e para frente entre a história da negação de Pedro (Mc 14.53,54,66-72) e o julgamento (Mc 14.55-65), Lucas decidiu contar a história da negação de Pedro de uma só vez. Assim, depois de contar como Pedro entrou no pátio do sumo sacerdote logo após a prisão de Jesus, simplesmente dá prosseguimento à história. Mateus e Marcos, no entanto, alternam entre o cenário do pátio e o julgamento e, então, voltam para o pátio com o objetivo de completar a história da negação de Pedro. A prática de espremer um evento (o julgamento) dentro de outro (a negação de Pedro) é característica do estilo de Marcos. O procedimento mais lógico de permanecer e contar toda a história de um cenário é característica do "relato ordenado" de Lucas. O que encontramos aqui, portanto, não são relatos contraditórios, mas um exemplo de diferentes autores a usar diferentes estilos literários para relatar as mesmas tradições.

A negação retrata Pedro sob uma luz bastante ruim. Ele é covarde e mentiroso. Não existem tentativas de fornecer-lhe uma desculpa. Se os escritores dos Evangelhos quisessem defender Pedro, poderiam ter destacado o fato de que apenas ele e outro discípulo (Jo 18.15) seguiram Jesus quando ele foi preso. Enquanto os outros discípulos simplesmente fugiram, Pedro foi suficientemente corajoso para seguir Jesus até mesmo ao pátio do sumo sacerdote. Poderia ter havido outros destaques sobre a confusão e o desespero na escuridão da noite, e assim por diante. Mas nada assim é registrado nos Evangelhos. Pedro é simplesmente descrito como alguém que ficou intimidado pela situação e negou Jesus. Ele até mesmo começou a amaldiçoar e a jurar (Mc 14.71).

Os redatores dos Evangelhos concluem o episódio afirmando que "o galo cantou" e que, ao ouvir isso, Pedro caiu em si e começou a chorar. Lucas adiciona que, nesse exato momento, Jesus voltou-se e olhou para Pedro, embora não nos diga de que maneira isso seria possível (Lc 22.61). Mas haveria perdão e restauração para Pedro (Mc 16.7). Ele seguiria na liderança da Igreja durante aqueles primeiros anos dessa instituição, e a tradição nos diz que, quando lhe foi dada nova oportunidade, Pedro fez uma grande confissão, com sua própria vida, como mártir em Roma.

Mateus e Marcos afirmam que outra reunião do Sinédrio aconteceu logo de manhã, durante a qual os participantes "chegaram a uma decisão" (Mc 15.1). Isso não envolveu outro julgamento, pois era desnecessário, uma vez que Jesus já fora considerado culpado (Lucas pode ter combinado as duas reuniões do Sinédrio numa só com o objetivo de simplificar a história para os leitores). O propósito dessa reunião era que o Sinédrio reunisse as acusações para apresentá-las a Pôncio Pilatos, que era governador de Judá. Como o governador romano era aquele que, por fim, definiria o destino de Jesus, a liderança judaica precisava formular as acusações de modo que Pôncio Pilatos fosse convencido da necessidade de executar Jesus.

O Sinédrio condenou Jesus por aspectos religiosos. Na opinião deles, ele era culpado de blasfêmia e deveria ser executado. Roma, porém, não estava interessada nas questões religiosas judaicas nem no que se constituía blasfêmia. Se era para Pilatos executar Jesus, ele o faria porque estava convencido de que Jesus era perigoso e ameaçava a estabilidade política e o bem-estar do império. Desse modo, o Sinédrio reuniu-se para formular as acusações políticas que levariam diante de Pilatos: "Encontramos este homem subvertendo a nossa nação. Ele proíbe o pagamento de imposto a César e se declara ele próprio o Cristo, um rei" (Lc 23.2). Era sobre essas acusações políticas que o destino de Jesus seria decidido. (Encontramos um paralelo no caso de Paulo. Note como as acusações religiosas contra Paulo, em Atos 21.27—23.10, foram mudadas para acusações políticas em 24.5,6, quando ele foi levado diante do governador romano.)

O julgamento diante de Pôncio Pilatos. Os quatro evangelhos concordam em que Jesus foi levado da casa de Caifás para o Pretório, onde ficava o quartel-general de Pilatos. Nesse ponto, Mateus faz um pequeno aparte e conta-nos a história da morte de Judas. Quando Judas percebeu o que havia feito, "foi tomado de remorso". O termo usado aqui não é o comumente usado no NT para descrever arrependimento. Refere-se à experiência do remorso. O remorso pode levar ao arrependimento, mas não é a mesma coisa. Judas tentou desfazer aquilo que fizera, devolvendo o dinheiro aos sacerdotes, mas, vendo que seria inútil, enforcou-se (Mt 27.3-10).

De acordo com João 18.31, a razão de o Sinédrio ter trazido Jesus até Pilatos era que aquele tribunal não tinha mais o direito de executar a pena capital. Essa afirmação encontra apoio no *Talmude*: "Quarenta anos antes da destruição do templo, o Sinédrio foi para o exílio e assumiu seu assento na Corte de Comércio... Eles não julgavam casos de pena de morte" (*b. Shabbath* 15a). Depois de ouvir as acusações (Lc 23.2), Pilatos deu início às perguntas preliminares ao prisioneiro. O que mais o preocupava era a acusação de que Jesus estava afirmando ser o Messias, o Rei tão esperado pelos judeus. Quando lhe perguntaram se era o rei do judeus, Jesus deu a mesma resposta que dera ao sumo sacerdote: "Tu o dizes". De acordo com João, Jesus qualificou seu reinado como de outro mundo (Jo 18.36-38). Não está claro se Pilatos entendeu isso ou não. Porém, como resultado de seu questionamento, convenceu-se de que Jesus não era culpado de qualquer crime digno de morte.

O resultado desse interrogatório inicial levou Pilatos a acreditar que Jesus era inocente das acusações trazidas contra ele. Os relatos não afirmam como nem por que ele chegou a essa conclusão. Podemos apenas especular se ele se convenceu de que Jesus era politicamente inofensivo ou se ficou impressionado com sua inocência. Marcos atribui a Pilatos a reação típica que Jesus provocou com tanta freqüência: "Pilatos ficou impressionado". Chegando à conclusão de que Jesus era inocente, dessa vez Pilatos procurou libertá-lo. Somente a persistência dos líderes judeus o impediu de fazer isso. Insistiram em que Jesus era uma ameaça à paz e à segurança da terra (Lc 23.5). Por alguma razão, Pilatos não estava confortável em condenar Jesus à morte. De acordo com Lucas, a primeira tentativa de Pilatos de livrar-se desse problema foi enviá-lo a Herodes Antipas.

Jesus diante de Herodes Antipas. Quando Pilatos descobriu que Jesus era da Galiléia, enviou-o a Herodes Antipas, tetrarca da Galiléia de 4 a.C. a 39 d.C. Não está claro de que maneira Lucas obteve informação sobre esse incidente no julgamento. Talvez tenha sido por meio de Joana, esposa do mordomo de Herodes e seguidora de Jesus (Lc 8.3), ou por meio de Manaém, membro da corte de Herodes, que também era seguidor de Jesus (At 13.1). Herodes aparece anteriormente nos Evangelhos, pois foi ele quem executou João Batista. Agora, encontrava-se com o ainda mais famoso Jesus de Nazaré.

O conhecimento e o interesse de Herodes por Jesus relacionavam-se com sua habilidade de realizar milagres. Lucas destaca que Herodes ficou animado por encontrar Jesus porque esperava vê-lo realizar algum tipo de sinal milagroso. Isso revela muita coisa sobre Herodes. Ele não estava interessado em ouvir o profeta Jesus, mas em ver um mágico. É preciso destacar que Jesus realmente realizou milagres, porém, muito mais do que isso, proclamou a mensagem divina. Não era um artista do ramo do entretenimento que procurava animar a platéia com mágicas impressionantes.

Quando questionado por Herodes, Jesus permaneceu em silêncio. Os líderes religiosos que acompanharam Jesus à residência de Herodes continuaram a acusá-lo. Não há dúvidas de que Lucas esperava que seus leitores presumissem que as acusações dos líderes fossem as mesmas daquelas levadas a Pilatos. Talvez frustrado diante do silêncio de Jesus, Herodes o tenha ridicularizado. Finalmente, vestindo-o com uma roupa elegante como forma de zombar de sua suposta realeza (Lc 23.11), enviou-o de volta a Pilatos (embora o grego em Lc 23.11 possa ser interpretado como se significasse que o próprio Herodes lhe tenha vestido aquela roupa; à luz de Mc 15.17-20 é melhor interpretar o versículo como uma indicação de que Herodes tenha colocado as vestes em Jesus). Herodes não tomaria para si a responsabilidade da execução de Jesus. Mais uma vez, podemos apenas especular o porquê. Seria o caso de ele já ter prejudicado sua imagem uma vez, ao executar João Batista (Mc 6.14-29)? É certo que executar Jesus não o tornaria mais benquisto diante de seus súditos na Galiléia.

É difícil saber por que Pilatos enviou Jesus a Herodes. Estaria tentando "passar adiante a responsabilidade", acreditando que Jesus era inocente e não querendo executá-lo? Teria isso acontecido porque estava procurando reconciliação com Herodes ao conceder-lhe a honra de lidar com um caso famoso? Teria procurado a sabedoria de Herodes para tomar uma decisão sobre Jesus (cf. At 25.13—26.32)? A razão de Lucas ter registrado esse incidente é clara: Herodes fornece o segundo veredicto, de um também governador, da inocência de Jesus (Lc 23.15). É incerta, porém, a exata razão de Pilatos ter enviado Jesus a Herodes. Lucas prossegue mencionando que, por meio disso, Pilatos e Herodes tornaram-se amigos; é irônico que, por meio de sua morte, Jesus tenha até mesmo trazido a reconciliação entre pessoas como Pilatos e Herodes.

Retomada do julgamento diante de Pôncio Pilatos. Ao reassumir o julgamento, Pilatos continuou a buscar a libertação de Jesus. Mateus afirma que um pouco da hesitação de Pilatos deveu-se ao fato de sua esposa ter sonhado com Jesus. Apoiado na opinião de Herodes, Pilatos procurava acalmar os oponentes de Jesus propondo-se castigá-lo antes que fosse libertado (Lc 23.16). Isso foi rejeitado. Outra tentativa de Pilatos para libertar Jesus baseava-se no costume de se libertar um prisioneiro na Páscoa (Mc 15.6). Não há evidências de tal costume fora dos Evangelhos. Em todos eles, porém, existe uma referência a isso. A analogia mais próxima que temos de tal costume acha-se no Egito, quando um funcionário do governo desse país diz a um acusado: "Você merece ser açoitado pelos crimes que cometeu, mas eu o entrego à multidão". Os relatos dos Evangelhos parecem sugerir que esse costume era exclusivo: "Contudo, segundo o costume de vocês, devo libertar um prisioneiro por ocasião da Páscoa" (Jo 18.39; cp. com Mt 27.15: "Por ocasião da festa era costume do governador soltar um prisioneiro escolhido pela multidão").

Como a Páscoa era um festival no qual os judeus se lembravam de quando foram libertos da escravidão, aquele era um momento bastante adequado para tal costume ser evocado. Não há dúvidas de que Pilatos confiava que a multidão escolheria o popular Jesus de Nazaré em detrimento de outro notório candidato: Barrabás, um revolucionário que havia cometido assassinato. Para surpresa de Pilatos, porém, as multidões, atiçadas pelo sumo sacerdote e seus seguidores, gritaram pedindo a libertação de Barrabás. Quando indagou à multidão o que deveria fazer com Jesus, ela gritou: "Crucifica-o!".

Sentado no tribunal (Mt 27.19; Jo 19.13), Pilatos continuou a buscar a libertação de Jesus. Venceu, porém, sua hesitação, quando os líderes judaicos gritaram: "Se deixares esse homem livre, não és amigo de César" (Jo 19.12). A expressão "amigo de César" era uma ameaça a Pilatos. Se não desse prosseguimento à crucificação de Jesus, sabia que os líderes judaicos relatariam a Roma que ele havia libertado um perigoso líder que se dizia rei. A hesitação de Pilatos chegou ao fim. Lavando as mãos publicamente à vista de todos, afirmou: "Estou inocente do sangue deste homem" (Mt 27.24). Então, entregou Jesus aos seus soldados para ser crucificado.

O retrato de Pilatos nos Evangelhos é trágico. Chega-se quase a sentir pena dele. Ele estava numa situação infeliz, num lugar infeliz e num momento infeliz. Tentou libertar Jesus com todos os recursos de que dispunha e só desistiu devido a uma pressão imensa. Contudo, antes que alguém fique tocado pela situação desse homem, é preciso lembrar o que ele fez. Sentenciou a uma morte horrível alguém que sabia ser inocente. Não estava disposto a fazer aquilo que sabia ser o certo. Pilatos enviou para a morte a pessoa mais inocente que já caminhou sobre a face da terra, embora acreditasse em sua inocência. Ele não merece simpatia ou pena, mas desprezo. A história sempre se lembrará dele nos seguintes termos: "... Jesus Cristo... sofreu sob Pôncio Pilatos, e foi crucificado..." (cp. com *Anais*, de Tácito, 15.44).

A HISTORICIDADE DO JULGAMENTO

Várias objeções têm sido levantadas tanto sobre a ordem dos eventos apresentada aqui quanto sobre sua historicidade. Alguns têm questionado se toda a descrição do julgamento de Jesus diante do Sinédrio é fictícia. Entende-se que, devido à falta de sucesso da missão judaica, a igreja primitiva tentou tirar do Império Romano a culpa pela morte de Jesus — com o qual eles precisavam conviver — e transferi-la para a liderança judaica. Eles afirmam que o julgamento de Jesus não teve nada que ver com os líderes judaicos, mas foi puramente um julgamento romano do início ao fim. Uma decisão da Igreja, com base no que era politicamente correto no século I, teria transferido de Roma para os judeus a culpa e a responsabilidade na morte de Jesus. Os defensores dessa idéia acreditam que, à luz do terrível anti-semitismo que resultou disso com o passar dos séculos, existe uma necessidade de corrigir-se o equívoco criado pelo NT. O anti-semitismo que levou ao Holocausto fornece uma poderosa motivação para ver o julgamento como puramente romano. Além do mais, o "anti-romanismo" não é tão perigoso assim para que nos preocupemos com ele hoje; o anti-semitismo é.

O principal apoio histórico para se questionar a historicidade dos relatos do julgamento encontrados nos Evangelhos advém de duas áreas. A primeira abrange várias discrepâncias entre os relatos sobre o julgamento presentes nos Evangelhos e as regras para tal julgamento encontradas no *Talmude* e, em particular, no tratado *Sanhedrin*. O segundo ponto de apoio provém da afirmação de que, como o judaísmo tinha o direito de exercer a pena capital, os líderes judaicos não teriam necessidade de levar Jesus diante de Pilatos. Poderiam tê-lo levado à morte diretamente. Portanto, o fato de Jesus ter sido sentenciado à morte por Pôncio Pilatos e de ter sido crucificado pelos romanos indica que não houve envolvimento judaico no julgamento.

As regras judaicas para um julgamento conforme encontradas em b. Sanhedrin. No tratado *Sanhedrin*, encontramos várias regras que supostamente governavam as atividades do Sinédrio. De acordo com os relatos do julgamento de Jesus presentes nos Evangelhos, o código que determinava essas ações foi violado em mais de duas dezenas de aspectos. Cinco dessas violações são mais significativas:

1. O veredicto de condenação não poderia ser proclamado no mesmo dia do julgamento.
2. Nenhum caso em que estivesse envolvida a pena de morte poderia ter audiências noturnas.
3. A pena de morte somente podia ser promulgada no lugar especial de encontro no templo.
4. O julgamento não podia ser realizado na véspera do sábado ou na véspera de um dia festivo.
5. Era preciso tentar encontrar testemunhas de defesa.

As afirmações acima estão em enorme contradição com aquilo que lemos nos Evangelhos sobre o julgamento de Jesus. Como resultado, alguns estudiosos rejeitam a historicidade desses relatos. Eles são vistos, em vez disso, como tentativas de transferir dos romanos para os judeus a culpa da crucificação de Jesus. Dizem que são panfletos de propaganda cuidadosamente elaborados, escritos para gentios e cristãos. Essa tentativa de mudar a culpa resultou numa quantidade ainda maior de anti-semitismo injusto. Contudo, deixando de lado por um momento a questão do anti-semitismo, existem várias razões para questionar-se a historicidade dos relatos do tratado *Sanhedrin.*

Em primeiro lugar, a *Mishná* foi concluída por volta de 200 d.C., e os *Talmudes* foram completados em cerca de 400 d.C. (*Talmude* de Jerusalém) e 500 d.C. (*Talmude* babilônico). No passado, era comum aceitar sem questionamento aquilo que a *Mishná* e o *Talmude* diziam sobre as práticas dos séculos anteriores. Contudo, hoje está claro que é bastante difícil estabelecer a autenticidade das situações anteriores ao ano 70 d.C. descritas no *Talmude.* Com freqüência, o que descrevem são retratos idealizados de instituições e práticas que, na realidade, eram bastante diferentes. Sobre isso, também se pode questionar se um Sinédrio dominado pelos saduceus julgaria causas criminais de acordo com as regras farisaicas encontradas no *Talmude.*

Em segundo lugar, deve-se notar que existem discrepâncias entre o que o tratado *Sanhedrin* afirma ter existido e aquilo que escritores judeus da época, como Josefo, declaram. De acordo com Josefo, durante esse período, o Sinédrio reuniu-se fora do templo (*GJ* 5.4.2 [5.144]; 6.6.3 [6.354]), enquanto a *Mishná* afirma que se reuniram num lugar dentro do templo (*m. Middot* 5.4; *m. Sanhedrin* 11.2). O *Talmude,* no entanto, parece alinhar-se com Josefo e afirma que, em 30 d.C., o Sinédrio foi para exílio e reunia-se fora do templo, na Corte de Comércio (*Hannuth*), que se localizava ou no monte do Templo ou no monte das Oliveiras (*b. Sanhedrin* 41a; *b. Shabbath* 15a; *b. 'Aboda Zara* 8b). Desse modo, não é clara a regra presente no tratado *Sanhedrin* que afirma que uma sentença de morte somente podia ser promulgada no lugar especial do templo onde o Sinédrio se reunia, pois não sabemos exatamente onde ele se reunia. Em *m. Sanhedrin* 11.4, lemos ainda que um ancião rebelde devia ser executado durante uma das três festas principais (Páscoa, Pentecoste, festa das cabanas ou dos tabernáculos) para cumprir Deuteronômio 17.13: "Assim, todo o povo temerá e não ousará mais agir com rebeldia".

Em terceiro lugar, mesmo que concordássemos com o argumento de que todas as regras do tratado *Sanhedrin* estivessem em vigência durante a época de Jesus (e isso é improvável), quem pode afirmar que tais regras não foram ou não poderiam ter sido quebradas no julgamento de Jesus? Os primeiros cristãos afirmaram desde o início que Jesus não recebeu um julgamento justo. Seria possível aceitar como prova de que Jesus recebeu um julgamento justo diante do Sinédrio o simples fato de que as regras no tratado *Sanhedrin* exigiam isso? Alguém poderia afirmar que, no seu país, todas as pessoas recebem um julgamento justo só porque é isso o que a lei exige? (Por acaso as leis da Alemanha protegeram os judeus de julgamentos fraudulentos e de tribunais de faz-de-conta durante o regime nazista?) A informação presente em *b. Sanhedrin* 43a deve ser entendida como uma contrapropaganda da afirmação cristã de que Jesus não recebeu um julgamento justo. Essa tentativa de defender o julgamento de Jesus, porém, sugere exatamente o oposto. Ele não recebeu um julgamento justo. Certamente, poucos defenderiam a idéia de que, 40 dias antes da execução de Jesus, foi feita uma tentativa para encontrar testemunhas que lhe fossem favoráveis.

Finalmente, se a questão se resume a um conflito entre o relato dos Evangelhos sobre o que aconteceu no julgamento de Jesus e as regras descritas no *Talmude*, em qual dos dois se deve acreditar? Certamente qualquer afirmação de que uma fonte seja mais "objetiva" que a outra é altamente discutível. Naturalmente, os evangelhos foram escritos do ponto de vista cristão, mas, do mesmo modo, o *Talmude* foi escrito do ponto de vista judaico idealizado. Quanto à datação dessas fontes, embora se argumente que as fontes orais inerentes ao *Talmude* datem da época daqueles eventos, a mesma afirmação pode ser feita quanto às fontes orais dos relatos dos Evangelhos. Quanto às datas em que foram escritos, os Evangelhos surgiram cerca de um século antes da *Mishná* e mais de três ou quatro séculos antes dos *Talmudes* de Jerusalém e babilônico. Além do mais, os Evangelhos foram escritos numa época em que as testemunhas oculares ainda estavam vivas.

O direito de exercer a pena capital no dias de Jesus. Alguns estudiosos atacam a historicidade dos Evangelhos sobre o julgamento afirmando que os judeus nos dias de Jesus não precisariam ter ido até Pilatos, pois tinham o direito de exercer a pena capital. Um grande número de exemplos são apresentados para apoiar essa afirmação. Um deles era o direito judaico de matar qualquer gentio que saísse do pátio dos Gentios, no templo, e entrasse no pátio interior. Uma cerca separava o pátio dos Gentios do pátio interior. Nas entradas que haviam no muro, eram colocados avisos de que qualquer gentio que ultrapassasse aquele ponto causaria a própria morte. Josefo (*GJ* 6.2.4 [6.126]) faz uma referência explícita a esse direito judaico de executar os gentios em tais circunstâncias (cp. com 5.5.2 [5.194]; *Ant.* 15.11.5 [15.417]; At 21.27-36). Entretanto, a afirmação de Josefo na verdade demonstra que os judeus não tinham o poder de praticar a pena capital, pois ele destaca que esse privilégio — com respeito à violação do pátio interior do templo — era uma concessão garantida pelos romanos. O próprio fato de os romanos permitirem que, nesse evento, o povo judeu exercesse a pena capital demonstra que eles não tinham esse direito em outras circunstâncias.

Às vezes, outro exemplo, fornecido para apoiar essa afirmação, envolve o martírio de Estêvão. Porém, no relato de Atos 7, a morte de Estêvão não está associada à decisão do Sinédrio e a seu direito de exercer a pena capital. Estêvão foi morto por uma multidão que o linchou; isso não teve nada que ver com qualquer direito judaico de exercer a pena capital.

Um terceiro exemplo freqüentemente apresentado envolve a morte de Tiago, o irmão de Jesus, executada por Ananus. De acordo com Josefo (*Ant.* 20.9.1 [20.197-203]), Ananus, o sumo sacerdote, convocou o Sinédrio e, com sua aprovação, executou Tiago por apedrejamento. Mais uma vez, porém, esse exemplo prova o oposto, a saber, a falta de autoridade dos líderes judaicos para exercer a pena capital. O julgamento e o apedrejamento de Tiago aconteceram durante a ausência de um governador romano, pois o governador anterior havia morrido, e o novo ainda não havia chegado. Logo após sua chegada, Albino, o novo governador, imediatamente destituiu Ananus do cargo de sumo sacerdote porque o ato de matar Tiago fora ilegal.

O direito de exercer a pena capital era zelosamente guardado por Roma. É até mesmo questionável se, durante sua ausência, um governador romano poderia delegar essa autoridade a algum de seus assistentes. João representa a situação muito bem quando registra que os líderes judaicos disseram "Mas nós não temos o direito de executar ninguém" (Jo 18.31). Nesse aspecto, é interessante que o material talmúdico apóie essa afirmação (*b. Shabbath* 15a; *j. Sanhedrin* 18a, 24b). Parece estranho que aqui, onde o material talmúdico apóia os relatos dos Evangelhos, alguns críticos afirmem que ambos estejam errados.

CONCLUSÃO

Ao discutir o julgamento de Jesus, torna-se imperativo sermos sensíveis à maneira como esses relatos foram entendidos e usados no passado para apoiar o anti-semitismo. Para mim, uma das mais terríveis experiências como cristão foi assistir à série de TV *O Holocausto*. Numa cena, quando mulheres e crianças estavam nuas, em fila, para entrar nas câmaras de gás, um oficial nazista diz: "Estamos fazendo isso porque vocês crucificaram Jesus". O ponto principal não é se os guardas nazistas realmente disseram isso ou se as mulheres e crianças perceberam que estavam prestes a serem mortas na câmara de gás. No passado, horríveis injustiças e massacres foram perpetrados contra os judeus com base na afirmação de que eles foram os "assassinos de Cristo". Os cristãos deveriam ser os primeiros a rechaçar essa maldade.

Contudo, não devemos sucumbir diante de algum desejo "politicamente correto" de reescrever os relatos dos Evangelhos com o objetivo de refutar essa acusação. Não podemos reescrever aquilo que aconteceu no passado. Os relatos dos Evangelhos retratam os líderes judaicos dos dias de Jesus num claro envolvimento em sua morte. Essa também é a compreensão do resto do NT (At 2.23,36; 1Ts 2.14,15), de Josefo (*Ant.* 18.3.3 [18.64]), da carta de Mara Bar-Serapião e do *Talmude* (*b. Sanhedrin* 43a). O sumo sacerdote e o Sinédrio foram os principais agentes de tudo isso. A prisão e o julgamento de Jesus foram resultado de uma duradoura conspiração contra ele (Jo 11.47-57). Eles não apenas o condenaram, mas também pressionaram Pôncio Pilatos a executá-lo, embora o governador romano quisesse libertá-lo. Ninguém que aceite a confiabilidade essencial dos Evangelhos pode negar isso. Porém, deve-se sempre destacar que, ao fazer isso, os líderes estavam agindo na direção contrária da vontade do povo.

O mais forte impedimento ao desejo dos líderes judaicos de se livrar de Jesus era o povo judeu. O próprio fato de Jesus ter sido traído revela que os líderes não poderiam prender Jesus abertamente, porque o povo teria impedido. Os relatos dos Evangelhos indicam claramente que não foi o povo judeu que procurou a morte de Jesus. Em vez disso, quem agiu assim foram determinados líderes, ao contrário do desejo de todo o povo. O único momento em que o povo aparece ao lado dos líderes é no clamor pela libertação de Barrabás (Mc 15.13,14), contudo, mesmo aqui, os escritores dos Evangelhos destacam que os principais sacerdotes estavam atiçando a multidão a fazer isso. O retrato geral do povo judeu a respeito de Jesus é positivo: "Os chefes dos sacerdotes e os mestres da lei estavam procurando um meio de flagrar Jesus em algum erro e matá-lo. Mas diziam:

'Não durante a festa, para que não haja tumulto entre o povo'" (Mc 14.1,2. A expressão "que o sangue dele caia sobre nós e sobre nossos filhos!" [Mt 27.25] deve ser entendida pelo que ela é — uma declaração tola de uns poucos judeus atiçados pelos sacerdotes. Embora a descrença de Israel tenha tido sérias conseqüências [cf. Mt 21.41,43; At 13.46; Rm 11.11], essa "automaldição" não pode servir, de modo algum, como justificativa para o anti-semitismo).

Uma compreensão correta do julgamento e da morte de Jesus não deixa espaço para o anti-semitismo. Devemos nos lembrar de que Jesus era judeu. Os discípulos, a mãe de Jesus e todos aqueles que amavam Jesus eram judeus. Os membros da igreja primitiva eram todos judeus. Isso faz com que seja absurda a inflamada declaração: "Os judeus mataram Jesus". Em Gálatas 3.29, Paulo afirma que qualquer um que tenha fé em Jesus se torna o filho de Abraão. Desse modo, existe um sentido no qual todo cristão gentio hoje é um descendente espiritual de Abraão, ou seja, é um "judeu".

Num sentido mais profundo, porém, os cristãos sabem que *eles* foram a causa da morte de Jesus. Por fim, é o cristão — por quem Cristo morreu — o responsável por sua morte. Se, na época da crucificação, os líderes judaicos não estivessem presentes e nenhum soldado romano estivesse à mão, Jesus ainda assim teria de morrer. A nova aliança precisava ser estabelecida por meio de seu sangue. Assim, se aqueles que desfrutam da comunhão na nova aliança buscam um bode expiatório, precisam simplesmente olhar num espelho. Até mesmo quem culpa as autoridades políticas da época de Jesus, considerando-as responsáveis básicos por sua morte, ignora o ensinamento bíblico de que fomos nós, que seguimos a Jesus, que promovemos sua crucificação. Foi o nosso pecado que causou sua morte. A morte de Jesus era uma necessidade divina (Mc 8.31; 9.31; 10.33,34,45).

Não há espaço para o anti-semitismo na fé cristã. Uma atitude mais bíblica é retratada por Paulo em Romanos 9.3: "Pois eu até desejaria ser amaldiçoado e separado de Cristo por amor de meus irmãos, os de minha raça".

REFERÊNCIAS BIBLIOGRÁFICAS

BAMMEL Ernst, org. *The Trial of Jesus.* Naperville: A. R. Allenson, 1970.

BLINZLER, Josef. *The Trial of Jesus*: The Jewish and Roman Proceedings Against Jesus Christ. Westminster: Newman, 1959.

BROWN, Raymond E. *The Death of the Messiah.* New York: Doubleday, 1994, p. 311-877.

BRUCE, F. F. The Trial of Jesus in the Fourth Gospel. In: FRANCE, R. T. org. *Gospel Perspectives:* Studies of History and Tradition in the Four Gospels. Sheffield: JSOT, 1980, v. 1, p. 7-20.

CATCHPOLE, David R. *The Trial of Jesus*: A Study in the Gospels and Jewish Historiography from 1770 to the Present Day. Leiden: E. J. Brill, 1971.

CORLEY, Bruce. Trial of Jesus. In: GREEN, Joel B.; MCKNIGHT, Scot; MARSHALL, I. Howar, orgs. *Dictionary of Jesus and the Gospels*. Downers Grove: InterVarsity Press, 1992, p. 841-54.

GREEN, Joel B. *The Death of Jesus*. Tübingen: J. C. B. Mohr, 1988, p. 271-92.

SANDERS, E. P. *Jesus and Judaism*. Philadelphia: Fortress, 1985, 294-318.

SHERWIN-WHITE, A. N. *Roman Society and Roman Law in the New Testament*. Oxford: Clarendon, 1963.

WINTER, Paul. *On the Trial of Jesus*. New York: DeGruyter, 1974. (*Sobre o processo de Jesus*. Imago Editora, 1998.)

18

"Padeceu sob o poder de Pôncio Pilatos, foi crucificado, morto e sepultado"

Desprezado e rejeitado, um homem de dores

O palco do julgamento diante de Pilatos foi o "Pretório". Embora esse termo pudesse ser usado como uma referência à fortaleza Antônia, onde estava baseada a guarnição romana, é melhor entendê-lo como uma referência ao palácio de Herodes. Isso se ajusta melhor na referência de Marcos 15.16, na qual lemos que o Pretório possuía um pátio. Sem dúvida, Pilatos teria preferido as acomodações mais luxuosas do palácio aos alojamentos espartanos de Antônia.

Quando a sentença foi proferida, teve início a execução. "Então Pilatos [...] mandou açoitar Jesus e o entregou para ser crucificado" (Mt 27.26; Mc 15.15). O açoitamento (*phragelloō*) normalmente fazia parte da crucificação (*GJ* 2.14.9 [2.306]). Lucas não faz uma referência direta a isso, mas, por diversas vezes, faz alusões à sugestão de Pilatos de entregar Jesus a um açoitamento para, então, libertá-lo (23.16,22). Em João, é usado outro termo (*mastizō*) para descrever o açoitamento (19.1), mencionado com outros maus-tratos que Jesus recebeu antes de sua crucificação.

Do Pretório, Jesus foi levado ao lugar da execução, uma pequena colina que podia ser vista a distância. Uma execução era, intencionalmente, um ato público, pois visava a servir como advertência contra o crime e a rebelião. Conseqüentemente, o local ficava próximo de uma estrada, de modo que os passantes pudessem testemunhar a execução. O lugar era chamado Gólgota em aramaico — palavra que pode ser traduzida por "Crânio", em grego, e "Calvário", em latim. Nos dias de Jesus, esse local ficava fora dos muros da cidade (Mc 15.20; Jo 19.20; cp. com Hb 13.12). Assim, "saíram" da cidade (Mt 27.32; v. tb. 21.39) para chegar até o local. Mais tarde, quando Herodes Agripa aumentou a cidade com o assim chamado terceiro muro, esse local ficou dentro dos muros de Jerusalém.

É bem possível que a localização mais provável nos dias atuais seja a Igreja do Santo Sepulcro. Tradições do século II associam esse local com o Gólgota e, entre 325 e 335 d.C., Constantino escolheu esse local para lembrar a crucificação. Não há razões para considerarmos seriamente outro local, chamado "calvário de Gordon", proposto no século XIX.

O caminho que Jesus fez até o local da crucificação é, em sua maior parte, pura conjectura. A famosa Via Dolorosa presume que o julgamento aconteceu na fortaleza Antônia, o que é improvável. Se Jesus tivesse sido julgado no palácio, outra rota seria tomada. Mas devemos lembrar que não é o *onde* desses eventos que é importante, mas o *o quê*.

O desenho da cruz assumia várias formas na época: a cruz tradicional, ou *crux immissa*, na qual a haste vertical se estende acima da horizontal (tal como a letra "t" minúscula), a *crux commissa*, semelhante a uma letra "T" maiúscula (a parte horizontal ficava apoiada sobre a parte vertical), e a *crux decussata*, ou a cruz torta, semelhante a um X. A crucificação podia até mesmo acontecer num tipo de andaime, onde várias vítimas eram crucificadas lado a lado. O fato de Jesus ter carregado a cruz argumenta de maneira contrária à última possibilidade e diversos fatores apontam o uso da cruz tradicional na sua crucificação. Um deles é o de que Mateus 27.37 (cp. com Lc 23.38) faz referência à colocação da acusação legal, "por cima de sua cabeça". Os outros evangelhos também mencionam que a inscrição foi afixada na cruz, e é mais fácil entender a legibilidade dela se estivesse colocada acima da cabeça de Jesus (cf. Jo 19.19,20).

Saindo do Pretório, Jesus foi forçado a carregar a própria cruz (cf. Plutarco, *De sera num. vind.* 554A). Normalmente, isso não significava carregar a cruz inteira, mas apenas a travessa, ou *patibulum*. A parte vertical, chamada *staticulum*, era intencionalmente deixada fincada no chão como uma advertência constante a todos. Tal qual uma guilhotina ou uma forca em praça pública, sua intenção era servir como um desestímulo ao crime. Enquanto carregava a travessa de sua cruz, Jesus perdeu as forças. O açoitamento deixara-o exausto. Para ajudá-lo, os soldados romanos convocaram Simão de Cirene para carregar a travessa até o Gólgota (Lc 23.26 usa as palavras de maneira tal que faz de Simão a primeira pessoa a ter tomado a cruz e seguido Jesus). Cirene era a capital da província Cirenaica, atualmente na Líbia. O texto de Atos 6.9 faz menção a uma sinagoga dos cireneus (cf. 11.20; 13.1).

Tem-se levantado questionamentos sobre a historicidade dessa referência (de que maneira Simão poderia estar caminhando pela cidade durante a Páscoa, uma vez que as regras do sábado — que limitavam a distância que alguém podia viajar — estavam em vigor?). Porém a historicidade desse incidente é garantida pela referência que Marcos faz a Simão como pai de Alexandre e de Rufo, pai dos amigos dos leitores. É inconcebível que os leitores do evangelho de Marcos não tivessem perguntado nada a esses dois homens sobre esse incidente.

Marcos também menciona que eles "levaram" Jesus ao Gólgota. Isso pode implicar que, depois do açoitamento, Jesus precisou de ajuda para chegar ao Gólgota.

"ALI O CRUCIFICARAM"

Era costumeiro que o condenado carregasse despido sua cruz até o lugar da execução. Isso adicionava vergonha e humilhação à execução. Talvez devido à sensibilidade judaica, não se exigiu que Jesus fizesse isso pois, após o açoitamento e a zombaria, foi vestido novamente com suas roupas. Na cruz, elas foram removidas e divididas entre os soldados. Era costume que o esquadrão responsável pela execução dividisse as roupas da vítima mas, como a túnica de Jesus não possuía costuras, os soldados não a dividiram em quatro partes (isso sugere que quatro soldados formaram o esquadrão de execução). Em vez disso, lançaram sortes para ver quem ficava com ela. Normalmente, as vítimas romanas eram crucificadas sem roupas, mas, devido à sensibilidade judaica, podem ter permitido que Jesus usasse algum tipo de roupa de baixo. O fato de Jesus não estar nu enquanto carregava a cruz até o Gólgota apóia essa possibilidade.

Logo na sua chegada ao Gólgota, ofereceram a Jesus vinho misturado com mirra (Mc 15.23). Lemos o seguinte no *Talmude*:

> A caminho da execução, é dada à vítima uma taça de vinho com um grão de incenso com o objetivo de atenuar seus sentidos, pois está escrito *Dê bebida fermentada aos que estão prestes a morrer, vinho aos que estão angustiados* [Pv 31.6]. Também foi ensinado: as mulheres nobres de Jerusalém costumavam doá-la e trazê-la (*b. Sanhedrin* 43a).

Oferecer essa bebida era um ato genuíno de compaixão. A mistura de vinho e mirra (tanto a mirra quanto o incenso eram resinas extraídas de árvores) tinha o objetivo de provocar um efeito de torpor que amenizaria a dor da vítima. Não há certeza de como isso acontecia. O efeito de entorpecimento do álcool presente no vinho é óbvio, mas não há evidência de que a mirra — geralmente associada com o embalsamamento e usada como perfume — funcionasse como uma droga anestésica. Nos dias de Jesus, porém, aparentemente se pensava assim.

Não está claro se os próprios soldados ofereceram essa bebida a Jesus ou se permitiram que as mulheres o fizessem. (Mateus refere-se a essa bebida como uma mistura de vinho com "fel". Ao fazer isso, pode ter procurado mostrar que esse ato cumpriu o Sl 69.21, vendo a atitude como zombaria em vez de mostra de compaixão.) Depois de provar o vinho, Jesus recusou-se a bebê-lo. Ele estava comprometido a beber do "cálice" que seu Pai lhe dera, e a taça de vinho e mirra interferiria nisso.

O termo "crucificação" pode referir-se a várias formas de pena capital. Nem sempre houve uma distinção clara entre a crucificação de uma vítima que estava viva e a apresentação pública do corpo de uma pessoa que fora morta de outra maneira. "Crucificação" também pode referir-se à empalação de uma pessoa numa estaca. Tal crucificação em geral produzia morte instantânea e não estaria bem de acordo com os gostos daqueles que preferiam a morte lenta e dolorosa. A forma de crucificação mais conhecida envolvia o ato de pendurar a pessoa numa cruz de algum tipo. Essa forma de crucificação remonta pelo menos ao século VII a.C. e foi popularizada por Alexandre, o Grande.

À medida que o Império Romano se espalhou para o leste, logo passou a fazer uso dessa forma de punição. Entre os romanos, a crucificação era uma forma de punição para as classes inferiores (perceba que o auto-esvaziamento de Jesus resultou numa morte igual à de um escravo, ou seja, a morte numa cruz [Fp 2.7,8]). Os cidadãos romanos eram poupados dessa forma de execução. Como resultado, a tradição diz-nos que, embora Pedro tenha sido martirizado pela crucificação, Paulo, por ser cidadão romano, foi decapitado.

Os judeus estavam bastante familiarizados com a crucificação, pois até mesmo os líderes judaicos a usavam. No século I a.C., o sumo sacerdote Alexandre Jannaeus crucificou 800 fariseus que se revoltaram contra ele. No ano 4 a.C., o governador Ciro crucificou 2 mil judeus. Ao relatar a revolta judaica acontecida entre 66 e 70 d.C., Josefo faz referência à crucificação promovida por Tito, na qual foram executados 500 judeus por dia! Ele afirma que o número de vítimas foi tão grande que não havia cruzes suficientes para as vítimas nem espaço para que fossem levantadas. Mesmo que se despreze a hipérbole, um grande número de judeus deve ter sido crucificado pelos romanos por causa da destruição de Jerusalém. A crucificação permaneceu como forma básica de pena capital do Império Romano até o ano 337 d.C., quando Constantino a baniu.

O método de prender a vítima à cruz variava. Amarrar e pregar a vítima eram os mais comuns. Como isso não afetava nenhum órgão vital interno, a morte era lenta. Depois de ser preso à travessa da cruz, a vítima era erguida com ela por meio de hastes bifurcadas. A travessa era então inserida num chanfro e presa à haste vertical. O texto de João 20.25 deixa claro que as mãos de Jesus foram pregadas na cruz (cf. Cl 2.14). Lucas 24.39 sugere que seus pés provavelmente também o foram. Na verdade, os pregos não foram colocados no meio da palma da mão, mas nos pulsos, pois as mãos não seriam capazes de suportar o peso da vítima (a palavra hebraica traduzida como "mão" incluía o pulso). Geralmente os pregos eram cravados entre os dois maiores ossos do pulso. Diante da descoberta, em 1968, de um homem crucificado cujos pés foram pregados de maneira independente nos dois lados da travessa vertical, não há necessidade de questionar-se o fato de as mãos (ou punhos) e os pés de Jesus terem sido pregados na cruz.

Se a vítima ficasse pendurada apenas pelos pregos, a tendência era a de que ela morresse mais rapidamente do que os torturadores desejavam. Em função disso, às vezes colocavam um descanso para os pés — o *suppedaneum* — na parte de baixo e/ ou um bloco de madeira — o *sedile* — para apoiar as nádegas. Em função disso, às vezes a crucificação era descrita como "sentar-se na cruz". Embora isso permitisse algum alívio para o corpo, não era um ato de bondade ou misericórdia, mas um meio de prolongar a agonia.

Muito tem sido escrito sobre a "causa" da morte de Jesus. Vários médicos têm procurado analisar os relatos dos Evangelhos, tratando-os freqüentemente como se fossem relatórios médicos cuidadosamente escritos e preservados para uma comunidade científica posterior. A causa da morte mais comumente descrita é a asfixia, mas isso não pode ser provado. Não há dúvidas de que a exaustão do corpo desempenhava um papel importante.

A crucificação é uma das mais abomináveis formas de tortura e execução que o mundo já viu. Ela é tão horrível que somente os cristãos falam positivamente dela, e isso se deve apenas à redenção de Jesus alcançada por meio desse ato. Entre os judeus, era especialmente desprezada como se vê no texto de Deuteronômio

21.23 ("Qualquer que for pendurado num madeiro está debaixo da maldição de Deus"). Mais tarde, esse versículo foi aplicado à crucificação, adicionando-se o horror espiritual da maldição divina ao horror físico. A crucificação envolve tudo o que um torturador sádico e maligno poderia querer. O poeta romano Cícero refere-se a ela como "a mais cruel e mais hedionda das torturas", declarando que "o próprio nome 'cruz' deveria não apenas ficar longe do corpo de um cidadão romano, mas também de seus pensamentos, de seus olhos e de seus ouvidos" (*Pro Rabirio perduellionis* 5.16). A crucificação envolvia um tormento prolongado.

Em alguns casos, vários dias se passavam até que a vítima morresse. Moscas e outros insetos passavam a se alimentar das costas dilaceradas e dos pés e mãos feridos. Um escritor antigo referiu-se às vítimas da crucificação como "comida para aves de rapina e restos repugnantes para cães", pois pássaros e outros animais começavam a alimentar-se delas mesmo antes de terem morrido. Isso envolvia grande agonia, pois a vítima não encontrava pausa para sua dor. Havia nudez e vergonha, além dos insultos daqueles que parecem sempre encontrar um prazer doentio na dor e no tormento alheio. Havia o sentimento de total desesperança. Lentamente — realmente devagar — o cadáver vivo esperava a bênção da morte. Mas ela não viria antes que muita dor e sofrimento fossem extraídos da vítima, tanto quanto possível. Praticamente qualquer forma de pena capital moderna parece ser maravilhosamente "graciosa" quando comparada à crucificação.

A hora da crucificação é descrita de maneira diferente nos Evangelhos. Todos concordam em que Jesus foi crucificado na véspera do sábado. Contudo, enquanto Marcos 15.25 relata que a crucificação aconteceu às "nove horas da manhã" (lit., à hora terceira), João 19.14 afirma que aconteceu "por volta do meio-dia" (perto da hora sexta). Mateus e Lucas não dão indicação de horário, mas devem estar pensando nos termos do espaço de tempo de Marcos, pois afirmam com ele que, ao meio-dia (à hora sexta), "houve trevas sobre toda a terra" (Mt 27.45; Mc 15.33; Lc 23.44). Assim, embora não mencionem especificamente a hora terceira, parece que eles a presumem.

A melhor maneira de resolver esse conflito está em lembrar que as especificações de tempo daquela época careciam da precisão de hoje. Designações tais como 10h35 da manhã eram impossíveis. Em geral, alguém se referia à terceira, sexta e nona horas (nove da manhã, meio-dia e três da tarde). De fato, nas 23 referências específicas de tempo presentes no NT, todas elas, com exceção de apenas três, usam essas designações de tempo. As exceções são Mateus 20.9 e João 1.39; 4.52. Naturalmente, a pessoa poderia ser mais precisa, como esses exemplos ilustram, mas geralmente as pessoas se contentavam em falar em termos amplos e em se referir à terceira, à sexta e à nona horas. O resultado disso é que um evento em alguma hora entre nove da manhã e meio-dia poderia facilmente ser tratado como se houvesse ocorrido à hora terceira ou à hora sexta. Exigências posteriores de maior precisão não devem ser impostas aos escritores dos Evangelhos. Note a designação joanina, com tempo aproximado, ao usar a expressão "por volta" do meio-dia. João também pode ter tido uma razão teológica para escolher o uso da hora sexta em detrimento da hora terceira, pois o cordeiro pascal era morto ao meio-dia. Assim, de acordo com a cronologia joanina, Jesus, "o Cordeiro de Deus, que tira o pecado do mundo" (Jo 1.29,36) e os cordeiros pascais foram mortos à mesma hora.

Lemos que Jesus foi crucificado entre dois "ladrões" (Mt 27.38). Essa é uma tradição melhor do que "salteadores". O termo grego *lēstēs* é mais bem compreendido como uma referência a um revolucionário. É usado com referência a Barrabás (Jo 18.40), que é descrito como um rebelde que cometera assassinato durante uma insurreição (Mc 15.7). Nada é dito sobre a maneira pela qual eles foram crucificados. Mais tarde, a Igreja viu a morte de Jesus entre os dois ladrões como o cumprimento da profecia de que Jesus "foi contado entre os transgressores" (Is 53.12). É improvável, porém, que essa passagem do AT tenha criado tal tradição, pois nenhuma referência é feita a ela nos relatos dos Evangelhos. A única alusão é encontrada em Lucas 22.37. É evidente que Jesus era a vítima mais importante daquele dia, pois fora colocado no centro. Também parece que a posição de Jesus pode ter sido um pouco mais elevada em relação ao chão. Isso explica a zombaria lançada contra ele, quando disseram: "Desça da cruz" (Mc 15.30,32), e o uso de uma vara para alcançar a boca de Jesus (Mc 15.36; v. tb. Jo 3.14; 8.28; 12.32-34).

Era comum que a acusação do crucificado fosse exibida durante o processo de execução (Suetônio, *Calígula* 32.2 e *Domiciano* 10.1; Dio Cassius 54.3.7). Às vezes, a vítima até mesmo a usava em volta do pescoço, enquanto carregava a cruz ao local da execução. No caso de Jesus, o título foi fixado na cruz, colocado acima de sua cabeça. A presença dessa inscrição — o *titulus* — é citada nos quatro evangelhos. O conteúdo da inscrição — que João 19.20 diz ter sido escrito em aramaico, latim e grego — é relatado da seguinte maneira:

ESTE É JESUS, O REI DOS JUDEUS (Mt 27.37)

O REI DOS JUDEUS (Mc 15.26)
ESTE É O REI DOS JUDEUS (Lc 23.38)
JESUS NAZARENO, O REI DOS JUDEUS (Jo 19.19)

Todos concordam em que Jesus foi crucificado diante da acusação de ser o rei dos judeus (ou de ser o Messias). Pilatos informou ao público que Jesus estava sendo executado por ser o rei de Israel. Isso foi claramente ofensivo para os líderes judaicos, que exigiram que Pilatos mudasse a inscrição para que fosse lido que Jesus "afirmava" ser o rei do judeus. Contudo Pilatos recusou-se a fazer isso. Não há certeza se agiu assim para ofender os líderes judaicos que o haviam forçado a agir de uma maneira que não queria. Mas a ironia está presente no relato de João: por meio da inscrição, o governador romano tornou-se uma testemunha indireta e involuntária da afirmação messiânica de Jesus. Embora a liderança judaica tivesse afirmado que seu único rei fosse César (Jo 19.15), o governador romano testemunhou o fato de que Jesus era, de fato, seu rei (cf. Jo 11.50: em um exemplo similar, Caifás testemunha involuntariamente a necessidade da morte de Jesus pela nação).

Durante a crucificação de Jesus, a zombaria começou mais uma vez. Fica evidente que, por todo o julgamento e durante a crucificação, Jesus foi objeto de ridículo. A zombaria aconteceu no julgamento diante do Sinédrio (Mc 14.65), na audiência diante de Herodes (Lc 23.11), no julgamento diante de Pilatos (Mc 15.17) e durante a crucificação (Mc 15.29-32). Na cruz, a intensidade do abuso cresceu. Soldados, passantes, líderes judaicos e até mesmo os ladrões injuriaram Jesus. Dois temas principais dominavam a zombaria. Um deles foi a afirmação enigmática de que ele reconstruiria o templo em três dias depois que fosse destruído. A outra era a afirmação messiânica de que ele era o Cristo, o rei do judeus. A segunda revela mais uma vez que Jesus foi crucificado por afirmar ser o Cristo. À luz da crucificação de Jesus por Pilatos sobre uma base política e a inscrição "rei dos judeus" no *titulus*, restam poucas dúvidas de que Jesus acreditou, aceitou e ensinou que era o Cristo. Sua crucificação afasta qualquer dúvida mais séria.

AS SETE ÚLTIMAS PALAVRAS DE JESUS

Os Evangelhos apresentam-nos sete diferentes frases pronunciadas na cruz. Lucas e João registram três delas cada um, enquanto Marcos e Mateus registram uma em comum. Chegar à exata ordem na qual foram pronunciadas é uma questão altamente problemática. A ordem tradicional é a seguinte: "Pai, perdoa-lhes, pois não sabem o que estão fazendo"; "Eu lhe garanto: Hoje você estará comigo no paraíso"; "Aí está o seu filho [...] Aí está a sua mãe"; "Meu Deus! Meu Deus! Por que me abandonaste?"; "Tenho sede"; "Está consumado!"; "Pai, nas tuas mãos entrego o meu espírito".

"Pai, perdoa-lhes, pois não sabem o que estão fazendo" (Lc 23.34). O testemunho manuscrito dessa frase é diverso. Alguns dos melhores e mais antigos manuscritos gregos não trazem esse versículo. Como resultado, não há certeza se fazia parte do material original de Lucas ou foi a edição posterior de um escriba. Em favor de ele ser parte de Lucas está o fato de que, em Atos 7.60, temos uma frase paralela nos lábios de Estêvão. Como Lucas intencionalmente procurou traçar paralelos entre o que acontece em Atos dos Apóstolos com aquilo que acontece em seu evangelho, isso pode indicar que Atos 7.60 é o equivalente, naquele livro, àquilo que Lucas registrou como dito por Jesus. O "eles" a quem Jesus se refere inclui não apenas os passantes, mas também os romanos e os líderes judaicos comprometidos na sua crucificação. Embora achassem que sabiam o que estavam fazendo, na verdade não sabiam (cf. At 26.9: Paulo achava que sabia o que estava fazendo ao perseguir a Igreja, mas, na verdade, não sabia).

"Eu lhe garanto: Hoje você estará comigo no paraíso" (Lc 23.43). Apesar de, num determinado momento, ambos os ladrões crucificados ao lado de Jesus o terem ridicularizado, Lucas registra que, mais tarde, um deles passou por uma mudança no coração. Não está descrita a maneira como isso aconteceu. Podemos apenas especular que o caráter de Jesus persuadiu-o sobre a inocência do Mestre ou que isso lhe tenha sido revelado de maneira sobrenatural. Lucas, porém, não nos diz nada. Para ele, esse incidente serviu como outro testemunho da inocência de Jesus. Anteriormente, Herodes e Pilatos já haviam testemunhado isso. Aqui, até mesmo um ladrão reconhece o fato. Mas ele reconheceu mais: confessou que Jesus era o rei do judeus e pediu que Jesus se lembrasse dele quando entrasse em seu Reino.

A resposta de Jesus foi a promessa de que, quando entrasse na plena presença de Deus (lit. "paraíso"), levaria o ladrão consigo. É desnecessário dizer que essa frase tem servido de encorajamento para muitos com o passar dos séculos. A salvação dá-se realmente pela graça. Não existe ninguém tão mau, tão desesperado que não possa vir a Jesus pedir misericórdia e, ali, encontrar perdão e vida eterna, mesmo que seja na "décima primeira hora".

"Aí está o seu filho." [...] *"Aí está a sua mãe"* (Jo 19.26,27). Em vez de ler nessa expressão um profundo simbolismo religioso, é melhor aceitá-la de

maneira direta. Jesus estava preocupado com sua mãe e procurava garantir seu bem-estar. Ele fez isso confiando-a ao cuidado do discípulo amado que, naquele dia, levou-a para sua casa. Anteriormente, Jesus fora o responsável por cuidar de sua mãe. Agora, na sua ausência, o discípulo amado tomaria conta dela.

Não está claro onde se encaixam os "irmãos e irmãs" de Jesus em tudo isso. A idéia de que Maria permaneceu perpetuamente virgem depois do nascimento de Jesus e de que seus irmãos e irmãs eram simplesmente primos se encaixa muito bem nessa cena (a idéia de que os irmãos e irmãs de Jesus eram os filhos e filhas de um casamento anterior de José não se encaixa tão bem, e a idéia de que eles eram os filhos de Maria e José parece não se encaixar de modo algum nessa ação). Todavia a evidência de que os irmãos e irmãs de Jesus eram, na verdade, meios-irmãos — filhos e filhas de José e Maria —, é convincente. Como resultado, esse quadro continua um problema. Por que Jesus não confiou sua mãe aos próprios filhos dela? Seria porque, nesse momento, eles não acreditassem em Jesus (v. Jo 7.1-5), e ele não quisesse confiar sua mãe a "descrentes, não cristãos"? Simplesmente não sabemos.

"Eloí, Eloí, lamá sabactâni?" [...] *"Meu Deus! Meu Deus! Por que me abandonaste?"* (Mc 15.34). Essa é a única frase da cruz encontrada em dois evangelhos. Tanto Marcos quanto Mateus afirmam que foi proferida depois de terem caído "trevas sobre toda a terra" (Mc 15.33). Os evangelistas viram essas trevas como algo profundamente simbólico. Na Bíblia, as trevas estão freqüentemente associadas ao julgamento divino (Jl 2.2,10; 3.15; Am 8.9; Sf 1.15; Sabedoria[1] 5.6), e os escritores dos Evangelhos queriam que seus leitores soubessem que o julgamento estava por chegar sobre aquela nação. Sem dúvida, seus leitores viram nos eventos do ano 70 d.C. o cumprimento disso. Outro cumprimento se daria com o fato de o Reino de Deus ser tirado de Israel e dado aos gentios (Mc 12.9; Rm 9.30-33). Além de associadas com o julgamento, as trevas também o estão com o mal. Jesus disse no Getsêmani: "Esta é a hora de vocês — quando as trevas reinam" (Lc 22.53). A hora da crucificação foi realmente a hora do mal e das "trevas".

Diversas sugestões têm-se apresentado com relação àquilo que causou essa escuridão. O fato de servir a um propósito teológico é inegável, mas isso não quer dizer necessariamente que a referência às trevas seja ficcional. Uma das teorias é que foram provocadas por um eclipse — uma maneira de se ler Lucas

[1]O livro apócrifo aqui citado é Sabedoria de Salomão [N. do E.].

23.45 é "o sol foi eclipsado" —, mas essa explicação é improvável por diversas razões. Contudo, o tempo máximo de um eclipse solar é de cerca de oito minutos, e os relatos dizem que as trevas estiveram presentes do meio-dia até as três da tarde. Segundo, não é possível haver um eclipse solar durante a lua cheia na época da Páscoa. Outras teorias são: manchas solares, uma erupção vulcânica, uma tempestade de areia provocada pelo siroco,[2] vinda do deserto, ou um forte temporal. Simplesmente não sabemos o que provocou as trevas. Com relação ao comentário de que houve trevas por toda a terra, devemos interpretar isso de maneira similar à interpretação de Lucas 2.1 e sua referência ao decreto de César para que todo mundo se alistasse. É uma linguagem descritiva hiperbólica.

Existe outro símbolo fortemente ligado a esse símbolo de julgamento: o véu do templo foi rasgado em duas partes, de cima a baixo. Não faz muita diferença se foi o véu exterior que leva ao santuário (o Lugar Santo) ou ao véu interior, que leva ao Santo dos Santos (em favor do primeiro, está o fato de que esse véu era visível à multidão no templo, enquanto o último era visível apenas aos sacerdotes que serviam no santuário. Em favor do último, existe a referência de Hb 10.19,20). O uso da voz passiva "foi rasgado"[3] indica que Deus foi o agente causador. Embora o véu rasgado possa servir como um símbolo de que aqueles que crêem em Jesus têm acesso direto a Deus (cf. Hb 10.19-22), ele serve em primeiro lugar como um presságio de julgamento. Deus abandonara o templo (Mt 23.37,38; 2Baruque 6.7; *Testamento de Levi* 10.3). Em breve, ele seria destruído; por meio da morte de Jesus, contudo, ele já se tornara obsoleto e fora posto de lado.

A expressão "Meu Deus! Meu Deus! Por que me abandonaste?" vem de Salmos 22.1. No desejo de expressar sua agonia e o sentimento de ser abandonado, Jesus citou um salmo de lamento. Tal qual o salmista, Jesus sentiu que estava totalmente só. Deus o deixara sem qualquer conforto. Embora dedicado a obedecer à vontade de Deus e a sofrer a morte na cruz, Jesus não pôde deixar de expressar sua agonia. Não há necessidade de se presumir que Jesus soubesse antecipadamente tudo o que estava experimentando naquele instante. É nesse momento, mais do que em qualquer outra ocasião, que o custo do cumprimento

[2]Vento quente que sopra no mar Mediterrâneo, vindo do norte da África [N. do E.].

[3]As versões portuguesas de Lc 23.45 não trazem o passivo, mas as inglesas sim. Uma tradução possível do original grego é "foi rasgado", pois o verbo é um aoristo *passivo* [N. do E.].

da vontade do Pai se torna claro. É aqui, mais do que em qualquer outro lugar, que a comunidade cristã toma consciência da seriedade e do horror do pecado.

Voltando-se para sua língua nativa, Jesus citou o salmo em aramaico, numa forma que lhe era mais familiar: *"Eloí, Eloí, lamá sabactâni?"*. Ao ouvir isso, alguns dos passantes pensaram que ele estava chamando Elias. No texto grego, tal confusão é bastante compreensível, pois a expressão "meu Deus" em aramaico (*eloí*) e o nome do profeta em grego (*Elias*) são palavras razoavelmente semelhantes mas, em aramaico, os dois termos são bem diferentes. O resultado é que não está clara a razão da ocorrência desse erro de interpretação. Em resposta, alguém embebeu uma esponja no vinagre que os soldados normalmente bebiam, colocou-a numa vara e ofereceu a Jesus. Em João, esse ato é descrito como tendo acontecido depois da próxima frase.

"Tenho sede" (Jo 19.28). Esse clamor revela algo do sofrimento e do desespero que Jesus experimentou. A tradição tem colocado essa frase depois da anterior por causa da resposta similar. Uma esponja cheia de vinho foi oferecida a Jesus. De acordo com Marcos, não há certeza se essa oferta foi um tipo de zombaria. Estaria ele esperando que seus leitores interpretassem esse ato à luz de Salmos 69.21 ("Puseram fel na minha comida e para matar-me a sede deram-me vinagre")? Isso teria sido um ato hostil. Também é incerto, ainda de acordo com Marcos, se a oferta de vinho foi realmente levada adiante. Em João, a oferta não foi hostil, mas amigável, e Jesus a aceitou. Não está claro, no texto de João, se foram os próprios soldados que ofereceram a bebida a Jesus ou se permitiram que alguém na multidão o fizesse. João descreve a esponja cheia de vinagre como estando "na ponta de um caniço de hissopo" (Jo 19.29). Se isso se refere ao hissopo associado à Páscoa (Êx 12.22; Hb 9.18-20), é difícil entender de que maneira esse tipo de hissopo pudesse suportar o peso de uma esponja cheia de vinagre. Não há certeza sobre o significado exato do termo "hissopo".

"Está consumado" (Jo 19.30). Jesus sabia que sua obra estava completa. Ele fora vitorioso. Completara a obra para a qual fora enviado. Ao fazer isso, cumpriu a vontade de Deus e, assim, as Escrituras. Essas palavras são um poderoso argumento contra toda idéia de que é preciso adicionar algo mais à graça mostrada na cruz. É muita ousadia pensar que alguém pudesse de alguma maneira adicionar alguma coisa à obra de Jesus. A redenção foi realizada de uma vez por todas.

"Pai, nas tuas mãos entrego o meu espírito" (Lc 23.46). Quando Jesus falou de sua morte, na última ceia, estava confiante. Um dia, partilharia o banquete messiânico com seus discípulos. Aqui, também, estava confiante. Tal qual o

salmista, Jesus acreditava que Deus não esconderia dele o rosto, mas ouviria seu grito de socorro (Sl 22.24) e que, portanto, viveria (v. 29). Diferentemente da agonia da cruz, essa oração de entrega é endereçada ao "Pai".

A MORTE DE JESUS

A causa específica da morte de Jesus não é relatada nos Evangelhos. Alguns acreditam que ela ocorreu por causa de um "coração ferido". Outros falam de asfixia. Qualquer que tenha sido a causa fisiológica, o evangelho registra que, mesmo aqui, Jesus estava no controle. Ele entregou o espírito (Mt 27.50; Jo 19.30). O elo entre a vida e a vontade é misterioso, mas aqueles que trabalham com pessoas à beira da morte freqüentemente testificam de que modo as pessoas, num certo ponto, podem voluntariamente se submeter à morte. Nesse momento, Jesus realizou aquilo para o que fora enviado. Sua obra estava concluída; ele correu com perseverança a corrida que lhe fora proposta (cf. Hb 12.1). Agora, colocava a si mesmo nas mãos do Pai e entregava o espírito.

A morte de Jesus foi acompanhada de um grande número de sinais. Como mencionamos, o véu do templo foi rasgado de alto a baixo. Também houve um terremoto. Rochas foram partidas ao meio (apoio indireto a esses fenômenos são às vezes encontrados em *Histórias*, de Tácito, 5.13, *GJ* 6.5.3 [6.288-96] e *j. Yoma* 6.43c, mas essas referências são bastante ambíguas). Os sepulcros foram abertos e muitos dos mortos ressuscitaram. Aqueles que ressuscitaram entraram em Jerusalém e foram vistos por muitos (Mt 27.52,53). Não há certeza sobre como interpretar a expressão "depois da ressurreição" (Mt 27.53). Ela pode indicar que, embora os sepulcros tivessem sido abertos e os mortos ressuscitados para a vida, aqueles que ressuscitaram dos mortos só entraram em Jerusalém depois da ressurreição, ou pode ainda indicar que tudo isso ocorreu depois da ressurreição de Jesus.

Os primeiros sinais (véu, terremoto, rochas) eram presságios de julgamento e viveram o julgamento divino sobre Israel, tanto naquele momento quanto no futuro próximo (70 d.C.). A ressurreição dos mortos foi um sinal para a chegada de uma nova era. Provavelmente, essa ressurreição deve ser entendida nos termos das outras mencionadas nos Evangelhos. Tal qual a filha de Jairo, o filho da viúva de Naim e Lázaro, todos experimentariam a morte física outra vez. A ressurreição da mortalidade para a imortalidade, experimentada por Jesus, ainda vai aguardar seu retorno, quando a história chegará ao fim.

Os evangelhos sinópticos registram nesse momento uma confissão feita por um centurião: "Realmente este homem era o Filho de Deus!" (Mc 15.39; cp. com Mt 27.54). Essa confissão deveria ser entendida no mais pleno sentido cristológico. É essa a intenção dos evangelistas. A falta do artigo grego antes da palavra "filho" significa que não devemos traduzir essa confissão como "realmente este homem era *um* filho de Deus". À luz do propósito dos evangelistas em registrar essa confissão, deve ser entendida como "realmente este homem era *o* Filho de Deus", conforme encontrada em Lucas 1.32,35 e em Mateus 27.40,43, e o artigo também está ausente no texto grego. O que é apresentado como justificativa para tal confissão é que aquele homem viu "o que havia acontecido" (Lc 23.47); ou seja, "o terremoto e tudo o que havia acontecido" (Mt 27.54). Tendo visto (ou ouvido falar sobre) esses sinais e tendo testemunhado o caráter de Jesus durante a crucificação, o centurião foi levado a fazer essa confissão. Sem dúvida, seu entendimento sobre essa confissão foi menos rico e pleno que o dos leitores dos Evangelhos.

Em João, lemos que, pelo fato de o dia seguinte ser sábado, a execução precisava ser finalizada. Não era permitido entre os judeus que corpos fossem deixados expostos dessa maneira no sábado (Dt 21.23). Para apressar a morte, as pernas do condenado eram quebradas. Esse procedimento recebia o nome de *crurifragium* ("crurifrágio", em português). Isso tanto provocava um choque adicional à vítima quanto tornava mais difícil a respiração. O que a vítima normalmente fazia durante a crucificação, quando os músculos dos pulmões estavam fracos, era pressionar as pernas contra o apoio dos pés ou contra os pregos que os perfuravam e, assim, permitir que os músculos dos pulmões recuperassem um pouco de sua força. Com as pernas quebradas, isso não era mais possível, e respirar tornava-se mais difícil. Seguindo esse procedimento, as pernas dos dois ladrões foram quebradas, mas isso não foi necessário com relação a Jesus. Ele já estava morto.

Um dos soldados perfurou o lado de Jesus com uma lança (Jo 19.34). Existe grande debate quanto a isso. Alguns têm tratado essa afirmação como se ela fosse um relatório oficial de necropsia. Diversos estudos médicos têm sido feitos com relação à sua significância. Contudo, o propósito de João é menos fisiológico que teológico. Alguns têm visto isso como algo voltado aos protognósticos, os quais argumentavam que Jesus não tinha realmente morrido. A afirmação de João mais o versículo seguinte são interpretados como refutação a essa idéia ao afirmar que ele testemunhou Jesus morto na cruz. Ele viu água e sangue saírem do corpo de Jesus. Outros interpretaram o sangue e a água como uma referência à morte de Jesus como o Cordeiro pascal, com a conseqüente vinda do Espírito (cf. Jo 7.38,39). Ainda outra idéia é que ela se refere ao batismo (água), associado com a vinda do Espírito (cf. Jo 3.5) e a ceia do Senhor (sangue).

O SEPULTAMENTO DE JESUS

Freqüentemente, o enterro era negado aos criminosos. Pode ser que os corpos dos dois bandidos tenham sido simplesmente jogados numa vala. Isso não ocorreu com Jesus. Seu sepultamento está associado a um homem chamado José de Arimatéia, um seguidor secreto que era membro do Sinédrio (Mt 27.57; Jo 19.38). Lucas destaca que José não havia concordado com o plano do Sinédrio de procurar matar Jesus (Lc 23.50,51), (o que revela que as expressões "todo o Sinédrio" e "todos" [Mc 14.55,64; 15.1] são, de alguma maneira, hiperbólicas). Assumindo um grande risco pessoal, José foi até Pilatos e reclamou o corpo de Jesus. Ele fez isso não como judeu devoto que procurava evitar que o sábado fosse profanado, mas como genuíno seguidor de Jesus. Pilatos ficou surpreso com o fato de Jesus ter morrido tão rapidamente, mas, depois de confirmar que ele estava realmente morto, permitiu que José levasse o corpo.

Existe certa confusão quanto ao fato de o próprio José ter removido o corpo de Jesus da cruz ou se um dos soldados o fez. De acordo com João, Nicodemos, que também era um seguidor secreto, ajudou José no sepultamento de Jesus. Tendo colocado o corpo de Jesus em panos de linho, eles o levaram a um sepulcro cavado na rocha. Lucas e João referem-se a ele como um sepulcro "no qual ninguém ainda fora colocado" (Lc 23.53; cp. com Jo 19.41). Assim, foi um lugar adequado para o sepultamento do rei do judeus (cp. com o uso de um jumento virgem no Domingo de Ramos [Lc 19.30,38]). Mateus destaca que esse sepulcro era do próprio José (Mt 27.60) e que ele era um homem rico (v. 57). Embora nos Evangelhos não haja nenhuma menção explícita a Isaías 53.9 ("Foi-lhe dado um túmulo com os ímpios, e com os ricos em sua morte"), os intérpretes posteriores viram isso como exemplo do cumprimento das Escrituras.

Ao preparar o corpo, José e Nicodemos teriam primeiramente lavado o corpo e removido dele toda a sujeira e o sangue endurecidos. Freqüentemente, aqueles que preparam um corpo para o sepultamento se incumbem de cortar as unhas e o cabelo do morto, fechar-lhe os olhos, e assim por diante (v. *m. Shabbath* 23.5). Não sabemos tudo o que aconteceu. Existe uma menção de um lençol de linho (*sindōn*) usado para envolver Jesus, e João faz referência a "faixas" (19.40, *othonion*).

Pode ser que os evangelhos sinópticos se tenham concentrado na faixa maior que foi usada, enquanto João destaca que havia outros pedaços, tais como um específico para a cabeça. Diferentemente dos egípcios, os judeus não removiam os órgãos internos nem praticavam o embalsamamento. Depois de ter sido lavado, o corpo de Jesus foi envolto com especiarias (mirra e aloé). Essa última servia basicamente como desodorante, para anular o odor da decomposição corporal. De acordo com João 19.39, as especiarias pesavam "cerca de trinta e quatro quilos", ou "cem libras". A libra romana pesava pouco mais de 300 gramas. Contudo, mesmo quando traduzido para o nosso sistema de peso, isso parece ser uma quantidade muito grande. Não há certeza quanto à maneira como devemos interpretar esse peso, se literal ou simbolicamente.

Depois de terem acabado a tarefa, o corpo foi colocado no sepulcro de José e selado com a pedra. Esse sepulcro foi escavado numa parede rochosa e possuía uma abertura de cerca de um metro de altura. Normalmente, havia espaço para ficar-se dentro da tumba e, conforme ela fosse usada para mais e mais sepultamentos, espaços eram às vezes adicionados. A pedra usada para selar a abertura provavelmente tinha a forma de uma roda. Colocada numa trilha semelhante a uma trincheira, era rolada por essa trilha para cobrir a abertura do sepulcro, apoiando-se em segurança contra uma parede. Já nos preparando para a história do sepulcro vazio, os escritores dos três primeiros evangelhos afirmam que Maria Madalena e outra Maria estavam presentes, observando o ritual de sepultamento.

Mateus afirma que, no sábado, os líderes judeus apareceram diante de Pilatos. Eles estavam preocupados quanto ao fato de Jesus ter dito que ressuscitaria dos mortos no terceiro dia (Mt 27.62,63). Não há certeza se essa foi a maneira pela qual eles compreenderam o enigma de Jesus sobre o templo ser destruído e reconstruído em três dias (Mc 14.58) ou se tinham ouvido as tradições de Jesus sobre sua paixão e sua ressurreição (Mc 8.38; 9.31; 10.33,34). Entenderam, porém, que, se os discípulos roubassem o corpo de Jesus e dissessem ao povo que Jesus havia ressuscitado dos mortos, "este último engano [seria] pior do que o primeiro" (Mt 27.64). Assim, pediram que o sepulcro fosse guardado e mantido "em segurança" contra a possibilidade de roubo.

A resposta de Pilatos (Mt 27.65) pode ser interpretada de duas maneiras: "Vocês mesmos possuem uma guarda e farão a segurança do sepulcro com ela" ou: "Concordo com seu pedido. Estou fornecendo uma guarda de soldados romanos para garantir a segurança". Vários argumentos favorecem a segunda interpretação: 1) O termo "soldados" (*stratiōtais*), usado em Mateus 28.12, para descrever essa guarda, é quase sempre usado no NT em referência a soldados romanos (cf. Mt 27.27). Ele nunca é usado com respeito à polícia do templo sob o controle dos líderes judeus. 2) No *Evangelho de Pedro* 8.31, uma obra do século II, a guarda é entendida dessa maneira. 3) Se os guardas eram judeus e estavam sob o controle dos líderes judaicos, por que se arriscariam a ter problemas com o governador romano por causa do desaparecimento do corpo de Jesus (Mt 28.14)?

Tendo recebido, portanto, uma guarda romana, as autoridades judaicas selaram a tumba. Esse ato envolvia a colocação de uma quantidade de cera num lugar onde a pedra e a parede se uniam, e, por cima da cera, a marca do selo romano. Assim, os líderes judaicos e Roma trabalharam lado a lado para manter o corpo de Jesus dentro da tumba. Seu poder e sua autoridade, porém, garantiriam a segurança da tumba por apenas um dia, pois, na Páscoa, tudo isso se mostraria inútil.

TEORIAS QUE AFIRMAM QUE JESUS NÃO FOI CRUCIFICADO

Nesta discussão sobre a morte de Jesus, nada foi dito sobre algumas das absurdas teorias de que Jesus de Nazaré não morreu realmente na cruz. A maioria delas são refutadas pelas próprias explicações de seus proponentes.

Numa dessas teorias, argumenta-se que o crucificado não foi Jesus, mas Simão de Cirene. Por engano, na chegada ao Gólgota, os soldados pensaram que aquele que estava carregando a cruz, Simão, era Jesus e o crucificaram. Será realmente preciso refutar tal teoria, destacando-se que era possível confundir um Jesus açoitado, coberto de sangue e incapaz de suportar a própria cruz com um homem que não fora flagelado? Seria possível que os soldados que começaram a açoitar Jesus de alguma maneira tivessem esquecido sua aparência e a maneira como estava vestido a caminho da cruz? Seria possível que os inimigos de Jesus, que zombavam dele enquanto carregava a cruz, esquecessem tão rapidamente sua aparência?

Outra explicação, que surge com base num cenário gnóstico, é a de que, enquanto o corpo de Jesus estava crucificado, o verdadeiro Jesus (seu "espírito") não estava. Algumas dessas teorias até mesmo colocam o Jesus "real" sentado na cruz enquanto os soldados cravavam os pregos, e ele ri com escárnio daquilo que estava acontecendo. Tal teoria está tão baseada num dualismo insustentável de corpo e espírito que não requer qualquer refutação. Ela nem mesmo admite aquilo que procura negar por meio de seu dualismo: que Jesus de Nazaré, o filho de Maria, foi crucificado.

Outra teoria é a de que um irmão de Jesus foi confundido com ele e crucificado em seu lugar. Há ainda outra teoria, encontrada no *Alcorão*, que afirma que Jesus não foi crucificado, mas que lhe foi providenciado um dublê: alguém foi transformado para parecer-se com Jesus e ser crucificado em seu lugar. Uma das teorias envolve Judas. De acordo com essa teoria, embora Judas tivesse concordado em trair Jesus, no último minuto, no jardim do Getsêmani, ele intencionalmente beijou outro homem, e esse outro homem foi crucificado no lugar de Jesus.

Todas essas teorias implicam erros e confusão inacreditáveis por parte daqueles que se envolveram na morte de Jesus. É difícil imaginar que aqueles que desesperadamente desejavam que Jesus fosse morto ficassem confusos sobre sua aparência e pudessem ser tão facilmente enganados. Ele era uma figura pública. Ensinou abertamente no templo durante muito tempo. Acreditar em alguma dessas teorias exige que alteremos os relatos dos Evangelhos em proporções inacreditáveis.

CONCLUSÃO

A morte de Jesus de Nazaré na cruz é um dos eventos mais bem conhecidos e atestados da história. A negação desse evento não está baseada em evidência, mas em motivos apologéticos. O fato continua — Jesus de Nazaré verdadeiramente padeceu sob o poder de Pôncio Pilatos, foi crucificado, morto e sepultado!

REFERÊNCIAS BIBLIOGRÁFICAS

BROWN, Raymond E. *The Death of the Messiah*. New York: Doubleday, 1994, p. 880-1524.

DODD, C. H. The Historical Problem of the Death of Jesus. In: *More New Testament Studies*. Grand Rapids: Eerdmans, 1968, p. 84-101.

FITZMYER, Joseph A. Crucifixion in Ancient Palestine, Qumran Literature and the New Testament. *Catholic Biblical Quarterly*, n. 40, p. 493-513, 1978.

GREEN, Joel B. Death of Jesus. In: GREEN, Joel B.; MCKNIGHT, Scot; MARSHALL, I. Howar, orgs. *Dictionary of Jesus and the Gospels*. Downers Grove: InterVarsity Press, 1992, p. 146-63.

_____. *The Death of Jesus.* Tübingen: J. C. B. Mohr, 1988.

HENGEL, Martin. *Crucifixion in the Ancient World and the Folly of the Message of the Cross.* Philadelphia: Fortress, 1977.

KIEHL, Erich H. *The Passion of Our Lord.* Grand Rapids: Baker Book House, 1990.

LOHSE, Eduard. *History of the Suffering and Death of Jesus Christ.* Philadelphia: Fortress, 1967. (*A história da paixão e morte de Jesus Cristo*. Paulinas, 2001.)

O'COLLINS, Gerald G. Crucifixion. In: *Anchor Bible Dictionary.* New York: Doubleday, 1992, v. 1, p. 1207-10.

SENIOR, Donald. *The Passion of Jesus in the Gospel of Mark.* Wilmington: Michael Glazier, 1984.

19

A ressurreição

"Por que vocês estão procurando entre os mortos aquele que vive?"

No final da tarde da sexta-feira, o corpo de Jesus foi sepultado por José de Arimatéia em sua tumba particular. Pouco depois, teve início o sábado (das seis da tarde da sexta-feira às seis da tarde do sábado). Era um dia de descanso mas, para os seguidores de Jesus, foi um dia de grande agitação emocional. Os Evangelhos não informam sobre essa experiência, pois a história da sexta-feira santa e da Páscoa não trata dos discípulos, mas de Jesus. Contudo, sem dúvida, foi um dia de tristeza e grande confusão para os discípulos. Devido à preocupação dos discípulos quanto a um possível roubo do corpo de Jesus, os líderes judaicos procuraram e obtiveram de Pôncio Pilatos uma guarda romana para vigiar o sepulcro. No sábado, o sepulcro foi protegido pelo selo de Roma e pelas tropas romanas. No início da manhã do domingo, entretanto, teve lugar o maior evento da história da humanidade.

Existem várias designações de tempo associadas ao evento da Páscoa: "depois de três dias" (Mt 27.63; Mc 8.31; 9.31; 10.34), "no terceiro dia" (Mt 16.21; 17.23; 20.19; Lc 9.22; 18.33; 24.7,46; cp. com Lc 13.32; 24.21) e "em três dias" (Mt 26.61; 27.40; Mc 14.58; 15.29; Jo 2.19,20. Cp. com Mt 27.64). De que maneira essas designações temporais enquadram-se na ressurreição no domingo, o primeiro dia da semana? O que deve ser observado desde o início é que, para os escritores dos Evangelhos, essas designações diversas não são um problema. Foram compreendidas como maneiras alternativas de referir-se à mesma coisa. Mateus poderia usar todas essas expressões para descrever o momento da ressurreição de Jesus. Para ele, localizam-se entre o momento da morte na tarde da sexta-feira e a ressurreição na manhã do domingo sem qualquer dificuldade. Tendo em mente a compreensão judaica do tempo, a seqüência dos eventos foi assim:

Dia 1 — 18 horas da quinta-feira até 18 horas da sexta-feira, período em que aconteceram a última ceia, o Getsêmani, o julgamento, a crucificação e o sepultamento.

Dia 2 — 18 horas da sexta-feira até 18 horas do sábado, período em que o sepulcro esteve guardado.

Dia 3 — 18 horas do sábado até 18 horas do domingo, quando aconteceu a ressurreição.

A única dificuldade temporal significativa advém do fato de Jesus ter dito: "Assim como Jonas esteve três dias e três noites no ventre de um grande peixe, assim o Filho do homem ficará três dias e três noites no coração da terra" (Mt 12.40). Não se pode colocar três "dias" e "noites" literais entre a tarde de sexta-feira e a manhã de domingo. Contudo parece que "três dias e três noites" é simplesmente outra maneira de dizer "no terceiro dia" ou "depois de três dias". Isso pode ser visto em 1Samuel 30.12,13, que contém a expressão "três dias e três noites". A tradução grega (LXX) traz exatamente a expressão "três dias e três noites", presente em Mateus 12.40. No versículo 13 do texto de 1Samuel, porém, essa designação temporal é descrita como "há três dias". Desse modo, "no terceiro dia", "depois de três dias", "em três dias", "há três dias" e "três dias e três noites" são todas expressões que os escritores bíblicos usaram para designar o mesmo período de tempo.

DIFICULDADES NOS RELATOS DA RESSURREIÇÃO

Como são encontradas diversas aparentes discrepâncias nos relatos dos Evangelhos sobre a ressurreição, várias tentativas de harmonização têm sido feitas. Algumas são mais bem-sucedidas que outras, mas nenhuma delas é totalmente convincente. Muitos estudiosos desesperaram-se pelo fato de jamais terem chegado a uma solução satisfatória. As principais dificuldades podem ser resumidas da seguinte maneira: 1) Quantas mulheres realmente estiveram no sepulcro? Foram cinco (em Lucas), três (em Marcos), duas (em Mateus) ou uma (em João)? 2) Quem eram os mensageiros encontrados no sepulcro? Eram homens (em Marcos e Lucas) ou anjos (em Mateus e João)? Eram dois (em Marcos e Mateus) ou um (em Lucas e João)? Note, porém, que o uso do termo *jovem* (em Marcos) é uma maneira comum de referir-se a um anjo (cf. 2Mac 3.26,33). 3) Os homens/ anjos estavam dentro do sepulcro (em Marcos, Lucas, João) ou fora dele (em Mateus)? 4) Jesus apareceu aos discípulos em Jerusalém (em Lucas) ou na Galiléia (em Mateus)?

Logo no início do sábado, algumas mulheres, levadas por Maria Madalena, saíram de Jerusalém rumo ao sepulcro. Os evangelhos sinópticos preparam seus leitores para isso ao destacar que Maria Madalena e outra Maria observaram o processo de sepultamento. Assim, a localização do sepulcro era-lhes conhecida. Na história da Páscoa, Mateus menciona essas duas mulheres, enquanto Marcos refere-se à segunda Maria como a mãe de Tiago e de José (cp. Mc 15.40 com 15.47; 16.1) e adiciona Salomé. A exclusão por Mateus do nome de Salomé pode se dar pelo fato de ela desempenhar um papel menor em seu evangelho. Para João, apenas Maria Madalena é importante (Jo 20.1), mas Lucas adiciona Joana e "outras" (Lc 24.10). Sua menção a todas essas mulheres ajusta-se muito bem à ênfase no papel das mulheres, encontrada em seu evangelho. Assim, o problema do número de mulheres presentes no sepulcro não é uma questão importante, a menos que haja uma exigência de forçarmos a interpretação de que João (uma), Mateus (duas) e Marcos (três) quisessem dizer que apenas as mulheres que mencionam estavam presentes ali.

O propósito da chegada das mulheres era ungir o corpo de Jesus. Não somos informados de que estavam insatisfeitas com a preparação do corpo feita por José de Arimatéia, ou que queriam "apenas certificar-se" de que tudo fora feito como deveria, ou por alguma outra razão. As razões pessoais para sua chegada não eram importantes para os escritores dos Evangelhos. A importância de sua chegada reside no fato de elas serem as testemunhas da ressurreição. Marcos menciona que estavam preocupadas quanto a quem removeria a pedra para elas (Mc 16.3). Parece que elas não sabiam dos guardas que haviam sido colocados no sepulcro, provavelmente porque isso foi feito no sábado, sem grande alarde. Como chegaram na esperança de ungir um corpo sem vida, a idéia de ver Jesus ressuscitado dos mortos estava longe de qualquer pensamento delas. Certamente não estavam com a mente predisposta para ter uma alucinação com o Cristo ressuscitado!

Mateus refere-se a "um grande terremoto" (Mt 28.2) que aconteceu naquele momento e ao anjo do Senhor que rolou a pedra (esse terremoto não deve ser confundido com aquele mencionado em Mt 27.51; referir-se a ele como um "abalo secundário" do primeiro terremoto é mera especulação). Mateus comenta que o terremoto trouxe medo e pânico aos guardas, e eles fugiram. Quando os guardas relataram aquilo que havia acontecido e que o sepulcro estava vazio, os líderes judaicos subornaram-nos para dizer que os discípulos haviam roubado o corpo enquanto eles estavam dormindo. O relatório deve ter tido sérias conseqüências para os soldados. Dormir durante a guarda poderia resultar em execução. Por causa disso, os líderes judaicos concordaram em livrá-los quando o governador ouvisse a notícia.

Chegando ao sepulcro, as mulheres encontraram uma pedra removida. O propósito da pedra removida não era permitir que o Cristo ressuscitado saísse do sepulcro (cf. Jo 20.19), mas deixar que as mulheres entrassem e vissem que o sepulcro estava vazio. Nesse ponto, os quatro evangelhos apresentam grandes dificuldades para serem harmonizados numa unidade compreensível. Se houvesse informação adicional disponível, poderiam ser harmonizados mais facilmente. Mas tal informação está ausente. O que parece é que aconteceu algo assim: o sepulcro foi encontrado vazio e, em vez de pensar que Jesus havia ressuscitado dos mortos, as mulheres foram convencidas de que alguém entrara e roubara o corpo (Jo 20.2,13-15). Um mensageiro (ou mensageiros) angelical (is) disse(ram)-lhes que Jesus não estava morto, mas que havia ressuscitado. Para Maria Madalena, isso foi confirmado pelo próprio Jesus (Jo 20.16,17). Orientadas para irem e informarem os discípulos, as mulheres saíram do sepulcro e foram fazer isso. O relatório das mulheres foi tratado com ceticismo pelos discípulos. Eles também não estavam psicologicamente preparados para a ressurreição. O relatório foi considerado "loucura" (Lc 24.11). Pedro "e o outro discípulo" (Jo 20.3) correram até o sepulcro para confirmar e encontraram-no exatamente do jeito que as mulheres contaram. Contudo, permanecia a dúvida, e ela não foi dirimida até que Jesus apareceu a eles.

A HISTORICIDADE DO SEPULCRO VAZIO

Antes do século XX, a historicidade do sepulcro vazio era aceita por todos, tanto por aqueles que acreditavam na ressurreição de Jesus quanto pelos que a negavam. O sepulcro vazio é, na realidade, o mais antigo "fato" histórico associado à ressurreição. Ele é anterior até mesmo ao surgimento da fé dos discípulos. Foi aceito pelos oponentes judaicos ainda no primeiro século, pois a teoria de que os discípulos haviam roubado o corpo de Jesus (Mt 28.11-15) presume isso. Se lermos o relato de Mateus ao pé da letra, vemos que essa explicação do sepulcro vazio já existia no domingo da primeira Páscoa. Desde o século XX, porém, a historicidade do sepulcro vazio tem sofrido severos ataques.

Um grande número de argumentos tem sido levantado, aumentando a dúvida sobre sepulcro vazio. Alguns atacam essa tradição do cristianismo como se fosse não confiável e argumentam que ela é muito tardia. Diz-se que Paulo não sabia nada sobre ela. A tradição do sepulcro vazio é entendida como um acréscimo lendário aos relatos da ressurreição. Foi criada pela igreja primitiva como prova apologética da ressurreição de Jesus. O raciocínio consiste em que, como na mente da maioria das pessoas a ressurreição deve ter envolvido a transformação do corpo físico de Jesus, era uma necessidade lógica dizer que, depois de ela ter ocorrido, seu túmulo estivesse vazio. Assim, foi criada a tradição do sepulcro vazio.

Outra objeção à historicidade do sepulcro vazio está em que esse fato não desempenhou papel algum na pregação da igreja primitiva. Essa questão pode ser aceita com uma reserva. A existência da teoria de que os discípulos haviam roubado o corpo de Jesus prova que, em alguns contextos, o sepulcro vazio fez parte da proclamação cristã. Todavia, é verdade que a pregação cristã primitiva sobre a ressurreição enfatizava mais as aparições posteriores à ressurreição que o sepulcro vazio (v., p. ex., At 2.32; 3.15; 5.30; 10.39-41). Não foram os relatos do sepulcro vazio que provocaram o surgimento da fé dos discípulos, mas as aparições do Cristo ressurreto. Enquanto o sepulcro vazio não prova a ressurreição de Jesus nem cria o fato, a presença do corpo de Jesus no sepulcro, porém, teria eliminado o fato.

Embora negar a realidade do sepulcro vazio se tenha tornado uma atividade bastante popular no século XX, existem poderosos argumentos contrários à idéia de ser uma lenda apologética: as diversas confirmações do sepulcro vazio; a proclamação da ressurreição de Jesus presume que o sepulcro estava vazio; as mulheres foram testemunhas do sepulcro vazio; o sepulcro vazio foi reconhecido pelos judeus; o sepulcro vazio era bastante conhecido; o culto dominical deve-se à descoberta do sepulcro vazio no primeiro dia da semana; a tradição da igreja primitiva sobre a ressurreição faz alusão ao sepulcro vazio.

As diversas confirmações do sepulcro vazio. A história do sepulcro vazio é encontrada nos quatro evangelhos e em pelo menos três fontes separadas: Marcos,

M e João. Essa confirmação múltipla dá forte apoio à tradição. Além do mais, as supostas contradições encontradas nesses relatos conferem apoio à extensão da tradição do sepulcro vazio dentro da proclamação cristã. Se os relatos de Marcos, M e João fossem idênticos, então seria possível levantar a objeção de que foram simplesmente variações de uma única testemunha. As variações encontradas nos relatos, porém, argumentam em favor da existência da tradição sob três formas diferentes das tradições orais. O depoimento dessas três testemunhas é de grande peso.

A proclamação da ressurreição de Jesus presume que o sepulcro estava vazio. A pregação primitiva sobre a ressurreição em Jerusalém teria sido impossível se o corpo de Jesus ainda estivesse no sepulcro. A crença judaica na ressurreição carecia de um sepulcro vazio. A proclamação de que Jesus se levantara dos mortos não significa que apenas sua alma ou seu espírito continuaram a viver depois de sua morte. Para os judeus, especialmente aqueles influenciados pelos fariseus, a ressurreição envolvia o corpo físico. A presença dos panos na tumba vazia (Jo 20.5-7) pressupõe a crença de que o corpo de Jesus foi transformado e que nada restou dele. A presença do corpo de Jesus, porém, teria sido a prova de que não havia ressuscitado dos mortos. A proclamação em Jerusalém de que Jesus estava vivo e havia ressuscitado dos mortos significava que seu corpo sem vida não estava mais na sepultura. Fora transformado da corrupção para a incorrupção. Por isso, a tumba estava vazia. Além disso, é inconcebível que aqueles judeus que se opuseram a Jesus e aos seus seguidores não tivessem ido verificar por si mesmos para ver se o sepulcro estava realmente vazio. Tudo o que precisavam fazer para desacreditar a proclamação cristã primitiva era apresentar o corpo de Jesus.

As mulheres foram testemunhas do sepulcro vazio. O fato de as testemunhas do sepulcro vazio terem sido mulheres, cujo testemunho não era permitido entre os judeus, torna improvável a invenção desse relato. Se o sepulcro vazio foi uma criação posterior da igreja primitiva com o objetivo de servir como prova apologética da ressurreição, por que as mulheres teriam sido nomeadas como testemunhas principais? Quanto mais tardia fosse a criação da história e quanto maior a motivação apologética para sua criação, mais difícil seria imaginar a criação dessa história em termos de testemunhas quase exclusivamente femininas. Além dessa dificuldade, está o fato de que, à parte da tradição do sepulcro vazio, as mulheres não desempenham praticamente nenhum papel nas tradições da ressurreição.

O sepulcro vazio foi reconhecido pelos judeus. A realidade do sepulcro vazio nunca foi discutida pelos judeus em suas polêmicas com os cristãos. A explicação judaica para o sepulcro vazio, em Mateus 28.11-15, indica que o vazio do sepulcro foi aceito imediatamente. Se tal explicação tivesse surgido numa data posterior, não haveria a necessidade de criar-se tal polêmica. Numa data assim, alguém poderia levantar perguntas como: "Que sepulcro vazio? De onde vem essa nova afirmação de que o sepulcro estava vazio? Nunca ouvimos falar nada sobre um sepulcro vazio". O fato de a polêmica judaica nunca ter contestado a existência do sepulcro vazio indica que essa tradição é bastante antiga. Tal concessão presume que, desde o início, os cristãos proclamaram que o sepulcro de Jesus estava vazio. É bem provável que isso também indique que os líderes judaicos de fato o encontraram vazio.

O sepulcro vazio era bastante conhecido. A referência ao sepulcro de José de Arimatéia nos relatos do sepultamento e, por implicação, no relato do sepulcro vazio, está firmemente fixada na tradição (Mt 27.57-60; Mc 15.43-46; Lc 23.50-55; Jo 19.38-42). Como resultado, a tradição do sepulcro vazio concentra-se num sepulcro específico, conhecido tanto pelos cristãos quanto pelos não-cristãos, um lugar que fora investigado. Além do mais, é muito difícil que uma atestação tão ampla desse sepulcro específico pudesse ter sido levantada tardiamente na vida da Igreja.

O culto dominical deve-se à descoberta do sepulcro vazio no primeiro dia da semana. A celebração da igreja primitiva no primeiro dia da semana e a transformação da adoração do sábado, no sétimo dia, para a adoração no primeiro dia é mais bem explicada pela tradição do sepulcro vazio. O que havia de especial no primeiro dia da semana para ter provocado uma mudança do sábado para o domingo como o dia da adoração na vida da Igreja? Se olharmos para as tradições relativas às aparições da ressurreição, todas são construídas em torno do "terceiro" dia. Contudo não está clara a razão pela qual a igreja primitiva teria presumido que a ressurreição de Jesus acontecera no primeiro dia da semana. Dada a crucificação na sexta-feira (até às seis da tarde), é bastante possível conceber que a expressão "depois de três dias" se referisse a uma ressurreição na segunda-feira (das 18 horas do domingo às 18 horas da segunda-feira). Não há nada nas predições da paixão ou nas aparições da ressurreição que se refira especificamente ao primeiro dia da semana.

A única tradição sobre o primeiro dia da semana é a tradição do sepulcro vazio: "Quando terminou o sábado [...] No primeiro dia da semana, bem cedo..." (Mc 16.1,2). O único evento conectado à ressurreição claramente associado com o primeiro dia da semana é a chegada das mulheres ao sepulcro vazio.

Portanto, parece que a igreja primitiva celebrava o primeiro dia da semana porque foi nesse dia que as mulheres chegaram e encontraram o sepulcro vazio. O fato de que a mudança do sábado para o domingo aconteceu no início da vida da Igreja indica que a tradição do sepulcro vazio era conhecida desde o início.

A tradição da igreja primitiva sobre a ressurreição faz alusão ao sepulcro vazio. Uma das mais antigas tradições relativas à ressurreição, encontrada em 1Coríntios 15.3-8, faz alusão ao sepulcro vazio. A primeira carta de Paulo aos coríntios foi escrita provavelmente entre 54 e 55 d.C. Nessa carta, Paulo relembra a igreja de uma tradição que lhe foi ensinada e compartilha-a com eles. A datação exata dessa tradição é incerta. Tem-se sugerido, porém, que ela pode ter surgido no final da década de 30, no século I. Embora a tradição não se refira especificamente ao sepulcro vazio, existem boas razões para acreditar que Paulo tivesse compreendido assim.

Depois de afirmar que "Cristo morreu pelos nossos pecados, segundo as Escrituras", ele adiciona que "foi sepultado e ressuscitou no terceiro dia, segundo as Escrituras" (1Co 15.3,4). Alguns acreditam que a referência ao sepultamento de Jesus serve simplesmente para atestar a realidade de sua morte. Porém, não é fácil interpretar as expressões "morreu [...] foi sepultado [...] e ressuscitou" sem presumir que o lugar do sepultamento ficou vazio. Para Paulo, um fariseu, a crença na ressurreição de Jesus certamente teria pressuposto um sepulcro vazio (cf. At 2.25-31, em que o sepultamento de Davi resultou em corrupção, enquanto o sepultamento de Jesus não. Isso pressupõe que a tumba de Jesus ficou vazia ou livre daquilo que era passível de corrupção [os restos mortais de Jesus] quando ele ressuscitou dos mortos).

EXPLICAÇÕES NÃO SOBRENATURAIS SOBRE O SEPULCRO VAZIO

A evidência em favor do sepulcro vazio possui grande peso. Conseqüentemente, com o passar dos anos, aqueles que negaram a ressurreição de Jesus têm procurado fornecer outras explicações para o vazio do sepulcro de Jesus no domingo de Páscoa. Acreditando que todo efeito nasce de alguma causa, procuraram encontrar outra causa — uma que fosse racional, e não sobrenatural — para explicar o sepulcro vazio. Existem várias explicações populares: as mulheres foram ao sepulcro errado; José de Arimatéia retirou o corpo; Jesus nunca morreu na cruz — ele simplesmente "perdeu os sentidos"; os discípulos roubaram o corpo.

As mulheres foram ao sepulcro errado. Essa teoria defende que, no domingo de Páscoa, Maria Madalena e as outras mulheres foram ao sepulcro errado. Por alguma razão — a escuridão da manhã ou a grande perturbação emocional — elas cometeram um erro. Foram a um sepulcro de aparência similar, que estava vazio, e confundiram-no com a tumba de Jesus, que ainda continha o corpo.

Vários fatores argumentam contra essa explicação. Um deles é o de que não houve uma grande diferença de tempo entre o sepultamento e a chegada das mulheres ao sepulcro vazio. Estamos falando de um período de cerca de 36 horas. Seria possível que as mulheres realmente tivessem esquecido, num período de tempo tão pequeno, o lugar do sepultamento de alguém que elas amavam tanto? Além do mais, aquele não era o cemitério municipal (como os das cidades brasileiras), onde alguém poderia confundir a sepultura número 10.358 com uma semelhante, de número 18.494! Esse era um sepulcro particular. Não temos razão para concluir que havia sepulcros similares na área próxima que pudessem ter sido confundidos com esse. Também sabemos que era um sepulcro específico, o sepulcro de José de Arimatéia. Isso significa que o sepulcro de Jesus não era uma tumba amorfa, de produção em massa, com características semelhantes às de algum outro. Era um sepulcro específico e é virtualmente certo que os líderes judaicos foram examiná-lo para ter certeza de que o sepulcro no qual Jesus fora sepultado estava realmente vazio. Finalmente, se levarmos a sério o relato de Mateus de que foi colocada uma guarda no sepulcro, tal confusão por parte das mulheres seria rapidamente reconhecida. É interessante notar que um dos proponentes originais dessa explicação, mais tarde a rejeitou, embora continuasse negando a ressurreição de Jesus.

José de Arimatéia retirou o corpo. De acordo com essa teoria, o dono do sepulcro veio e levou o corpo de Jesus. Essa teoria não se baseia em nenhuma evidência histórica ou literária. Alguém poderia simplesmente postular que Pôncio Pilatos roubou o corpo para pregar uma peça nos líderes judaicos em retaliação por eles o terem pressionado a fazer uma coisa que ele não queria. A teoria de que José de Arimatéia levou o corpo de Jesus não possui mais evidência histórica para apoiá-la que uma teoria que afirmasse que Pôncio Pilatos teria roubado o corpo. É disso que é feita a ficção. Além do mais, por que José teria desejado fazer isso? O corpo de Jesus havia recebido um sepultamento nobre. Tirá-lo dali e colocá-lo em outro lugar seria uma desonra. Argumentar, porém, que José queria criar o mito da ressurreição de Jesus, justamente por Jesus ter predito sua ressurreição futura, é algo que a maioria dos críticos nega.

Por último, o que fazer com a guarda romana? Se lermos ao pé da letra essa parte da tradição (Mt 28.11-15), o texto refuta essa teoria. Se José tivesse retirado o corpo, os guardas teriam uma história perfeitamente lógica para contar aos líderes judaicos. Por que explicar o sepulcro vazio dizendo que, enquanto estavam dormindo no período em que montavam guarda, os discípulos roubaram o corpo? Poderiam simplesmente ter dito: "José, o dono do sepulcro, veio e levou o corpo". O fato de eles não terem feito isso refuta a teoria, a não ser que consideremos que Mateus 28.11-15 seja totalmente ficcional.

Jesus nunca morreu na cruz — ele simplesmente "perdeu os sentidos". De acordo com essa perspectiva, o Jesus "desmaiado" recobrou os sentidos na frieza da caverna, rolou a pedra e fugiu. Essa teoria propõe que os soldados romanos entenderam que Jesus estava morto, mas ele apenas havia desmaiado. Os soldados, porém, estavam tão certos da morte de Jesus que não lhe quebraram as pernas, como fizeram com os dois ladrões. Esses guardas estavam muito bem acostumados com a morte! Como soldados, sabiam distinguir muito bem se alguém estava vivo ou morto. É improvável que tenham feito confusão entre um Jesus desmaiado e um Jesus morto. E o que dizer sobre a ferida da lança? Devemos ignorar isso?

Mesmo que, em favor do argumento, possamos aceitar que Jesus não tenha morrido na cruz, parece incrível pensar que poderia ter feito todo aquele esforço físico necessário para sair da sepultura. Como poderia ter rolado a pedra redonda que fechava o sepulcro? Como poderia ter empurrado a pedra trincheira *acima*? Onde conseguiu uma alavanca para fazer isso? É muito mais difícil empurrar um carro segurando-o pela porta que empurrá-lo por trás. Contudo, se Jesus rolou a pedra, teria de tê-la empurrado para cima, apoiando-se no lado da pedra. Também devemos notar, com relação a isso, que a pedra foi descrita como "muito grande" (Mc 16.4).

A mais séria objeção a tal posição veio de um estudioso que nunca acreditou na ressurreição; ele ensinava que os milagres dos Evangelhos eram todos "mitos". Destacou que um Jesus "exausto", que necessitava de bandagens e de tratamento médico, jamais poderia ter criado a convicção dos discípulos de que havia vencido a morte. Na melhor das hipóteses, um Jesus assim teria despertado sentimentos de pena, sofrimento ou desamparo. Jamais teria evocado um clamor como "Aleluia, ele ressuscitou! Jesus é Senhor! Ele venceu a morte!". Um Jesus exausto poderia ter gerado sentimentos de pena nos discípulos, porém jamais provocaria a fé na ressurreição.

Os discípulos roubaram o corpo. Essa é a mais antiga tentativa de explicar o sepulcro vazio sem considerar a ressurreição de Jesus. Do mesmo modo, enfrenta inúmeras objeções. Uma delas é bastante engraçada. Se os guardas estavam dormindo, como poderiam saber o que acontecera? Seria realmente possível terem dormido enquanto alguém executava a barulhenta atividade de rolar uma enorme pedra? Uma objeção mais séria é a pergunta sobre o porquê de os discípulos terem desejado roubar o corpo. Por que iriam querer mudar esse nobre local de sepultamento por outro lugar, menos nobre? Devemos acreditar que procuravam "cumprir" a predição de Jesus de que ressuscitaria dos mortos?

Os estudiosos mais críticos têm excluído essa possibilidade, negando que Jesus tenha predito que ressuscitaria dos mortos. Mas o que refuta conclusivamente essa tentativa de explicação é que a grande maioria dos estudiosos da Bíblia concorda em que os discípulos realmente acreditavam que Jesus ressuscitara dos mortos. Não poderiam ter acreditado nisso se eles próprios tivessem removido o corpo de Jesus do sepulcro. É verdade que um ou outro estudioso pode defender a idéia do possível roubo promovido pelos discípulos, mas tais estudiosos representam a ala radical do conhecimento bíblico. Até mesmo o autor da obra *The passover plot* [A trama da Páscoa] — que retratou a ressurreição de Jesus como um plano cuidadosamente criado — exime os discípulos da conspiração. Os Evangelhos deixam claro que não foi uma coragem repentina e inexplicável por parte dos discípulos de roubar o corpo de Jesus que deu origem à fé da ressurreição. Pelo contrário, foi o surgimento da fé da ressurreição que infundiu coragem dos discípulos.

Outras explicações. Várias outras explicações para o sepulcro vazio podem ser mencionadas de passagem. Uma é que o corpo de Jesus se decompôs completamente num vapor gasoso, no período de 36 horas. Assim, a tumba de Jesus ficou vazia porque seu corpo, incluindo os ossos, evaporou na manhã da Páscoa. É desnecessário dizer que isso seria milagroso. Ossos não evaporam nem desaparecem em um dia e meio. Se tal milagre é necessário para explicar o sepulcro vazio, a explicação dos cristãos de todos os séculos é mais satisfatória e significativa: Jesus ressuscitou dos mortos!

Outra teoria afirma que o sepulcro estava vazio porque os líderes sacerdotais roubaram o corpo com o objetivo de impedir que a tumba de Jesus se tornasse um local sagrado de peregrinações. O proponente dessa teoria, porém, aceitava outros aspectos da história da Páscoa que refutam essa idéia. Ele reconheceu que os sumos sacerdotes foram pedir e receberam uma guarda para proteger o sepulcro.

Contudo, por que requisitar uma guarda para proteger o sepulcro do roubo e, então, no mesmo dia, realizar o próprio roubo? E por que não apresentar o corpo de Jesus quando os discípulos começaram a proclamar sua ressurreição? Certamente, seria a suprema ironia que uma ação executada para impedir a veneração de Jesus num sepulcro sagrado terminaria levando a uma veneração ainda maior dele: como o Senhor ressurreto.

O testemunho do sepulcro vazio permanece. É clara a insuficiência das teorias que tentam explicar o sepulcro vazio. Não existe nenhuma explicação racionalmente convincente. Para aqueles que estão abertos ao sobrenatural na história, a explicação dos Evangelhos permanece como a mais convincente de todas. As mulheres chegaram a um sepulcro vazio no primeiro dia da semana porque Jesus Cristo havia vencido a morte e a sepultura. Ele ressuscitou dos mortos. Tendo dito isso, deve-se reconhecer que o sepulcro vazio, por si só, não é suficiente para explicar a fé dos discípulos, que nasceu no domingo de Páscoa. Como afirmamos, a presença do corpo de Jesus no sepulcro refutaria tal fé, mas sua vacuidade não transformou dúvida em fé. Com o sepulcro vazio, porém, existem outros testemunhos da ressurreição de Cristo.

O TESTEMUNHO DAS APARIÇÕES DO JESUS RESSURRETO

A proclamação cristã primitiva não foi simplesmente que Jesus morreu por nossos pecados e ressuscitou, mas que morreu por nossos pecados, ressuscitou e apareceu a... (cf. At 2.32; 3.15; 5.32; 10.39-41; 1Co 15.3-8). A ressurreição de Jesus nunca foi uma abstração filosófica desconectada da história. Pelo contrário, foi um evento histórico cujos resultados foram testemunhados pelas aparições do Jesus ressurreto. O número de aparições mencionadas no NT é bastante impressionante. Podemos ver sua aparição a Maria Madalena (Jo 20.11-18), às mulheres (Mt 28.1-10), a Pedro (Lc 24.34; 1Co 15.5), aos discípulos no caminho de Emaús (Lc 24.13-35), a dez discípulos (Lc 24.36-40; Jo 20.19-23; 1Co 15.5), aos Onze (Jo 20.24-29), aos Onze na Galiléia (Jo 21.1-23), a quinhentos discípulos (1Co 15.6; Mt 28.16-20), a Tiago (1Co 15.7) e aos discípulos no momento da ascensão (Lc 24.50-52; At 1.3-8). O resultante surgimento da fé dos discípulos também é um evento na história, algo que os estudiosos da Bíblia prontamente reconhecem. Mas como surgiu essa fé? Qual foi a "causa" desse "efeito"? Mais uma vez, várias teorias concorrem.

A explicação racionalista mais comum é que a fé da ressurreição surgiu devido a uma série de visões que os seguidores de Jesus experimentaram. Alguns sugerem que os discípulos estavam num clima de grande ansiedade e expectativa e, como resultado, tiveram visões subjetivas do Cristo ressurreto. Em situações assim, uma janela, um vislumbre de alguém com uma roupa semelhante àquelas que Jesus usava, uma voz que lembrasse a de Jesus poderia levar a uma experiência visionária. Outros sugerem que essas visões foram produzidas no subconsciente à medida que os discípulos procuravam resolver as tensões criadas pela morte dele. Poderíamos dizer, portanto, que qualquer grupo que lamentasse a morte de seu líder, resolveria suas tensões por meio de visões do falecido nas quais ele aparecesse como ressurgido dos mortos? Tentativas de explicar as aparições da ressurreição por meio de hipóteses como essa tropeçam diante do estado de descrença que viviam discípulos.

Tal explicação obriga-nos a ver as mulheres irem ao sepulcro naquela manhã de Páscoa para saudar o Cristo ressurreto cantando o "Aleluia", de Handel. Por que exatamente as mulheres foram ao sepulcro naquela manhã? Foi para saudar seu Senhor com cânticos depois de verem a pedra removida? Pelo contrário, levaram consigo especiarias para ungir um corpo morto! Depois de perceber que o sepulcro estava vazio, será que chegaram imediatamente à conclusão de que Jesus havia ressuscitado dos mortos? Não, achavam que alguém havia roubado o corpo.

Quanto a Tomé, embora sua dúvida tenha gerado uma repreensão da parte de Jesus, tal dúvida ilustra muito bem a resistência dos discípulos em acreditar que ele havia ressuscitado dos mortos (cf. Lc 24.11,25,38; Jo 20.24-28). Tal resistência é bastante compreensível. Tendo sido feridos pela morte de seu Senhor, não queriam abrir-se à possibilidade de serem feridos mais uma vez. Isso aconteceria caso aceitassem o relato de ressurreição de Jesus e, depois, percebessem que era alarme falso.

Assim, achamos que as condições necessárias à produção de visões não estavam presentes entre os seguidores de Jesus. Pelo contrário, seu estado emocional teria impedido a ocorrência de tais visões. Duas outras coisas devem ser mencionadas com respeito a isso. Visões produzidas pelo subconsciente tendem a ser individuais por natureza. As aparições da ressurreição, entretanto, ocorreram entre grupos de pessoas ao mesmo tempo. Do mesmo modo, as aparições da ressurreição contêm aspectos que não são visionários em sua natureza: Jesus foi tocado fisicamente (Mt 28.9; Lc 24.39; Jo 20.17,27); ele comeu com os discípulos

(Lc 24.30,41-43; Jo 21.13,15 [?]);manteve longas conversas com diversas pessoas ao mesmo tempo.

Outra explicação das aparições de Jesus, às vezes relacionada com a hipótese de visões, é a teoria do "telegrama": depois de sua morte, Jesus telegrafou imagens de si mesmo de volta à mente dos discípulos. Tal concepção é às vezes encontrada nos círculos psíquicos, mas sofre de muitas das mesmas objeções relatadas contra a hipótese das visões. A natureza física das aparições da ressurreição claramente se opõe à hipótese da visão. A teoria do telegrama também contém em si um sério dilema moral, pois Jesus é retratado como se ilusoriamente mandasse de volta visões telegráficas de si mesmo, levando todos à falsa conclusão de que havia ressuscitado dos mortos.

Na igreja primitiva, o maior testemunho da ressurreição foram as aparições do Cristo ressurreto a seus seguidores. Em sua lista de quem testemunhou tais aparições, Paulo até mesmo se refere a uma aparição de Jesus "a mais de quinhentos irmãos de uma só vez". Ele ainda fala aos coríntios que "a maioria dos quais ainda vive, embora alguns já tenham adormecido" (1Co 15.6). Paulo convida os coríntios a verificar os relatos das testemunhas oculares por si mesmos, pois a maioria das testemunhas da ressurreição ainda estava viva. O número de aparições de Jesus depois da ressurreição, as variadas circunstâncias nas quais ocorreram, o número de testemunhas envolvidas e, acima de tudo, o caráter daqueles que compartilharam esse testemunho trouxeram convicção em todos os lugares onde a mensagem do evangelho foi proclamada. Essa mensagem, agora encontrada no NT, ainda traz convicção. Contudo, com o testemunho do sepulcro vazio e das aparições da ressurreição, existe ainda outro testemunho que pode trazer segurança e certeza de que Jesus ressuscitou dos mortos.

O TESTEMUNHO DO CRISTO VIVO

Por toda a existência da Igreja, um número incontável de pessoas veio a crer no Cristo ressurreto. Se lhes for pedido, algumas delas podem apresentar uma defesa bem embasada de sua esperança. Podem argumentar tanto histórica quanto filosoficamente em defesa de sua fé. Outras, com uma convicção similar, não podem fazê-lo. Podem simplesmente responder da mesma maneira como escreveu o compositor do hino: "Você me pergunta como eu sei que ele está vivo? Ele vive em meu coração". Tal testemunho não deve ser desprezado imediatamente. Multidões de pessoas de todos os continentes e países, de todas as raças, por todos os séculos têm-se unido e confessado: "Jesus Cristo ressuscitou dos mortos". Para sermos precisos, tal testemunho é subjetivo. Mas é um testemunho que está disponível a todos. A experiência do Cristo vivo está aberta a todo aquele que deseja procurar por si mesmo, que deseja provar e ver (v. Sl 34.8).

Se Jesus ressuscitou dos mortos, como afirmam os cristãos, e está assentado à mão direita de Deus, então uma experiência pessoal e imediata como a do Cristo ressurreto deve estar disponível. A poderosa natureza desse testemunho pode ser vista por toda a história à medida que homens, mulheres e crianças têm dado o supremo testemunho do martírio. Eles sabem, assim como nós, hoje, que nosso Redentor vive. Experimentamos sua presença, seu poder e seu amor.

O SIGNIFICADO DA RESSURREIÇÃO

O que o NT quer dizer quando afirma que Jesus ressuscitou dos mortos? Para alguns, isso é simplesmente uma maneira mística de referir-se ao "surgimento da fé dos discípulos". É um modo de dizer que, de alguma maneira — talvez por meio de reflexão —, depois da morte de Jesus seus ensinos ganharam vida para seus discípulos. Ficaram convencidos da verdade que ele havia ensinado. O que essa verdade é reflete normalmente as perspectivas particulares, sociais e éticas de quem comenta a ressurreição. A afirmação "Jesus ressuscitou dos mortos" significa para eles que Deus ajudou os discípulos a descobrir o valor dos ensinamentos de Jesus, e, como resultado, eles dedicaram-se novamente à sua causa. O NT não registra, porém, a ressurreição *dos discípulos* na Páscoa, mas a ressurreição *de Jesus*. Seja o que for que tenha acontecido aos discípulos, foi resultado daquilo que aconteceu anteriormente a Jesus naquele dia.

Não devemos confundir a fé na ressurreição com a ressurreição em si. Elas estão relacionadas como efeito e causa. A fé dos discípulos é o efeito da ressurreição de Jesus. Sem a última, a primeira é mera ilusão. O próprio Paulo afirma: "Se Cristo não ressuscitou, é inútil a nossa pregação, como também é inútil a fé que vocês têm [...] Se é somente para esta vida que temos esperança em Cristo, somos, de todos os homens, os mais dignos de compaixão" (1Co 15.14,19).

Os relatos dos Evangelhos retratam a ressurreição como algo que aconteceu a Jesus, e não aos discípulos. O que aconteceu a Jesus (a ressurreição) afetou os discípulos (o surgimento da fé da ressurreição), mas essas duas coisas estão separadas no tempo e em natureza. O que aconteceu aos discípulos ocorreu depois e é diferente daquilo que aconteceu a Jesus. Para os discípulos, isso envolveu o surgimento da fé e suas conseqüências benéficas: justificação, perdão, reconciliação, paz, vida eterna e a promessa de uma ressurreição futura. Para Jesus, isso envolveu a transladação de seu corpo da mortalidade para a imortalidade. A definição da ressurreição, bastante popular em alguns círculos, como "o surgimento da fé dos discípulos" confunde um efeito com sua causa e não compreende aquilo que os escritores bíblicos quiseram dizer quando empregaram o termo "ressurreição". Somente Jesus experimentou a ressurreição.

Quando o NT proclama a ressurreição de Jesus Cristo, não quer dizer com isso que alguma coisa aconteceu aos discípulos. É fato que essa última declaração é verdadeira. Contudo, mesmo que nada tivesse acontecido subseqüentemente aos discípulos, a ressurreição ainda seria verdadeira. A proclamação da ressurreição de Jesus Cristo é precisamente isto: a ressurreição *de Jesus Cristo*. Essa ressurreição não é a mesma coisa que o fato do sepulcro vazio, mesmo que o pressuponha. Não é a *ressuscitação* do corpo de Jesus à vida física. As ressurreições da filha de Jairo, de Lázaro e do filho da viúva de Naim foram desse tipo. Ganharam novamente a vida física, mas, posteriormente, todos eles morreram. No caso de Jesus, porém, sua ressurreição envolveu o ressurgimento para a imortalidade. Foi um evento escatológico no mais pleno sentido do termo. Tudo o que era suscetível à mortalidade e ao mal foi transformado numa existência imortal e, no caso de Jesus, isso envolveu um retorno à glória que ele possuía antes de sua encarnação, bem como sua exaltação à direita de Deus.

A ASCENSÃO

De acordo com o livro de Atos dos Apóstolos, depois de sua morte o Cristo ressurreto apareceu aos seus seguidores com "muitas provas indiscutíveis" por um período de 40 dias (1.3). Durante esse período, ensinou sobre o Reino de Deus. No entanto, a ascensão de Jesus em Lucas 24.51 parece ter acontecido em Jerusalém, imediatamente depois da ressurreição. Como o mesmo autor escreveu os dois relatos, está claro, portanto, que em sua mente eles não se contradizem. Não há muito material escrito nos Evangelhos sobre a atividade de Jesus durante esse período de 40 dias, e essa falta é "remediada" em várias obras gnósticas encontradas nos evangelhos apócrifos.

Imediatamente depois da ressurreição, Jesus apareceu em diversas ocasiões em Jerusalém e nas cercanias. Alguns dos relatos parecem ajustar-se melhor nessa localização que outros: Maria Madalena (Jo 20.11-18), as mulheres (Mt 28.1-10), Pedro (Lc 24.34; 1Co 15.5), os discípulos no caminho de Emaús (Lc 24.13-35), os dez discípulos (Jo 20.19-24) e os Onze (Lc 24.36-48; Jo 20.26-29; 1Co 15.5). Assim, Jesus apareceu, como havia prometido (cf.

Mc 14.27; 16.7), aos onze discípulos na Galiléia (Jo 21.1-23), aos quinhentos discípulos (1Co 15.6; Mt 28.16-20 [?]) e a Tiago (1Co 15.7). Por último, aos discípulos em Jerusalém, na ascensão (Lc 24.50-52; At 1.3-9).

Depois da ressurreição, é bem provável que discípulos tenham voltado para a Galiléia, pois ali era o seu lar. Estavam em Jerusalém apenas porque Jesus os levara até ali. Agora que a Páscoa havia acabado, era natural que voltassem para suas casas na Galiléia. Retornar a Jerusalém para a festa das semanas (Pentecoste), a segunda das três maiores festas judaicas, também é compreensível.

Jesus subiu aos céus na presença deles pouco depois do dia de Pentecoste, depois de ter ordenado a seus seguidores que permanecessem em Jerusalém até que viesse o prometido Espírito. Isso marcou o fim das aparições da ressurreição de Jesus. A maneira como isso se enquadra na afirmação de Paulo — de que viu o Cristo ressurreto — não é clara. Contudo, Paulo realmente menciona que sua experiência foi incomum (1Co 15.8). Com a ascensão, os seguidores de Jesus deixaram de esperar ou de aguardar aparições adicionais da ressurreição. Sua esperança concentrava-se agora na *parousia*. O que a Igreja esperava ansiosamente era o dia em que "este mesmo Jesus, que dentre vocês foi elevado aos céus, voltará da mesma forma como o viram subir" (At 1.11).

CONCLUSÃO

Diferentemente da morte de outros grandes vultos mundiais, a morte de Jesus não resultou numa "Fundação Memorial de Jesus" que se reúne regularmente para lembrar seu herói falecido. Os eventos não permitiram isso. A Páscoa destruiu essa possibilidade. Não havia uma sepultura com o corpo de Jesus que pudesse servir como santuário. Não havia um mausoléu para ser visitado. Não havia nenhum monumento ao qual os seguidores pudessem ir para ler poesias que comemorassem "o tempo em que ele passou conosco". O sepulcro estava vazio. Jesus não estava morto. Ele estava vivo! Havia conquistado o grande inimigo, a morte. Ele vivia e habitava com eles. Hoje, ele continua a habitar no coração e na vida de seus seguidores por meio de seu Espírito. O NT e a Igreja, desde então, proclamam triunfantemente: "Cristo ressuscitou dos mortos!".

A proclamação da igreja primitiva sobre Jesus Cristo, porém, não é simplesmente "Cristo morreu por nossos pecados, foi sepultado, ressuscitou e apareceu aos seus discípulos". A essa confissão deve ser adicionada a frase "e voltará". A ascensão de Jesus destaca ainda mais que o retorno de Jesus não pode ser desmitificado em algum evento ou movimento sociológico abstrato ou obscuro.

"Este mesmo Jesus" que subiu "voltará da mesma forma". Se aceitarmos o significado que Lucas atribui a essas palavras, somente poderemos interpretá-las como referentes a Jesus de Nazaré, que ressuscitou dos mortos, voltará em forma corpórea e visível do mesmo modo como subiu aos céus.

A "Vida de Jesus" está incompleta. Aguarda o dia em que ele voltará para partilhar o banquete messiânico com seus seguidores (Mc 14.25). Para aqueles que o seguem e o amam, esse dia é grandemente desejado. Quando a Igreja ora: "Pai nosso, que estás nos céus! Santificado seja o teu nome. Venha o teu Reino; seja feita a tua vontade, assim na terra como no céu" (Mt 6.9,10), ela está orando por sua vinda. Esse desejo e essa oração foram preservados no NT na antiga oração aramaica "*Maranatha*" (1Co 16.22). Até aquele dia, a Igreja continuará aguardando "a bendita esperança: a gloriosa manifestação de nosso grande Deus e Salvador, Jesus Cristo" (Tt 2.13) e orando "Vem, Senhor Jesus!" (Ap 22.20).

REFERÊNCIAS BIBLIOGRÁFICAS

BODE, Edward Lynn. *The First Easter Morning*: The Gospel Accounts of the Women's Visit to the Tomb of Jesus. Rome: Biblical Institute Press, 1970.

CRAIG, William Lane. *The Son Rises*: The Historical Evidence for the Resurrection of Jesus. Chicago: Moody Press, 1981.

DAVIS, Stephen T. *Risen Indeed*: Making Sense of the Resurrection. Grand Rapids: Eerdmans, 1993.

FITZMYER, Joseph A. The Ascension of Christ and Pentecost. *Theological Studies*, n. 45, p. 409-40, 1984.

GILES, Kevin N. Ascension. In: GREEN, Joel B.; MCKNIGHT, Scot; MARSHALL, I. Howar, orgs. *Dictionary of Jesus and the Gospels*. Downers Grove: InterVarsity Press, 1992, p. 46-50.

LADD, George E. *I Believe in the Resurrection of Jesus*. Grand Rapids: Eerdmans, 1975.

MAILE, John F. The Ascension in Luke — Acts. *Tyndale Bulletin*, n. 37, p. 29-59, 1986.

OSBORNE, Grant R. Resurrection. In: GREEN, Joel B.; MCKNIGHT, Scot; MARSHALL, I. Howar, orgs. *Dictionary of Jesus and the Gospels*. Downers Grove: InterVarsity Press, 1992, p. 673-88.

STEIN, Robert H. Was the Tomb Really Empty? *Journal of the Evangelical Theological Society*, n. 20, p. 23-29, 1977.

WENHAM, John. *Easter Enigma*: Are the Resurrection Accounts in Conflict? Grand Rapids: Baker Book House, 1992.

Índice

Conheça outras obras da Editora Vida

O Jesus que eu nunca conheci

Para escrever essa obra, Philip Yancey dicidiu pôr de lado seus prejulgamentos e examinar detalhadamente o Jesus apresentado nos Evangelhos. Sempre disposto a enfrentar questionamentos difíceis, o escritor nos apresenta um Jesus perturbador e animador que ainda hoje deseja transformar profundamente nossa vida e aumentar nossa fé.

Harmonia dos Evangelhos

A vida e a obra de Jesus Cristo são narradas nos quatro evangelhos canônicos: Mateus, Marcos, Lucas e João. Cada um imprimiu seu estilo próprio ao registrar palavras e fatos importantes da vida do Senhor. Mas que tal estudar os Evangelhos de uma só vez? Essa é a proposta cativante dessa obra. Trata-se de uma ferramenta que lhe dará uma visão panorâmica da vida e do ministério de Cristo.

Os brados da cruz

O renomado escritor Erwin Lutzer conduz os leitores à maior e mais empolgante das viagens ao interior do coração de Jesus. Essa jornada percorre sete momentos singulares na vida de Cristo: suas últimas palavras na cruz. Repletas de significado para todas as gerações, elas ainda guardam a mesma força de quando foram emitidas no Calvário. Quem tem ouvidos ouça!

Em defesa de Cristo

O jornalista Lee Strobel fez aquelas perguntas difíceis que todo incrédulo gosta de fazer. Esse livro apresenta evidências históricas, científicas, psiquiátricas e digitais sobre a morte, o sepultamento e a ressurreição de Cristo. Um testemunho pessoal e revelador do poder de Jesus que transformou até o mais cético dos homens.

Esta obra foi composta em AGaramond e impressa
por Imprensa da Fé sobre papel *Chamois Fine* 67 g/m^2 para
Editora Vida em fevereiro de 2006.